中国东部地区
农村人力资源开发研究

宋美丽 著

Zhongguo Dongbu Diqu
Nongcun Renli
Ziyuan Kaifa Yanjiu

人民出版社

目　　录

第一章 导 论

第一节 研究背景、目的和意义

一、研究背景

人力资本理论的创立者——西奥多·舒尔茨（Theodore Schultz）有一句名言:影响经济发展的诸因素中,人的因素是最关键的,经济发展主要取决于人的质量的提高,而不是自然资源的丰瘠或资本的多寡。在知识经济时代,"人力资源是第一资源"已得到世界各国人民的广泛认同和接受。中国是世界上第一人口大国,第六次人口普查数据显示,截至 2010 年 11 月 1 日,中国内地总人口为 13.39 亿人,其中乡村人口为 6.74 亿人,占总人口的比重为 50.32%。中国农村人力资源现状的最大特点是:总量过大,素质不高。由于农村人力资源得不到有效开发和利用,存在严重的人力资源浪费的现象,农村人力资源过于"富足",而人才资源严重"贫困"。只有对农村人力资源进行有效开发,变丰富的人力资源为雄厚的人才资源,才能更好地进行新农村建设、小康社会建设以及和谐社会构建。具体来说,中国农村人力资源开发的现实紧迫性主要表现在以下方面:

（一）农村人力资源开发与城市差距悬殊

农村人力资源开发与城市的差距主要表现为:数量巨大,质量低下。中国人口生育工作曾经一度失控,尽管从 20 世纪 80 年代以来采取了计划生育政策,但人口基数仍居世界第一,农村人口数量和农村劳动力数量十分巨大,农村剩余劳动力转移困难。全国政协委员、经济学家林毅夫曾说:"中国的耕地面积太少了,而农民数量太多了。全国人口的三分之二在农村,要想使农民真正富裕起来,就必须把他们中一部分从农业转移出来。"全国政协委员、中共中央党校教授王瑞璞也指出:"现代化的过程就是农业劳动力不断转移出来的过程,转移得越快,实现现代化的速度就越快;转移的数量越多,现代化的水平就越高。"①可见,开发农村人力资源,是实现农村劳动力转移的有效途径。

农村人力资源质量低下主要表现在四个方面。一是文化素质差。根据全国第六次人口普查资料显示,我国农村劳动力受教育程度仍然很低,绝大多数在初中以下水平,与城镇劳动力的受教育程度差距甚远。二是科技素质差。中国农村劳动力中绝大多数仍属于传统经验型和体力型农民,对现代化农业生产知识知之甚少。据 2006 年发布的《中国农民工调研报告》显示,中国农村劳动力接受过短期职业教育培训的占 20%,接受过初级职业技术教育或培训的占 3.4%,接受过中等职业技术教育的占 0.13%,而没有接受过技术培训的高达76.4%。三是经营管理素质差。长期以来,农民主要靠传统经验从事种植业,生产方式简单,劳动工具落后,经营管理凭直觉,具有很大的盲目性。四是身体及思想素质差。中国农民的平均生活水平仍很低,食物构成单调,食物营养不够丰富,因而身体素质较差。另外,中国农民普遍存在着因循守旧、小富则安的思想意识,不愿接受新鲜事物,不愿冒风险。

(二)农村人力资源开发与发达国家差距悬殊

与中国农村人力资源质量低下形成鲜明对比的是,20 世纪 80 年代末,发达国家农业劳动力的平均文化程度就已达到 11 年,目前已达到 12 年以上。1975 年日本农业劳动力平均受教育 11.7 年;德国的农业劳动力中有 54%受过至少 3 年的职业培训;法国 7%以上的农民具有大学文凭,60%的青年农民具有中专文凭。2002 年 2 月 25 日,中科院发布的《2002 年中国可持续发展报告》显示,发达国家人力资源能力的平均值是 25—65 分,而我国 1999 年人力资源能力的平均值仅为6.98 分,人力资源能力总体水平低下与占比例较大的农村人力资源素质低下有着直接的关系。

由此可见,农村人力资源开发在我国当前是极其必要的。中国东部地区尽管是我国经济较发达地区,但在农村人力资源方面同样存在着数量巨大、质量不高、结构失衡等诸多问题。东部地区乡村人口压力仍巨大,乡村人口所占比重仍较高,远高于世界平均水平。2007 年

① 张晓松:《政协委员详说阻碍农村劳动力转移三大问题》,新华网,2004-03-12。

东部地区乡村人口为 21364 万人,占总人口的比重为 45%。据 2005 年全国 1% 人口抽样调查数据显示,东部地区按受教育程度的 6 岁及以上乡村人口中,未上过学占 12.5%,小学程度占 37.3%,初中程度占 41.6%,高中程度占 7.7%,大学专科占 0.8%,大学本科占 0.1%,可见教育文化程度仍以小学、初中为主。东部地区农村人力资源科技素质仍然较低,绝大多数农民尚未接受过技术培训,农民中有专业技术职称的人员较少;农业技术推广人员短缺,科研和生产脱节;农业技术人员结构失衡,高级技术人员等高层次人才严重匮乏。2006 年年末,东部地区农业技术人员共有 70 万人,高、中、初级农业技术人员分别为 3 万人、14 万人和 53 万人,其中高级技术人员占总技术人员的比例仅为 4.3%。另外,东部地区农村人力资源的身体素质、经营管理素质和思想素质仍然低下,同样阻碍了东部地区农村经济的发展。应该说,东部地区农村人力资源开发是统筹东部地区城乡发展的治本之策,是实现东部地区农业产业化、现代化的必由之路,是东部地区农业可持续发展的迫切需要。

近几年,国家已逐步认识到农村人力资源开发的重要性。国务院于 2003 年 9 月颁布了《国务院关于进一步加强农村教育工作的决定》,这项重大的战略举措必将加速中国农村人力资源开发的进程。2007 年 1 月,全国农村义务教育经费保障机制改革领导小组办公室发出通知,从 2007 年春季学期开始,国家将免除全国农村地区义务教育阶段学生学杂费,农村 1.5 亿中小学生家庭经济负担将普遍减轻。

十七大报告指出,"优先发展教育,建设人力资源强国。教育是民族振兴的基石,教育公平是社会公平的重要基础。要全面贯彻党的教育方针,坚持育人为本、德育为先,实施素质教育,提高教育现代化水平,培养德智体美全面发展的社会主义建设者和接班人,办好人民满意的教育。优化教育结构,促进义务教育均衡发展,加快普及高中阶段教育,大力发展职业教育,提高高等教育质量。重视学前教育,关心特殊教育。更新教育观念,深化教学内容方式、考试招生制度、质量评价制度等改革,减轻中小学生课业负担,提高学生综合素质。坚持教育公益性质,加大财政对教育投入,规范教育收费,扶持贫困地区、民族地区教育,健全学生资助制度,保障经济困难家庭、进城务工人员子女平等接受义务教育。加强教师队伍建设,重点提高农村教师素质。

鼓励和规范社会力量兴办教育。发展远程教育和继续教育,建设全民学习、终身学习的学习型社会。"[1]

十七大后不久,2007 年 11 月 15 日,农业部常务副部长尹成杰主持召开农业农村人才工作领导小组会议,会议以党的十七大精神为指引,对近年来农业部加强农村实用人才队伍建设和农村人力资源开发工作进行了认真总结,研究了农业部贯彻落实《中共中央办公厅、国务院办公厅关于加强农村实用人才队伍建设和农村人力资源开发的意见》的工作方案,对当前和今后一个时期农业部门加强农村实用人才队伍建设和农村人力资源开发工作进行了部署。

二、研究目的和意义

本研究的目的在于认识东部地区农村人力资源的现状及开发中存在的问题,分析东部地区农村人力资源开发的影响因素,通过借鉴国外农村人力资源开发的经验,探讨中国东部地区农村人力资源的开发模式,并最终构建出东部地区农村人力资源的开发体系。作为管理学的一项战略性研究,本研究将本着可行性、可持续性的原则,提出一些供研究、决策的思路、办法。

本研究以东部地区农村人力资源开发为研究对象。本研究有着重大的理论意义和实际应用价值,总体来说,包括以下几个方面:

(一)东部地区是我国的重要组成部分,其农村人力资源开发研究是人力资源开发研究的重要组成部分。研究东部地区农村人力资源的开发问题,积极探索提高东部地区农村人力资源素质的措施,对解决东部地区"三农"问题以及促进东部地区农村经济增长具有重要意义。

(二)东部地区耕地面积少,人口众多,人地矛盾突出,农村劳动力严重过剩。但由于农村剩余劳动力普遍素质较低,存在着转移困难。研究东部地区农村人力资源开发问题,大力开发东部地区农村人力资源,大胆探索农村人力资源开发的新思路和新办法,可为中国其他地区的农村人力资源开发提供重要的借鉴意义。

---

① 《胡锦涛在中国共产党第十七次全国代表大会上的报告》,中国共产党新闻网,2007－10－25。

（三）研究东部地区农村人力资源开发问题，为缩小中国东部地区农村与发达国家之间的差距提供思路，为缩小东部地区农村与城市之间人力资源开发的差距提供办法，对缩小东部地区城乡收入差距、统筹东部地区城乡协调发展具有重要的现实意义。

（四）中国地域辽阔，东部地区和中部、西部地区经济基础、文化背景、资源禀赋等差距很大。东部地区在资金、技术、人才方面具有优势，中部和西部地区具有劳动力资源优势。东部地区和中部、西部地区可实现优势互补。由于东部地区在我国属于经济相对发达地区，人均收入较高，吸引了中部、西部地区农村剩余劳动力前来就业。本书在研究东部地区农村人力资源开发的同时，还从统筹区域协调发展的角度，研究了东部地区和中、西部地区农村人力资源开发合作的办法，为中、西部地区农村剩余劳动力提供教育培训机会。

以上从总体方面分析了东部地区农村人力资源开发的重要意义，具体来说，东部地区农村人力资源开发可以促进农村经济增长，推动农业现代化的实现，推进农村小康社会的实现，加强社会主义新农村建设，有利于农村剩余劳动力转移，促进农民增收。

（一）促进东部地区农村经济增长

人力资源是促进经济增长的核心资源，人力资源开发为经济增长提供人才支持。英国经济学家哈比森（F. H. Harbison）在其专著《作为国民财富的人力资源》中指出："人力资源是国民财富的最终基础。资本和资源是被动的生产要素，人是积累资本，开发自然资源，建立社会、经济和政治并推动国家向前发展的主动力量。显而易见，一个国家如果不能发展人们的知识和技能，就不能发展任何新的东西。"①美国加尔布雷思在其著作《好社会：人道的记事本》中提出："在当今世界上，没有任何一国受到良好教育的人民是贫穷的，也没有任何一国愚昧无知的人民是不贫穷的，在民智开启的地方，经济发展自然水到渠成。""一个国家的前途，不取决于它的国库之殷实，不取决于它的城堡之坚固，也不取决于它的公共设施之华丽，而在于它的公民的文明素养，即在于人们所受的教育，人们的学识、开明和品格的高尚，这才是

---

① 李澜：《潜藏的力量：西部地区农村女性人力资源开发》，中国经济出版社 2006 年版，第 10 页。

利害攸关的力量所在。"[1]

世界银行 2000 年发表的《增长的质量》提出了新的发展分析框架,将影响增长和福利的要素分为三类资源,分别是人力资本、物质资本和自然资本,其中物质资本是通过增长影响福利,而人力资本和自然资本不仅可通过增长影响福利,而且其自身就是福利的主要组成部分。这意味着提高人力资本存量就等于增加人民的福利。[2] 根据联合国教科文组织提供的研究结果,劳动生产率与劳动者文化程度呈指数曲线关系,如与文盲相比,小学毕业可提高劳动生产率 43%,初中毕业提高 108%,大学毕业提高 300%。经济学家采用计量经济学方法,对我国 1982—1995 年间经济增长情况进行考察发现,增加教育投资的投入产出比高于增加固定资产投资的投入产出比,前者是后者的 2—2.5 倍。[3] 2005 年《中国人才报告》统计分析表明,我国人才发展与经济发展有着高度相关性。从年均增长速度方面考察,1987—2003 年,我国人才资源总量的增长速度年均为 7.34%,实际国内经济总量(GDP)的增长速度年均为 9.38%,经济增长对人才总量增长的弹性系数为 1.28,即人才总量每增长 1%,拉动经济增长 1.28%。[4]

目前,东部地区农民文化素质仍然较低。农民生产方式落后,依赖传统经验,缺乏创新意识,农业科技推广不足,直接影响农村的经济发展。新经济增长理论认为,人力资本投资是经济持续增长的内生因素,人力资本的积累是经济长期增长的主要源泉和决定因素。只有日益提高东部地区农村劳动者的素质,才能稳步推进农村经济增长。

(二)推动东部地区农业现代化的实现

党的十七大报告提出,要加强农业基础地位,走中国特色农业现代化道路,建立以工促农、以城带乡长效机制,形成城乡经济社会发展一体化新格局。农业部农村经济研究中心从中国国情出发,提出了一

① 黄秋香、朱倩:《农村人力资源开发研究综述》,《湖南科技学院学报》2007 年第11 期。
② 胡鞍钢、孙文正等:《大国兴衰与人力资源开发》,《教育发展研究》2003 年第 Z1 期。
③ 金玲玲:《新农村建设中的农村人力资源开发研究》,吉林大学,2007 年。
④ 中国人事科学研究院:《中国人才报告——构建和谐社会历史进程中的人才开发》,人民出版社 2005 年版,第 3—5 页。

个全国基本实现农业现代化的参考指标体系(见表 1—1)。① 现代农业不同于传统农业的刀耕火种,不仅需要先进的机械设施,而且还融入了大量科技因素,需要先进的科学技术和先进的管理经验,这对农业生产经营的主体——农民的素质提出了更高的要求。现代农业需要集约式的发展,集约式发展是一种内涵式发展,需要通过科技化和精细化来提高农业的产值和附加值,增强市场竞争力;而粗放式发展是一种外延式发展,主要靠耕地面积的扩大和物质资源的增加来提高产出。对于耕地等自然资源不足的东部地区来说,必须实现农业从传统农业到现代农业的过渡,农业发展从粗放式发展向集约式发展的过渡,农业增长方式要由数量型向质量型过渡,在这些过渡中,人的因素至关重要,这就必须不失时机地大力开发农村人力资源,通过各种手段提高农村劳动者的综合素质,培育懂技术、懂经营和管理的新型农民。

在发达资本主义国家,农业科技进步对农业增长的贡献份额已高达 60%—80%,而我国"八五"时期农业科技进步对农业增长的贡献份额仍然只有 35%左右,属于粗放型增长。② 于 2009 年 10 月农业部部长孙政才表示,科技进步已成为推动农业农村经济发展的决定性力量,科技对农业增长的贡献率从"一五"时期的 19.9%提高到目前的51%。③ 尽管科技进步对农业增长的贡献有所增加,但与发达资本主义国家差距仍然巨大。

农业产业化是实现农业现代化的必由之路,农业产业化的特征是农业的专业化、社会化、市场化,要求农业生产、加工、销售一体化。只要对东部地区农村人力资源进行开发,使农村劳动力具备一定的市场经济知识、法律知识和专业技能,才能适应农业产业化、专业化、市场化对农村劳动者高素质的需求。

农业现代化过程同时伴随着农业产业结构的调整。长期以来,东部地区农村高素质劳动力严重不足,严重制约产业结构的调整。高素质的农村劳动者具有较强的获取信息和利用信息的能力、良好的市场

① 窦鹏辉:《中国农村青年人力资源开发研究》,中国农业出版社 2005 年版,第 24—40 页。

② 周敏:《农村人力资源开发与农业现代化》,《攀枝花学院学报》2005 年第 4 期。

③ 《科技对我国农业增长的贡献率增至 51%》,新华网,2009—10—20。

表 1—1　农业现代化的参考指标体系与标准

指标名称	单位	1997 年全国平均	起步阶段标准	初级阶段标准	基本实现标准
1.社会人均 GDP	美元	730	800	1500	3000
2.农村人均纯收入	元	2090	3000	6000	10000
3.农业就业占社会就业比重	%	49.9	40	20	10
4.科技进步贡献率	%	40	45	60	80
5.农业机械化率	%	32.4	40	60	80
6.从业人员中初中以上比重	%	53.5	55	70	80
7.农业劳均 GDP	美元	490	600	1000	2000
8.农业劳均生产农产品数量（粮食当量）	吨	2.6	3.0	6.0	10.0
9.每公顷耕地农业总产值	美元	2300	2500	5000	8000
10.森林覆盖率	%	13.5	15	20	25

说明:1—3 为农业外部条件指标;4—6 为农业生产本身条件指标;7—10 为农业生产效果指标。各项指标均可以根据统计年鉴数据计算出来。

驾驭能力、掌握知识运用科技的能力,大胆创新的能力,这显然有利于新的产业结构的形成。由此可见,产业结构的调整是以人力资本结构的调整为前提的,农村人力资源开发的结果必然导致人力资本结构的优化,进而促进产业结构的优化和升级。不进行农村人力资源开发基础上的产业结构调整,是简单的、低水平的产业结构的复制,不仅不会优化产业结构,而且还会造成社会资源的重置和浪费,亦不利于农村经济的持续发展。

（三）推动东部地区农村小康社会的实现

当代中国,最初提出"小康社会"概念的是邓小平。1979 年 12 月 6 日,邓小平在会见日本首相大平正芳时,根据我国经济发展的实际情况,第一次提出了"小康"概念以及在 20 世纪末我国达到"小康社会"的构想。1984 年 3 月 25 日邓小平在会见日本首相中曾根康弘时说,"翻两番,国民生产总值人均达到八百美元,就是到本世纪末在中国建立一个小康社会。这个小康社会,叫做中国式的现代化。"①基于邓小平小康社会的思想,江泽民在党的十六大报告中提出了我国在 21 世纪头二十年全面建设小康社会的奋斗目标。他明确提出,"我们要在本世纪头二十年,集中力量,全面建设惠及十几亿人口的更高水平的小康社会,使经济更加发展、民主更加健全、科教更加进步、文化更加繁荣、社会更加和谐、人民生活更加殷实。""国内生产总值到 2020 年力争比 2000 年翻两番"。胡锦涛在党的十七大报告中指出,我们必须适应国内外形势的新变化,顺应各族人民过上更好生活的新期待,把握经济社会发展趋势和规律,坚持中国特色社会主义经济建设、政治建设、文化建设、社会建设的基本目标和基本政策构成的基本纲领,在十六大确立的全面建设小康社会目标的基础上对我国发展提出新的更高要求。

根据《中国统计年鉴 2008》资料显示,截至 2007 年年底,东部地区总人口为 4.75 亿,其中乡村人口为 2.14 亿,乡村人口占总人口的比重为 45%。实现全面小康社会的关键是实现农村的小康,没有农村的小康,就没有全社会的小康。东部地区农村的小康是全国农村小康的重要组成部分。十七大报告还指出,解决好农业、农村、农民问题,事关全面建设小康社会大局,必须始终作为全党工作的重中之重。

长期以来,东部地区城乡之间存在着较大的教育鸿沟,城乡人力资本存量差距大。根据 2000 年全国人口普查数据,2000 年,我国每 10 万人口中城市与农村各种受教育程度人口数量比是:大学城市是农村的 18 倍,中学是 4 倍,初中城乡基本接近,只有小学农村大于城市。2000 年全国农村劳动力的平均受教育年限为 7.33 年,相当于初中一年级水平,而同期城市劳动力的平均受教育年限为 10.2 年,相当于高中一年级水平。② 建设小康社会,对农民的素质和农村人力资源的结构提出全新的要求,因此要不失时机地对东部地区进行农村人力资源开发。

(四)加强东部地区社会主义新农村建设

社会主义新农村建设的要求可以概括为"生产发展、生活宽裕、乡

---

① 《邓小平文选》(第 3 卷),人民出版社 1993 年版,第 54 页。
② 窦鹏辉:《中国农村青年人力资源开发研究》,中国农业出版社 2005 年版,第 24—40 页。

风文明、村容整洁、管理民主"。这 20 个字内涵丰富,意义重大,涉及农业、农村、农民三大方面的内容,包括了农村物质文明建设、精神文明建设和政治文明建设。其中"生产发展"是指农业生产力的提高,其宗旨是要增强农村的综合经济实力,扩大广大农民的物质生活和文化生活水平;"生活宽裕"是新农村生活水平和质量的规定,是一定历史阶段农村物质和文化生活水平与质量的综合反映;"乡风文明"指的是农村文化的一种状态,是一种有别于城市文化,也有别于以往农村传统文化的一种新型的乡村文化;"村容整洁",是指村庄布局合理、基础设施完善、服务设施齐全、生态环境良好;管理民主,就是广大农民直接参与并主导农村经济、政治、文化、社会的治理活动。[1]

东部地区建设社会主义新农村,离不开政府和社会的大力支持,但广大农民是新农村建设的主体,新农村建设主要靠农民的自身努力。十七大报告提出,培育有文化、懂技术、会经营的新型农民,发挥亿万农民建设新农村的主体作用。这就要求我们加强东部地区农村人力资源开发,提高农民素质,使农民掌握农业科技知识、学会经营现代农业。只有提高农民文化水平、科学知识、劳动技能,培育新型农民,加强农村文化建设,才能促进农村的经济发展,实现新农村建设的目标要求。

(五)有利于东部地区农村剩余劳动力的转移

20 世纪 80 年代,在农村实施家庭联产承包责任制,极大地带动了农民生产的积极性,促进了生产力的发展,劳动生产率大大提高。根据学者的研究,1978—1984 年间,农业产出大约有 46.9% 归因于家庭承包制的改革。[2] 劳动生产率的大幅提高使农村释放出大量的剩余劳动力。非农产业的高报酬吸引劳动力的转移,加上户籍制度及其他城市福利制度的改革,使更多的农村剩余劳动力转移到城市就业。[3] 但

① 宋玲妹、崔潮:《农村人力资源开发利用变化趋势研究》,西南财经大学出版社 2007 年版,第 471—476 页。

② Lin, Justin Yifu: "Technological Change and Agricultural Household Income Distribution: Evidence from Hybrid Rice Innovation in China", *UCLA Economics Working Papers*, No. 651, UCLA Department of Economics, 1992.

③ Sarah Cook : "Surplus Labor and Productivity in Chinese Agriculture: Evidence from Household Survey Data ", *The Journal of Development Studies*, 1999(3).

是由于农村劳动力素质偏低,不仅不利于农业本身的经济增长,还制约了农村劳动力的转移。我国目前城镇化水平只有 40％左右,比国际平均水平低 15 个百分点左右。城镇化水平落后制约了农村经济发展和农民收入增长,其中一个主要问题是农村劳动力转移难。如果要实现农业劳动力比重下降到 35％的目标,意味着农村城镇化率要提高到 55％以上,也意味着到 2020 年我国将有 2 亿人从农村转移到城市。[①]

一般来说,教育水平较高、总体素质较高的农村劳动力较低素质的农村劳动力更易实现地区之间和产业之间的转移,也就是说素质高的劳动力比素质低的劳动力有更高的转移成功率。这是因为素质高的劳动力更能适应转移后市场的需求。据统计,我国文盲、半文盲,小学,初中,高中以上文化程度的四类农民当中,流向非农产业者占同等文化程度类型劳动力总数比重分别为 4.69％、16.72％、38.46％和 40.80％。说明文化程度高低直接影响农村剩余劳动力向乡镇企业和农村二、三产业的转移。[②] 按照美国经济学家米凯·吉瑟的观点,在农村地区教育水平提高 10％,将多诱导 6％—7％的农民迁出农业;按照净效应原理,它将把农业工资提高 5％。发达国家或地区的成功经验证明,接受高等教育,提高农村人口的素质是实现劳动力转移的基础。[③]

东部地区农村的特点是耕地等自然资源严重不足,而农村人口压力很大。把剩余劳动力从农村中转移出来,可以缓解人地矛盾,提高农业劳动边际生产率。据第二次全国农业普查数据显示,从全国耕地面积的地区分布情况看,西部地区分布的耕地较多,占 36.9％;东部地区、中部地区和东北地区分别占 21.7％、23.8％和 17.6％。随着东部城镇化的发展及人口的增多,工业及住房用地增多,东部地区的人地矛盾将更加突出,因此解决东部地区农村劳动力的转移问题至关重要。只有加强东部地区农村人力资源开发,才能促进农民成功地向城

---

①　冯晓燕、张兔元:《加强农村人力资源开发 促进和谐社会构建》,《山西高等学校社会科学学报》2007 年第 5 期。

②　翟树芳:《农村人力资源开发与农村经济发展关系的探讨》,《安徽农业科学》2006 年第 2 期。

③　赵炳起:《高等教育大众化对农村人力资源开发的回应——欠发达地区高校发展对策研究》,《辽宁教育研究》2006 年第 9 期。

镇和第二、三产业转移。

（六）促进东部地区农民增收

以中国为引擎的东亚经济飞速发展，但面临着严峻的挑战，这个挑战就是如何解决该地区普遍存在的收入差距扩大问题。[1] 中国的收入差距水平，在国际上属于收入差距最大的经济体之一。[2] 根据学者们的计算（Ravallion and Chen，2004），我国基尼系数从 1981 年的0.31 增加到 2001 年的 0.447，2002 年更是达到 0.46。[3] 近些年来，城乡收入差距呈继续扩大趋势。1998 年按现价计算的城乡居民人均收入比为 2.52∶1，到 2008 年扩大为 3.31∶1。东部地区长期的二元经济结构，严重影响农村经济的发展，农村劳动力素质低下，农民劳动技能缺乏，农民增收困难。国内外一系列数据表明，农村人力资源开发对农民收入增长有极大的促进作用，两者呈正相关关系。农村人力资源开发的主要渠道是教育，东部地区要解决"三农"问题，要实现农民增收，必须首先从加强农村教育做起。正如农业部副部长危朝安所说："'三农'问题的核心是农民问题，农民问题的核心是素质问题，素质问题的核心是教育问题。"[4]东部地区要从战略上重视农村教育，大力加强农村人力资源开发，真正解决农民的教育问题，以促进农民增收，推动城乡经济协调发展。政府通过加大对农村教育培训的投资力度，可提高农村劳动力的技能，农村劳动力技能的提高是促进农民增收的前提条件，正如舒尔茨所说："农村劳动者收入低的主要原因是由于他们缺乏技能；技能的缺乏使他们的收入很低，即使经济达到充分就业。"[5]

此外，由于农民增收困难，农村群众贫困问题仍然突出。2007 年农村绝对贫困人口为 1479 万人，贫困发生率为 1.6%，尽管贫困发生

---

① Gill，Indermit and Homi Kharas："An East Asian Renaissance：Ideas for Economic Growth"，Washington D. C. ：*The World Bank*，2007.

② Yang，Dennis Tao and Fang Cai："The Political Economy of China's Rural－Urban Diride，In Nick Hope"，Dennis Tao Yang and Mu Yang（eds）How Far Across the River：Chinese Polioy Reform at the Millennium ，Stanford，California：Stanford University Press，2003.

③ Ravallion，Martin and Shaohua Chen："China's（Uneven）Progress Against Poverty"，*Policy Research Paper 3408* ，Development Research Group，World Bank，Washington，D. C. 2004.

④ 《农民素质偏低成解决"三农"问题瓶颈》，新华网，2006－04－18。

⑤ ［美］西奥多·舒尔茨：《经济增长与农业》，郭熙保、周开年译，北京经济学院出版社1991 年版，第 114 页。

率已很低,但由于我国农村绝对贫困标准很低(2007 年为 785 元/人),所取得的只是低层次脱贫。如果采用国际可比的贫困标准,中国仍有 1 亿多农村人口生活在贫困之中。[①] 农民贫困主要是知识贫困。根据诺贝尔经济学奖得主阿玛蒂亚·森的定义,所谓贫困是指对人类基本能力和权利的剥夺,而不仅仅是收入缺乏。贫困至少有三类:一是传统的收入贫困,即收入水平极其低下,不能维持基本生活。二是人类贫困,即缺乏基本的人类能力。如不识字、营养不良、较短的预期寿命、母婴健康水平的低下和可预防性疾病的危害等。三是知识贫困,不仅是指教育水平低下的程度,而是指获取、吸收和交流知识能力的匮乏或者途径的缺失。[②] 以上三种贫困,在我国农民贫困中均有表现。但知识贫困是传统收入贫困和人类贫困甚至是农民贫困的深层次原因,解决农民贫困,归根结底要提高农民知识水平。

第二节 国内外研究综述

一、国外研究概况

人力资源(Human Resource,简称 HR)这一概念曾于 1919 年和 1921 年由约翰·科蒙斯(John R. Commons)在其两本著作《产业信誉》和《产业政府》中最早使用过。1954 年美国著名管理大师彼得·德鲁克(Peter F. Drucker)在《管理的实践》一书中明确提出了"人力资源"这一概念。他指出"如果我们视员工为人力资源,我们就必须了解这种资源的特性是什么,而当我们把重点分别放在'资源'或'人'时,会得到两种截然不同的答案。……人力资源有一种其他资源所没有的特性:具有协调、整合、判断和想象的能力。事实上,这是人力资源唯一的特殊优越性……作为一种资源,人力能为企业所'使用',然而作为'人',唯有这个人本身才能充分自我利用,发挥所长。这是人力

---

① 张晓山、李周:《新中国农村 60 年的发展与变迁》,人民出版社 2009 年版,第 67—68、179 页。

② 胡鞍钢、李春波:《 新世纪的新贫困:知识贫困》,《中国社会科学》2001 年第 3 期。

资源和其他资源最大的分别。"①"人力资本"这一概念,一般认为是由费雪在1906年发表的《资本的性质和收入》一文中最早提出的。

从某种程度上说,人力资源开发过程就是人力资本投资过程,因此,人力资源开发是以人力资本理论为依据的。在经济学史上,第一个将人力看作资本的经济学家是号称"经济学鼻祖"的亚当·斯密(Adam Smith),其代表作《国富论》(1776)中包含着丰富的人力资本思想。亚当·斯密认为,"劳动是为购买一切东西支付的首次价格,是最初的购买货币,用来最初购得世界上的全部财富的,不是金或银,而是劳动。"斯密将固定资本分为四部分,其中第四部分是"社会所有居民或成员获得的有用才能"。并指出"这种才能的获得需要维持获取人去接受教育,进行研究或充当学徒,总是要花费一笔实在的开支,这好像是固定并实现在他身上的资本"②。斯密把人的劳动能力划归资本的范畴,强调教育对劳动者开发的重要作用。1890年,马歇尔在《经济学原理》一书中,在考察生产要素时,把萨伊的生产三要素扩充为生产四要素,即劳动、资本、土地和组织(企业家才能)。

"二战"后,出现了一些令人难以解释的经济现象:西德经过战争的严重破坏,国民经济体系处于崩溃的边缘,但却在短时间内实现经济复苏,创造了世界经济发展的奇迹;美国的经济产出增长率远高于传统生产要素投入的增长率;等等。以凯恩斯经济理论为基础的哈罗德—多马增长模型,研究了资本主义经济如何在波动中实现长期增长。在哈罗德—多马增长模型中,假定资本—劳动比率(即资本与劳动的搭配比例)一定,因而资本—产量比率(C)也一定,这样,产量的增长率,即经济增长率(G)实际取决于储蓄率(S),储蓄能否转化为投资和储蓄转化为投资的量(也就是资本的积累率)就成为经济增长的唯一因素,其增长模型为:

$$G = \frac{S}{C} \qquad\qquad (1-1)$$

但是,上述模型并不能解释战后发达国家的经济增长现实:各发

---

① [美]彼得·德鲁克:《管理的实践》,齐若兰译,机械工业出版社2006年版,第218—219页。

② [英]亚当·斯密:《国富论(上)》,杨敬年译,陕西人民出版社2001年版,第41—58、314—322页。

达国家在相同的资本积累水平下却存在着较高的经济增长率。1956
年,美国经济学家索洛在《经济增长理论》一书中,在哈罗德——多马模
型的基础上,提出了加速技术决定作用的增长模型。

$$\frac{\triangle Y}{Y} = a(\frac{\triangle K}{K}) + b(\frac{\triangle L}{L}) + \frac{\triangle A}{A} \tag{1-2}$$

其中,$\frac{\triangle Y}{Y}$ 表示经济增长率;

$\frac{\triangle K}{K}$ 表示资本增长率;a 表示资本对收入增长所贡献的相对份额;

$\frac{\triangle L}{L}$ 表示劳动增长率;b 表示劳动对收入增长所贡献的份额;

$\frac{\triangle A}{A}$ 表示技术进步率。

该模型假定:经济增长不仅取决于资本增长率、劳动增长率,以及
资本和劳动对收入增长贡献份额的权数,而且取决于技术进步,尤其
是从长期增长和人均产量来看,资本增长率和劳动增长率的作用不
大,这表明技术进步是经济增长的关键因素。在此,技术进步第一次
作为一个单独的因素被纳入到经济理论的系统研究中。尽管如此,索
洛模型仍认为技术进步是促进经济增长的外生变量,且体现在一定的
物质资本中,而对技术进步中人的因素没有进行相应的研究。[1]

　　20 世纪 60 年代,美国著名经济学家舒尔茨弥补了索洛模型的缺
陷。舒尔茨认为促进经济增长的因素不仅仅是土地、资源以及劳动者
数量的增加,更主要的是劳动者知识水平、技能等的提高,即劳动者质
量的提高。1960 年舒尔茨在美国经济年会上发表"人力资本投资"的
演讲,掀起了经济学家研究人力资本理论的热潮。舒尔茨对人力资本
的最大贡献在于创立了比较系统完整的人力资本理论,使其成为经济
学的一个新分支,并研究了人力资本形成的途径方式,对教育对经济
增长的作用作了定量研究,被称为"人力资本之父"。他在人力资本理
论方面的著作颇丰,其中有《人力资本的投资》、《教育的经济价值》、
《人力资本投资:教育和研究的作用》、《对人进行投资——人口质量经
济学》等等。他的人力资本理论内容主要有:提出广义的资本范畴,认

----

① 蒋选:《中国宏观经济运行与调控》,中国财政经济出版社 2006 年版,第 382—392
页。

为资本不仅包括物质资本，更重要的是人力资本；人力资本投资是经济增长的重要源泉；人力资本投资的主要目的是提高人口质量；教育是人力资本形成的主要途径等。

舒尔茨还把农业经济问题与人力资本理论的研究结合起来，研究发展中国家的农业问题，从而对发展经济学作出了开创性的贡献。他指出："世界上大多数人是贫穷的，所以如果懂得穷人的经济学，我们也就懂得了许多真正重要的经济原理。世界上大多数穷人以农业为生，因而如果我们懂得农业经济学，我们也就懂得许多穷人的经济学。"在 20 世纪 30 至 40 年代，舒尔茨作为一名农业经济学家，发表了一系列关于农业发展的研究论文。舒尔茨在研究农业经济时，并不是孤立的研究，而是把农业经济作为经济体的重要组成部分。舒尔茨非常关注农业发展的滞后、贫穷与工业的高生产率、高收入水平之间的反差，特别抨击有些发达国家歧视农业的工业化政策。他对农业发展的研究内容不仅涉及美国，更加关注发展中国家的农业发展问题，并系统分析了教育投资对农业生产率的重要影响。舒尔茨有关农业发展的经典著作有《农业生产和福利》、《不稳定经济中的农业》等，其中最著名的著作是 1964 年出版的《改造传统农业》，这本书对发展经济学有着重大的理论和政策意义。他针对诸多经济学家们的重工轻农的观点，提出明确反对，认为农业绝对不是毫无作为的，相反是经济发展的原动力，因此政府必须对农业进行投资。他强调，发展中国家的传统农业是不能对经济增长作出贡献的，只有现代化的农业才能对经济增长作出重大贡献。他提出，改造传统农业的关键是要引进新的现代农业生产要素，这些要素可以使农业收入流价格下降，从而使农业成为经济增长的源泉。那么，如何才能通过引进新的现代农业生产要素而改造传统农业呢？舒尔茨从三个方面回答了这个问题：一是建立一套适于传统农业改造的制度；二是从供给和需求两方面为引进现代生产要素创造条件；三是对农民进行人力资本投资。他提出，"改造传统农业是投资问题，其中主要是人力资本投资。……尽管存在着某些农业技术，引进它会比在低收入国家生产更为廉价，但国内生产的技术总是现代农业生产所需要获得的各种能力的主要源泉。为了获得这些能力,就必须向农民投资。"①舒尔茨把对农民的投资分为五类:第一类是农闲期间的短期培训班、传授新耕作法和家庭技术的示范,以及不定期地对农民进行教育的会议;第二类是在职培训和学徒制;第三类是正式建立初等、中等和高等学校;第四类是保健设施和服务;第五类是使一个人从所从事的一项工作转到(迁移到)一项更好的工作的成本。

人力资本的另一位代表人物是诺贝尔经济学奖获得者加里·贝克尔(Garys Becker),他被认为是现代经济学领域最有创见的学者之一。贝克尔对人力资本理论的突出贡献表现在对人力资本的微观分析,弥补了舒尔茨只分析教育对经济增长的宏观作用的缺陷。贝克尔分别在 1962 年和 1964 年发表和出版了《人力资本投资:一种理论分析》和《人力资本:特别关于教育的理论与经验分析》两本著作,其中后者被西方学术界认为是"经济思想中的人力资本投资革命"的起点,也被人们视为现代人力资本理论最终确立的标志。贝克尔在《人力资本》一书中,研究了人力资本与个人收入分配的关系,分析了正规教育的成本与收益问题,还重点探讨了在职培训的重要性。贝克尔还在其代表作《生育率的经济分析》和《家庭论》中,对家庭生育行为的经济决策和成本—效用进行了分析,提出孩子的直接成本、间接成本、家庭时间价值、时间配置、家庭中市场活动和非市场活动的概念,令人耳目一新。贝克尔学术研究特点在于他把表面上与经济学无关的现象与经济学联系起来,并运用经济数学方法进行分析。他为人力资本理论提供了微观理论基础,具有开拓性意义,并更具科学性和可操作性,正是因为如此,贝克尔尽管比舒尔茨晚了一步,但仍与舒尔茨一起被公认为现代人力资本理论的创始人。

美国经济学家爱德华·丹尼森(Edward F. Denison)对人力资本的作用也进行了计量分析。在用传统经济分析方法估算劳动和资本对国民收入增长所起的作用时,会产生大量未被认识的、不能由劳动和资本投入来解释的"余数",丹尼森对此作出了令人信服的解释。他把经济增长的"余数"归为规模经济效应、资源配置和组织管理改善,

---

① [美]西奥多·舒尔茨:《改造传统农业》,梁小民译,商务印书馆 1999 年版,第 167—175 页。

知识应用上的延时效应以及资本和劳动力质量本身的提高等等。他通过精确分析和计算,论证了1929至1957年间美国的经济增长中教育的贡献率应是23%,而不是舒尔茨所讲的33%。丹尼森的这一重要结论无疑是对舒尔茨研究结果的重要修正和补充。许多人认为,20世纪60年代开始长达10余年的世界各国教育经费的激增,在很大程度上归功于丹尼森的研究成果。

雅各布·明赛尔(Jacob Mincer)首次将人力资本与收入分配联系起来,给出了完整的人力资本收益模型。此外,明塞尔还研究了在职培训对人力资本形成的影响。[①]

20世纪80年代中后期,人力资本理论再次掀起高潮。以美国经济学家P.M.罗莫于1986年10月在美国《政治经济杂志》上发表的文章《收益递增与长期增长》和罗伯特·卢卡斯(Robert Lucas)于1988年在《货币经济学杂志》(第22期)上发表的文章《论经济发展机制》为标志,这一轮的研究视野更加广阔。尤其是开始注意发展中国家的经济发展,强调人力资本存量和人力资本投资在从不发达经济向发达经济转变过程中的重要作用,确立了人力资本和人力资本投资在经济增长和发展中的关键作用,将人力资本的积累看作是经济增长的关键因素,建立了以人力资本为核心的经济增长的新模型,提出了"新经济增长理论",促使人力资本理论发展至一个新的高度。1986年,罗默在《收益递增与长期增长》一文中提出,知识具有外部效应,这种效应不仅使其自身收益递增,而且还使物质资本和劳动等其他投入要素具有收益递增的特性,这种收益递增将导致经济的长期增长。[②]

二、国内相关研究

国外的人力资本理论是我国进行人力资源开发研究和实践的理论基础。20世纪后期到近年来,关于人力资源开发的概念、特征、功能等国内也有众多专家涉足并有较系统的研究,如胡君辰、郑绍濂(1999)主编的《人力资源开发与管理》[③],萧鸣政(2004)编著的《人力资

---

① Multigan C. B. and Xavier S. M. :"Transitional Dynamics in two—sector Models of Endogenous Growth",*Quarterly Journal of Economics*,2001.

② Snower D. J. :"The low—skill,Bad—Jop Trap",*CEPR Discussion Paper*,1994.

③ 胡君辰、郑绍濂:《人力资源开发与管理》,复旦大学出版社1999年版,第5—45页。

源开发的理论与方法》①,孙健、纪建悦(2005)编著的《人力资源开发与管理》②等等。国内关于人力资本研究的著作也不少,其中《人力资本通论》(李建民,1999)③、《人力资本运营论》(冯子标,2000)④都从不同角度对人力资本理论进行了较为系统的分析。另外,《中国人力资本投资与城乡就业相关性研究》(侯风云,2007)通过建立各种模型研究了中国人力资本投资与城乡就业的相关性,其中研究了中国人力资本投资与经济增长的相关性。⑤

关于对农村人力资源的开发研究,是最近几年才有的,对农村人力资源开发进行系统研究的著作《农村人力资源开发与管理》(许文兴,2005)⑥、《农村人力资源开发与人力资本流动研究》(曹明贵,2005)⑦都从不同程度认识到农村人力资源开发的重要性。近些年,关于农村人力资源开发的论文很多,作者多数从我国农村人力资源开发的现状、原因、对策等方面进行研究。如在农村人力资源开发的现状和原因方面,余慧星(2003)、李文政(2003)等提出了自己的观点。余慧星的观点是:中国农村人力资源现状是人力资源基数大且有明显扩大趋势、质量差、结构失调,造成这一局面的原因是由于历史上人口政策的失误、农村生产力水平落后、教育投入不足、农业科技人员少、教育培训力量不够、缺乏人力资源开发的计划和组织体系等。⑧李文政的观点是:我国农村人力资源开发的现状是数量巨大,剩余劳动力多;农村劳动力文化素质偏低;农村劳动力科技素质不高;农村劳动力经营管理素质较差;农村劳动力的身体素质偏低。⑨ 又如在农村人力资

① 萧鸣政:《人力资源开发的理论与方法》,高等教育出版社 2004 年版,第 3—25 页。
② 孙健、纪建悦:《人力资源开发与管理》,企业管理出版社 2005 年版,第 3—48 页。
③ 李建民:《人力资本通论》,上海三联书店 1999 年版,第 1—38 页。
④ 冯子标:《人力资本运营论》,经济科学出版社 2000 年版,第 10—56 页。
⑤ 侯风云:《中国人力资本投资与城乡就业相关性研究》,上海人民出版社 2007 年版,第 57—92 页。
⑥ 许文兴:《农村人力资源开发与管理》,中国农业出版社 2005 年版,第 86—95 页。
⑦ 曹明贵:《农村人力资源开发与人力资本流动研究》,经济科学出版社 2005 年版,第 109—127 页。
⑧ 余慧星:《论农村人力资源的开发和利用》,《湖南农业大学学报(社会科学版)》2003 年第 1 期。
⑨ 李文政:《论我国农村人力资源开发》,《重庆大学学报(社会科学版)》2003 年第 4 期。

源开发的对策上,张弘(2000)、邓涛(2004)等均提出了自己的观点。张弘观点为:加大农村教育投入,提高农村教育的普及度;改革农村教育,培养实用人才;因势利导,造就特色人才,解决好人力资源配置问题;发挥网络优势,建立跨地区的劳动力市场。[①] 邓涛的观点是:建立和完善农村人力资源管理体系;加强教育和培训;解决农村剩余劳动力出路;建立和健全农村基本保障体系和初级卫生保健体系;制定长期稳定的人口政策。[②]

另外,从对农村人力资源开发的研究视角来看,其中有:吉林大学汤继伦(2007)的博士学位论文《政府主导视野下的中国农村人力资源开发研究》[③];毛丽玉(2007)写的论文《从农业可持续发展的视角看农村人力资源开发》[④];王少杰和李寿廷(2006)写的论文《法学视野中的农村人力资源开发问题》[⑤];欧一智、贺喜灿、黄国勤(2007)写的论文《新农村建设中农村人力资源开发与农民增收的实证研究》[⑥]等。从开发对象的性别来看,其中有:山东大学徐键(2008)所写的硕士论文《山东省新农村建设中女性人力资源的开发和利用》[⑦];陕西师范大学谢慧(2007)写的硕士论文《陕南贫困山区农村妇女生存状况与人力资源开发问题研究》[⑧]。从研究区域方面来看,多数是从我国整体或我国西部、中部地区出发进行农村人力资源开发的研究,少数涉及其他区域的研究。例如有东北林业大学张晓梅(2005)的博士学位论文《中国农村人力资源开发与利用研究》[⑨];雷岁江和曹俐(2003)写的论文《山西省农村人力资源开发现状及对策》;刘黎辉(2007)所写的论文《湖南农

---

① 张弘:《农村人力资源开发的现状与对策思考》,《湖南商学院学报》2000 年第 5 期。

② 邓涛:《对当前我国农村人力资源开发的思考》,《农村经济》2004 年第 1 期。

③ 汤继伦:《政府主导视野下的中国农村人力资源开发研究》,吉林大学,2007 年。

④ 毛丽玉:《从农业可持续发展的视角看农村人力资源开发》,《科技和产业》2007 年第 11 期。

⑤ 王少杰、李寿廷:《法学视野中的农村人力资源开发问题》,《理论探索》2006 年第 1 期。

⑥ 欧一智、贺喜灿、黄国勤:《新农村建设中农村人力资源开发与农民增收的实证研究》,《中国农学通报》2007 年第 10 期。

⑦ 徐键:《山东省新农村建设中女性人力资源的开发和利用》,山东大学,2008 年。

⑧ 谢慧:《陕南贫困山区农村妇女生存状况与人力资源开发问题研究》,陕西师范大学,2007 年。

⑨ 张晓梅:《中国农村人力资源开发与利用研究》[D],东北林业大学,2005 年。

村人力资源开发现状及对策分析》等。

第三节 研究思路和研究内容

一、研究思路

本书以科学发展观为指导,在深入剖析所涉及的农村人力资源开发的基本理论的基础上,应用实证和规范相结合的分析方法,从统筹城乡协调发展和区域协调发展的角度,首先对中国东部地区农村人力资源的现状及开发中存在的问题进行详细说明,接着对东部地区农村人力资源开发的影响因素进行总结,并在借鉴发达国家农村人力资源开发经验的基础上,对东部地区农村人力资源开发的模式进行研究,最后构建出东部地区农村人力资源开发体系。

二、研究内容

具体来讲,本书的研究内容包括以下几个方面:

(一)人力资源开发的一般理论

对东部地区、人力资源、人力资本、人力资源开发、农村人力资源、农村人力资源开发等相关概念进行阐释,并总结人力资源和人力资源开发的特征,区分人力资源开发和人力资本投资。在人力资源开发的理论基础方面,分析马克思的人力资源思想、人力资本理论、二元发展理论和新经济增长理论,为我国农村人力资源开发提供重要的理论支持。

(二)东部地区农村人力资源现状及开发中存在的问题

对东部地区农村人力资源的现状从数量、质量和结构三个层面来分析。在数量方面,东部地区农村乡村人口的数量依然较多;农村乡村人口占总人口的比重仍然偏高;且东部地区的人地矛盾更加突出,农村劳动力严重过剩。在质量方面,东部地区农村人力资源的文化素质、科技素质、身体素质、经营管理素质和思想素质仍然偏低。在结构方面,产业分布结构、年龄、性别结构不尽合理。目前东部地区农村人力资源开发中存在的问题仍然十分突出,这些问题包括教育培训投入不足、教育目标不合理、医疗保健投资不足、劳动力迁移受阻等。

（三）东部地区农村人力资源开发的影响因素

东部地区农村人力资源开发的影响因素有政策、制度、观念、资金等方面的因素。政策的制定、调整和贯彻执行对农村人力资源开发产生影响；制度因素影响着劳动力迁移；一些农民对人力资源开发观念落后，影响了开发的积极性；各种资金因素影响了东部地区农村人力资源的开发。在资金因素中，针对城乡收入差距较大的现实，通过构建计量模型，实证分析了城乡居民人力资本投资的差异呈继续扩大趋势，这将导致农村人力资源开发的恶性循环。

（四）国外农村人力资源开发的经验与借鉴

美、德、日、韩等发达国家在农村人力资源开发方面的有效做法，对中国东部地区农村人力资源开发有着重要的启示作用：政府应为农村人力资源开发提供政策支持；大力发展形式、内容灵活多样的职业教育；实行农业科研、教育、推广"三位一体"的农业科技教育体系；教育培训主体要向多元化发展；等等。

（五）东部地区农村人力资源开发模式探讨

结合中国国情，依据循环累积因果理论，根据东部地区内部区域差异情况，并结合国内农村人力资源开发的模式，研究东部地区农村人力资源开发的模式。将东部地区划分为相对发达地区和相对欠发达地区，选取相对发达地区青岛和相对欠发达地区菏泽进行抽样问卷调查。相对发达地区要注重"政府主导和市场主导"相结合，相对欠发达地区要以"政府主导型"为主，两类地区着重选择的具体开发模式分别有四种。

（六）东部地区农村人力资源开发体系构建

针对目前东部地区农村人力资源现状和开发中存在的问题，提出农村人力资源开发的总体目标和指导原则。东部地区农村人力资源开发的总体目标分为数量目标、质量目标和结构目标。东部地区在农村人力资源开发中，应把握整体性原则、长远性原则、系统性原则、前瞻性原则、实用性原则以及兼顾性原则。人力资源开发是一项系统性工程，东部地区农村人力资源开发体系由四个子系统组成，分别是科学合理的农村教育培训体系、完善有效的医疗保健体系、平稳有序的劳动力迁移体系、统筹兼顾的区域协调发展体系。

第四节 研究方法与技术路线

一、研究方法

在研究过程中,本书查阅大量参考文献,综合运用经济学、管理学、社会学、人口学、教育学、心理学、统计学等学科理论和知识,以马克思主义政治经济学理论和科学发展观为指导,注重理论联系实际,采取的研究方法主要有以下几种:

(一)规范分析和实证分析相结合的方法。规范分析法是研究经济运行"应该是什么"的研究方法,这种方法主要依据一定的价值判断和社会目标,来探讨达到这种价值判断和社会目标的步骤。实证分析就是分析经济问题"是什么"的研究方法,侧重研究经济体系如何运行,分析经济活动的过程、后果及向什么方向发展,而不考虑运行的结果是否可取。本书在对东部地区农村人力资源开发进行研究时,不仅注重规范分析方法,还注重实证分析方法,使两种方法相互结合、相互补充。

(二)定性分析和定量分析相结合的方法。定性分析是用文字语言进行相关描述,它是主要凭分析者的直觉、经验,凭分析对象过去和现在的延续状况及最新的信息资料,对分析对象的性质、特点、发展变化规律作出判断的一种方法。定量分析是用数学语言进行描述,它是依据统计数据,建立数学模型,并用数学模型计算出分析对象的各项指标及其数值的一种方法。本书在研究东部地区农村人力资源开发时,注重定性分析,同时通过搜集大量数据,进行统计计量分析,实现定性分析和定量分析相结合,使结论更加科学、可信。

(三)横向比较分析和纵向比较分析相结合的方法。比较分析法是指对两个或几个有关的可比数据进行对比,揭示差异和矛盾的一种方法。本书横向比较主要是东部地区人力资源开发在城乡之间、区域之间的比较和东部地区农村人力资源开发和国外之间的比较。本书纵向比较主要是农村人力资源开发在纵向年份之间的比较。

(四)演绎和归纳相结合的方法。在个别中发现一般的推理形式、思维方法是归纳;在一般中发现个别的推理形式、思维方法是演绎。

这两种方法相互联系、相互依存。本书在论述过程中,实行演绎和归纳相结合的方法。

二、技术路线

本书研究的技术路线如下:

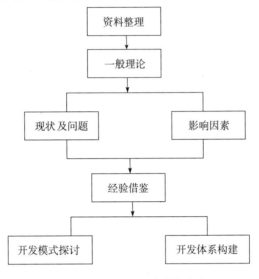

图 1—1 本书研究的技术路线

第五节 研究结果和创新之处

一、研究结果

(一)全面认识东部地区农村人力资源现状和开发中存在的问题,认真总结东部地区农村人力资源开发的影响因素,并借鉴发达国家先进经验,系统提出东部地区农村人力资源的开发模式,最终构建东部地区农村人力资源开发体系,为有关部门进行东部地区农村人力资源开发提供决策依据。

(二)结合东部地区实际,从农村人力资源开发的视角研究东部地区城乡经济社会协调发展的新思路和新方法,为东部地区农村经济发展和解决"三农"问题提供理论依据。另外,在研究东部地区农村人力资源开发时,考虑东部地区内部区域的差异,为区域协调发展提供理论和现实指导。

二、创新之处

（一）在研究角度上，由于中国地域广阔，区域差距悬殊，区域研究至关重要，本书从东部地区的崭新区域视角研究农村人力资源开发问题。

（二）在研究内容上，创新之处有：（1）通过大量图表，全面分析东部地区农村人力资源现状和开发中存在的问题，并进一步剖析东部地区农村人力资源开发不足的四大因素。尤其是通过建立计量模型，实证研究了农村居民收入低导致人力资本投资能力不足是影响农村人力资源开发的重要因素。（2）在国内农村人力资源开发模式分析的基础上，根据中国东部地区内部区域差异情况，依据循环累积因果理论，因地制宜地对东部地区农村人力资源开发模式进行探讨。将东部地区划分为相对发达地区和相对欠发达地区，选取相对发达地区青岛和相对欠发达地区菏泽进行抽样问卷调查。相对发达地区要注重"政府主导和市场主导"相结合，相对欠发达地区要以"政府主导型"为主，并总结出两类地区着重选择的具体开发模式分别有四种。（3）针对目前东部地区农村人力资源现状和开发中存在的问题，提出农村人力资源开发的总体目标和指导原则，系统构建了东部地区农村人力资源开发体系，全面分析体系包含的四个子系统。

第二章　人力资源开发的一般理论

第一节　东部地区农村人力资源
开发的相关概念及其特征

一、东部地区的概念

国务院发展研究中心于 2005 年提出了"四大板块八大经济区"方案,即将中国划分为东部、中部、西部、东北四大板块,并将四个板块划分为八大综合经济区。东部板块划分为北部沿海、东部沿海、南部沿海三个综合经济区;中部板块划分为黄河中游、长江中游两个综合经济区;西部板块划分为大西南、大西北两个综合经济区;东北板块即东北综合经济区。在东部板块中,北部沿海经济区包括北京、天津、河北、山东,东部沿海经济区包括上海、江苏、浙江,南部沿海经济区包括福建、广东、海南。本书所说的东部地区即东部板块,具体包括北京、天津、河北、山东、上海、江苏、浙江、福建、广东、海南 10 个省市。

二、人力资源的内涵、特征

（一）人力资源的内涵

人力资源,其英文名为 Human Resource,简称 HR。人力资源由"人力"和"资源"组成。从政治经济学角度看,"人力"主要是指从事生产劳动(包括体力劳动和脑力劳动)的人们的力量和能力,也就是劳动力;"资源"是为创造财富而投入到生产过程中的一切要素。

一般认为,人力资源的概念最早是由当代著名管理学家彼得·德鲁克于 1954 年在其著作《管理的实践》中提出的,书中对人力资源作了精辟的描述,但书中缺陷是将人力资源的讨论范畴仅仅限于企业,视域过于狭窄。随着时间的推移和社会的变革,人们对人力资源概念的认识日渐成熟。如舒尔茨认为人力资源是指体现在人身上的知识、能力和健康。

作为舶来品，"人力资源"从 20 世纪 80 年代末由国际劳工组织传入中国后，迄今已有近 30 年的时间，从初识、了解到现在已得到了理论上的一定发展和实践上的广泛运用。尽管如此，我国学术界对人力资源的概念却是众说纷纭。例如，萧鸣政、张德、黄津孚、陆国泰等就从不同的研究角度提出了不同的概念，萧鸣政（1994）把人力看作人员素质综合发挥的作用力，认为人力资源是劳动生产过程中，可以直接投入的体力、脑力和心力的总和。[①] 张德（2001）认为，所谓人力资源是指能够推动整个经济和社会发展的劳动者的能力，即处在劳动年龄的已直接投入建设和尚未投入建设的人口的能力。[②]

基于本书的研究角度，笔者认为从狭义上讲，人力资源是劳动力资源，是那些在法定劳动年龄范围内的有劳动能力的那部分人口。从广义上讲，人力资源是指一定时期、一定范围内，一切具有体力劳动和智力劳动能力，能为社会创造物质精神财富的人们的总称，包括质量和数量两个方面，是质和量的统一体。人力资源的数量是指具有劳动能力的那部分人口的数量，是一个动态变化的量。它既包括劳动年龄内具有劳动能力的人口，又包括劳动年龄外参加社会劳动的人口。关于劳动年龄，因各国经济条件不同，尚没有统一的规定，我国现行的劳动年龄规定为：男 16－60 岁，女 16－55 岁。影响人力资源数量的因素有计划生育、人口流动状况等。人力资源的质量是指依附在人体上的知识、技能、智力、体质等因素的总和。与人力资源数量相比，人力资源质量显得尤为重要。人力资源的质量受先天遗传、后天环境、教育和培训等因素影响。

（二）人力资源的基本特征

21 世纪知识经济时代，随着人力资源在经济活动中地位的提高，人力资源是"第一资源"越来越成为人们的共识。人力资源是"第一资源"是相对其他三种资源（自然资源、资本资源、信息资源）来说的。这是因为当今社会，人们常把资源分为四类：自然资源、资本资源、人力资源和信息资源。其中自然资源是大自然本身存在的未经生产和加

---

① 萧鸣政：《对人力资源开发问题的系统思考》，《中国人力资源开发》1994 年第 6 期。
② 张德：《人力资源开发与管理》，清华大学出版社 2001 年版，第 1－6 页。

工的资源,包括土地、森林、矿藏、水资源等;资本资源是经人类生产加工的,并能用于生产活动的资源,包括机器、厂房、设备等;信息资源是对生产活动及其相关活动或事物描述的符号集合,如人员的需求状况、产品流通状况等。

人力资源作为资源的一种,具有资源的特征,但又区别于其他资源,具有特殊性。

1. 主观能动性

主观能动性是人力资源的首要特征,也是区别于其他资源的最根本特征。这是因为人力资源以人为载体,而人是生产力诸要素中最积极、最活跃的因素,人能够自觉地、有意识地、有目的地从事生产劳动,并积极主动地为社会创造物质财富和精神财富。与其他资源相比,人力资源是活的、能动的,而其他资源都是死的、被动的。人力资源在一切经济活动中起主导作用,是其他资源的支配者和主宰者,被看作是一种能创造其他资源的"资源",其他资源只有通过人力资源才能发挥作用。

2. 战略性

人力资源是战略性资源,是一切资源中最重要、最宝贵的资源,是推动社会经济发展的核心资源,在社会财富创造中起决定性作用。当今世界,大到国家之间的竞争,小到企业之间的竞争,归根到底是知识的竞争,是人才的竞争,是人力资本的竞争。美国就是靠其人力资本优势而成为世界经济发展"领头羊"的。

3. 再生性

人力资源是一种可无限开发的资源,是促进社会发展、推动社会变革的最重要的可再生资源。人力资源的再生性表现为质量上的不断提高和数量上的再生产。(1)质量方面:人力资源的投入使用过程,也是实践学习的过程。通过学习,人力资源得以开发,其知识、技能、素质也会不断提高。人力资源质量上的不断提高也可看作是一种增值,这是因为人力资源的开发可转化为资本,而资本是以增值为基础的,可带来价值上的增值,创造社会财富,促进经济的发展和社会的进步。(2)数量方面:因为人的生命是有限的,数量上的再生产可使人力资源得到不断替换、更新和补充,在实现质量提高的基础上,得以代代相传。从古代到现代,人的劳动能力的不断提高、科学技术的发展、经济的发展和社会的进步等,都与人力资源的再生性密切相关。

4.时效性

自然资源,如土地、矿藏等,一段时间不被开发和利用,一般不会带来量上的变化。人力资源的体力和智力等则受一定的时间所限制。这是因为人的生命周期一般划分为幼年期、少年期、青年期、中年期、老年期等阶段。各阶段人的劳动能力是不同的。幼年期和少年期一般处于人力资源的潜在期,青壮年时期是人力资源开发和利用的集中期,老年期一般处于人力资源的衰退期。生命周期与人力资源的"倒U型"关系说明,人力资源在开发和利用过程中,应遵循人力资源的时效性特征,尤其在青壮年时期,要充分利用人力资源,否则就会随着时间的流逝造成人力资本的浪费。

5.替代性

替代性包括两方面,一方面是人力资源对物质资源及其他资源的替代性,当今社会物质资源稀缺,而实践证明人力资源对社会经济发展的作用远远大于自然资源和资本资源,因此要尤其重视人力资源开发。另一方面是人力资源质量对人力资源数量具有较强的替代性;反之,人力资源的数量对人力资源的质量替代性较弱。例如,尽管中国的人力资源数量比美国大很多,但因美国人力资源质量比中国强很多,致使美国经济较中国发达得多。又如,一个高技术人才能制造出某种高科技产品,但十几个乃至更多的搬运工却是无论如何也制造不出来的。

6.社会性

人力资源不仅仅受先天遗传因素影响,另外还受后天社会环境及后天教育和培养的影响。人力资源的载体是人,人的生产生活离不开社会,人不仅是社会中的人,还作用于社会。因此,人力资源的开发和利用要考虑社会的需求,满足社会的需要,并促进社会的发展。

(三)人力资源的相关概念

与人力资源相关的概念有人口资源、劳动力资源、人才资源、人力资本等,为更好地把握人力资源的概念和内涵,有必要对这些概念作一下认识。应该说,人力资源与人口、劳动力、人力资本、人才资源等概念既有明显的区别,又密切相关。在不同的环境背景下,每个概念都有其各自的用途。例如,我们在谈社会消费时常与人口挂钩,谈劳动就业时常与劳动力联系,谈对个人的投资决策时常用人力资本这个概念,而谈到组织对员工的管理时常涉及人力资源和人才资源的概念。在实际应用过程中,我们既要看到各概念之间的差别,同时也要搞清楚各概念之间的联系。

1. 人力资源与人口资源、劳动力资源、人才资源

人口资源是一定时间和空间范围内的人口总体,强调的是人口的数量和规模。人口资源是人力资源和劳动力资源的基础和前提。

劳动力资源是一定时间和空间范围内,具有劳动能力并在劳动年龄范围内的人口总和。可见,劳动力资源以人口为其存在基础,强调劳动者的数量。

人才资源着重强调人的质量方面,是较高质量的人力资源,是具有较强的专业知识、管理能力、技术能力、创造能力的人的总称,区别于一般的劳动能力。人才资源对经济社会发展的重要性在世界各国已得到广泛论证。21世纪,国家或地区之间的竞争无疑是知识之间的竞争,是人才之间的竞争,一个国家和地区拥有的人才越多,越有利于该国家或地区的发展。

人力资源是人口资源的核心和关键,显而易见,人口资源包括人力资源。人们常常把劳动力资源等同于人力资源,那实际上是从人力资源的狭义角度去讲的,人力资源有广义和狭义之分,广义上人力资源的涵盖范围更广,其数量不仅包括劳动适龄人口范围内具有劳动能力的人口,还包括劳动适龄人口范围之外具有劳动能力的人口数量。由此可见,人力资源包括劳动力资源。另外,与劳动力资源只强调劳动者的数量不同,人力资源包括数量和质量两个方面。

综上所述,从数量上讲,人才资源包含于劳动力资源,劳动力资源包含于人力资源,人力资源包含于人口资源,四者的数量关系可用图2—1表示。

2. 人力资源与人力资本

与人力资源相关的另一个重要概念是人力资本。前面已谈到各学者对"人力资源"概念的不同解释,学者们对"人力资本"的概念阐释亦是"仁者见仁、智者见智"。到20世纪60年代,美国经济学家西奥多·舒尔茨等人将这一概念逐渐发展成为一门成熟的理论。舒尔茨认为,人力资本体现在人的身上,表现为人的知识、技能、经验和技术

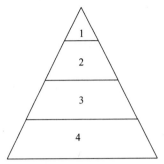

1 人才资源、2 劳动力资源、3 人力资源、4 人口资源

图 2－1　人才资源、劳动力资源、人力资源、人口资源四者的数量关系

熟练程度等,总之表现为人的能力和素质。贝克尔把人力资本与时间因素联系起来,认为人力资本不仅意味着才干、知识和技能,而且意味着时间、健康和寿命。随着我国学界和企业界对人力资本的日益重视,我国学者也从不同角度提出了不同的概念。李忠民(1999)把人力资本定义为"凝结在人体内,能够物化于商品或服务,增加商品或服务的效用,并以此分享收益的价值"[1],刘迎秋(1997)把人力资本定义为凝结在人体中的能够使价值迅速增值的知识、体力和技能的总和。[2]

　　"人力资源"与"人力资本"有一字之差,都是关于对人的能力方面的规定,有其相似的地方,但究其本质是不同的,我们不能混淆使用。这两个概念的差别之处在于:第一,人力资本具有资本的特性。资本是人类生产的,再用来生产其他产品并可给其所有者带来利息或利润收益的生产要素,也就是说,资本是能够带来剩余价值的价值,追求利润是资本的特性。人力资本作为资本的一种,同样属于价值范畴,是一个反映价值的概念,是能够通过经济活动带来新价值的资本。第二,人力资源注重人员开发、管理和利用方面的研究,而人力资本主要从投资和收益角度研究人力在经济增长中的作用。因此,一般来说,从管理学角度研究的是"人力资源",而从经济学角度研究的是"人力资本"。第三,人力资源兼具数量和质量概念,并侧重于人口数量结构方面的反映,而人力资本是一种质量概念,侧重于依附在人身上的知

---

　　① 李忠民:《人力资本——一个理论框架及其对中国一些问题的解释》,经济科学出版社 1999 年版,第 1－36 页。
　　② 刘迎秋:《论人力资本投资及其对中国经济成长的意义》,《管理世界》1997 年第 3 期。

识、技能等质量因素的反映。第四,人力资源概念的外延要大于人力资本,人力资源与人力资本是包含与被包含的关系。这是因为人力资源只有通过开发,质量得到一定的提高,才能转化为人力资本,进而推动社会经济的发展,也就是说,人力资本是人力资源开发的结果,而人力资源是人力资本的(自然)基础。

三、人力资源开发的内涵、特征

(一)人力资源开发的内涵

人力资源开发,英文名为 Human Resource Development,简称HRD,最早产生于 20 世纪 50 年代,随着西方人力资本理论的发展,这一概念逐渐为人们所接受。20 世纪 80 年代中期,人力资源开发理论开始传入我国并相继得到广泛传播。与此同时,我国学者也从不同角度对人力资源开发的概念提出了自己的观点。例如陈远敦、陈全明(1995)等人认为,人力资源开发主要是指国家或企业对所涉及范围内的所有人员进行正规教育、智力开发、职业培训和全社会性的启智服务,包括教育、调配、培训、使用、核算、周转等全过程。[1] 萧鸣政认为,人力资源开发是指对群体或个体品德、知识、技能、智力、体力与性向的利用、塑造与发展的过程。[2] 宋晓梧等人认为,所谓 HRD,就是通过提供稀缺资源和服务,使初始形态的人力资源得到加工改造,成为具有相当健康水平、知识水平以及社会适应能力的合格人力资源的过程,从经济学的角度看,也是通过投资形成或增值人力资本的过程。[3] 综合各种说法,我们认为,人力资源开发是指综合运用教育、培训、保健、政策、制度等手段措施对人力资源进行投资,充分、科学、合理地发挥人力资源对社会经济发展的积极作用而进行的数量控制、素质提高、资源配置等一系列活动相结合的有机整体。其中,数量控制指保持适度规模的人口数量,使其利于促进社会经济的发展;素质提高是人力资源开发的核心部分,教育是人力资源质量开发的最重要手段,教育包括正规学校教育、家庭教育、社会教育和培训等;资源配置指改

---

①　陈远敦、陈全明:《人力资源开发与管理》,中国统计出版社 1995 年版,第 3—40 页。

②　萧鸣政:《对人力资源开发问题的系统思考》,《中国人力资源开发》1994 年第 6 期。

③　宋晓梧:《中国人力资源开发与就业》,中国劳动出版社 1997 年版,第 122 页。

善人力资源的结构,促进其合理流动,充分发挥其潜能,做到人尽其职、事得其人、人事相宜,更好地促进社会经济的发展。

从人力资源开发的概念中不难看出,人力资源开发的客体是开发人体中的体力和脑力,即体能、技能及智力等,人力资源开发的方式是教育培训、医疗保健等。人力资源开发不仅仅局限于单位对本组织成员的开发,人力资源开发的主体是一个宽泛的概念,包括国家、组织和个人,具体来说包括政府、机关、学校、团体、协会、被雇佣企业、家庭以及开发者自身等。也就是说,从广义上讲,人力资源开发既包括国家或地区从宏观层面上对社会成员的体力、智力、技能等方面的开发,也包括微观组织对组织成员各种能力的培养。

随着人们对人力资源开发认识的不断深化,人力资源开发已受到各国政府、组织以及学术界的普遍重视。一些发达国家经过从劳动密集型向资金密集型、知识密集型经济的转变,完成了从粗放式到集约式发展的转变。长期以来,我国因人口众多素质低下而实施劳动密集型经济为主的发展战略,这种传统的发展模式已越来越成为我国经济发展的桎梏,因此人力资源开发在我国尤显必要。

(二)人力资源开发的特征

1.人力资源开发的目标旨在提高人力资源质量,进而促进组织和个人的发展;核心是学习;手段是教育、培训、保健等。目标、核心和手段三者是相互作用、相互促进的。

2.人力资源开发具有复杂性。人力资源开发受政府、组织、市场等因素影响,其开发内容包括身体素质开发、思想素质开发、技能素质开发、智力素质的开发等方面。

3.人力资源开发是一项系统工程。人力资源数量的平衡、质量的提高、合理的配置等各种人力资源开发活动是一个有机整体,这些开发活动又与人力资源的管理过程紧密地联系在一起,贯穿于人力资源开发与管理过程的始终。

4.人力资源开发具有持续动态性。人力资源开发是主体作用于客体,将主体目标与任务同客体需求融为一体的动态运行过程。这是因为人力资源是可以无限开发的,人的潜能是无限的,人的创造性可得到不断激发。

5.人力资源开发是高附加值、高收益性的实践活动。任何一项经济活动都要考虑其投资收益率,一系列研究结果证明,人力资源开发的投资与收益之间是一种倍数关系(呈几何级增长),经济学家也得出一个重要结论,即人力资源对经济的增长作用远远大于物质资源及其他资源。

(三)人力资源开发与人力资本投资

人力资源开发离不开时间、金钱、人力等的投入,这些投入是人力资本形成的必要条件,所以,某种程度上说,人力资源开发的过程就是人力资本投资的过程。如果要说两者的区别,那就是两者的侧重点不同,前者侧重于活动内容方式的选择和活动的管理过程,而后者更侧重于活动的经济效益,即投资收益分析。目前,人力资本投资已经成为人力资源开发与管理的重要内容,人力资源开发与管理的战略目标就是要不断增加人力资本,促进人力资本持续增值。

按照劳动经济学的观点,人力资本投资一般包括四个方面。第一方面是对教育的投入。对教育的投入,很大一部分表现为学历教育上,学历教育可通过学历来反映人力资本的存量。由于对教育的投入不可能马上见效,因此对教育的投入应从战略的角度,进行长远考虑。第二方面是对培训的投资。培训分为岗前培训和在职培训。对于一个企业而言,通过对员工进行各种各样的培训,可以使员工尽快熟悉工作环境和设备性能,提高相关技术和管理技能,进一步提高劳动生产率,在员工自身获得进步与成长的同时,也有利于组织效益的提高和组织目标的实现。以上第一、第二方面对教育和培训的投入是人力资源投资的核心部分,教育培训是人力资本形成的最主要途径。对教育和培训的投资成本主要包括两部分:直接成本和间接成本。其中直接成本是为教育和培训支出的直接费用。间接成本,对于个人而言,表现为由于进行教育和培训而放弃的时间、精力以及收入部分;对于企业而言,表现为由于对职工进行教育和培训而产生的对企业的损失。第三方面是对医疗卫生保健方面的投入。对医疗卫生保健的投入主要是改善人们的健康状况,增强人的体质,以在工作和生活中保持精神饱满的状态。这方面的投资最终将表现为人们预期寿命的提高。第四方面是用于求职而发生的流动和迁移费用。对劳动力的流动和迁移费用,本身不能增加人力资本存量,但是通过人力资本的合理流动和优化配置后,人力资本的使用效率得以提高,人力资本得以增值。对于一个企业而言,劳动力流动的成本主要包括劳动者在流动期间,对企业造成的时间成本和收入方面的损失。

既然人力资源开发在某种程度上可看作是人力资本投资,人力资本投资的主体也包括国家、组织和个人。根据"谁投资谁受益"的市场经济规则,国家、组织、个人理应按比例分享经济成果。其中对教育培训的投资,政府应在其中发挥主要的作用,政府对教育培训的资金支持不能缺位。而对于组织而言,越来越多的企业参与到人力资本的投资中来,企业对人力资本的投资主要是对在职员工进行培训教育,提高其相关知识、技能以及经营和管理水平。21世纪是知识的世纪,知识更新换代越来越快,联合国教科文组织也曾指出:"未来的文盲不是不识字的人,而是不会学习的人。"因此要提倡自主学习,充分认识到"活到老,学到老"的真正意义,每个人都要积极主动地进行人力资本投资。

讲投资,就必须讲收益,只有投资大于收益,投资才有价值。正因为人力资本投资的收益率远远高于物质资本的投资收益率,所以人们更倾向于人力资本投资。目前,在西方一些先进企业广泛流行着一个新职位名称,即CKO(Chief Knowledge Officer),在中国被译为首席知识官,又可译为知识总监,其职责是将员工的知识变成企业所需的资本。

四、农村人力资源开发的概念

(一)农村人力资源

人力资源这一概念,自20世纪80年代引入中国以来,从初识、熟识到目前已被企业及其他一些组织广泛运用,但对"农村人力资源"的称法,却是近些年的事情。在迈入21世纪前,国家及农业部等相关部门在制定有关农村的文件和规定时,并没有使用"农村人力资源"这一概念,而更多地使用"农民"、"农村劳动力"等概念。进入新世纪,国家进一步加强农村教育,2003年9月国务院颁布《关于进一步加强农村教育工作的决定》,指出"将人口压力转变为人力资源优势"。

理论上来说,农村人力资源的概念应该是一般的人力资源的概念在农村范围的具体化,即农村人力资源是指农村范围内,人口总体所具有的体力和脑力的总和。但实际上农村人力资源的概念却难以确定。这是因为"农村范围"这个词的含义难以界定,如果一定要找一个界定标准的话,唯一的界定标准就是具有农村户籍。但改革开放 30 年来,具有农村户籍的农民群体发生了翻天覆地的变化,有生活在贫困地区、温饱问题难以解决的农民,有在城市中长期定居的农民,也有有车有楼房的农民。因此我们在界定农村范围时,不仅要强调具有农村户籍,而且还要强调生活在农村。在此基础上,我们得出狭义上农村人力资源的概念,即具有农村户口,生活在农村,从事农业生产或从事与农业生产有关工作的人员。它包括数量和质量两个方面。其中数量是指具有农村户口、生活在农村的从事农业生产或与农业生产有关劳动的人口数量;质量是指农村人力资源所具有的知识、技能、体质等水平。从广义上说农村人力资源不仅指居住在农村、具有农村户籍的农民,还包括一切从事与农业生产有关工作的人员,如农业服务、农业管理、农村教育的人员等。21 世纪知识经济时代,人力资源质量比数量更重要,农村人力资源亦是如此。

(二)农村人力资源开发

比照前文人力资源开发的概念,农村人力资源开发的概念即指综合运用医疗保健、教育培训等手段对农村人力资源进行投资,充分、科学、合理地发挥农村人力资源对农业或农村经济发展的积极作用而进行的对农村人力资源的数量控制、质量提高、合理配置等一系列活动相互结合的有机整体。

一是数量控制。人类不仅是社会财富的创造者,同时又是社会财富的消耗者。人口数量与其所拥有的社会资源应保持一种平衡关系。一个国家或地区人口数量过多,无疑将成为这个国家或地区经济发展的负担。我国地大物博、人口众多,尤其是农村人口众多,导致自然资源相对稀缺,很多资源人均拥有量低于世界平均水平,因此应重点控制人口数量,使农村人力资源数量保持在有利于农村经济可持续发展的水平上。二是素质提高。素质提高是指通过教育、培训等方式,有效进行人力资本投资,提高农村人力资源的科学文化、思想素质、技术素质、身体素质等,培育社会所需各层次人才。质量提高是农村人力资源开发的重点,而培训和教育是农村人力资源质量提高的最重要途径,农村教育主要包括农村基础教育(9 年义务教育)、职业技术教育、成人教育。三合理配置。合理配置是指对农村人力资源在整个社会

中进行充分、科学、合理的配置,大力开拓农村剩余劳动力转移的有效
途径,促进农村社会经济的全面健康发展。

第二节　人力资源开发的理论基础

近几个世纪以来,人力资本和人力资源开发的相关理论得以较快
发展,马克思的人力资源思想、西方人力资本理论、二元经济发展理论
以及新经济增长理论为我国农村人力资源开发提供了重要的理论
支持。

一、马克思的人力资源思想

尽管马克思(Karl Heinrich Marx)没有专门的人力资源、人力资
本理论的论文或著作,但马克思主义政治经济学是以人和人的劳动为
主要研究对象,马克思关于劳动价值的许多理论观点,实际上蕴含着
丰富的人力资源的思想,是人力资本理论的重要思想基础。

马克思的人力资源思想集中体现在其巨著《资本论》中,要点
如下[1]:

(一)资本起源于充当一般等价物的货币,而货币要转化为资本,
它必须能够购买到一种特殊商品,这种商品的使用价值不仅能创造价
值,而且能创造比自身价值更大的价值,这种特殊的商品就是劳动力。

(二)马克思对劳动力的概念进行了阐释。他认为,劳动力可以
"理解为人的身体及活的人体中存在的、每当人生产某种使用价值时
就运用的体力和智力的总和"。

(三)马克思从哲学角度阐述了人和自然资源、资本之间的关系,
认为人是劳动的主体,自然资源是劳动的客体。他提出,"使用价
值……是自然物质和劳动这两种要素的结合。……人在生产中只能
像自然本身那样发挥作用,就是说,只能改变物质形态。不仅如此,他
在这种改变形态的劳动中还要经常依靠自然力的帮助。"

(四)人必须与自然物质相结合才能创造价值,获得收益。马克思

---

① ［德］卡尔·马克思:《资本论》(第一卷),人民出版社 1975 年版,第 56－57、190－
202 页。

指出,"劳动首先是人和自然之间的过程,是人以自身的活动来引起,调整和控制人和自然之间的物质交换过程。"

(五)马克思提出劳动能力基于教育和训练。他提出,"要改变一般的人的本性,使它获得一定劳动部门的技能和技巧,成为发达的和专门的劳动能力,就要有一定的教育和训练,而这就得花费或多或少的商品等价物。劳动力的教育费随着劳动力性质的发展程度而不同。因此,这种教育费——对于普通劳动来说是微乎其微的——包括在生产劳动力所耗费的价值总和中。"

(六)马克思在论述劳动二重性学说时,将劳动分为简单劳动和复杂劳动,并提出比较复杂的劳动只是自乘的或不如说多倍的简单劳动。他认为复杂劳动是比社会平均劳动较高级较复杂的劳动,它比普通劳动力需要较高的费用,它的生产要花费更多的劳动时间,因此它也具有较高的价值。这种观点反映了人力资本具有层次性的思想。

(七)马克思主义认为生产力包括劳动者、劳动资料、劳动对象三要素,其中劳动者是生产力中最积极、最活跃的因素。

(八)马克思认为,劳动是创造社会财富的主要源泉,劳动分为具体劳动和抽象劳动。人类的具体劳动创造商品的使用价值,抽象劳动创造商品的价值。同时,马克思还提出了劳动力的价值构成理论,在此基础上,他又把劳动分为生产性劳动和非生产性劳动,非生产性劳动就是指劳动者受教育、培训以及保持劳动能力的那部分劳动。

二、人力资本理论

人力资源开发是以人力资本理论为依据的,人力资本理论也是农村人力资源开发的重要理论依据。

人力资本理论可分为初始阶段和形成阶段。人力资本理论的初始阶段,也就是萌芽时期:代表人物有威廉·配第(William Petty)、亚当·斯密(Adam Smith)、大卫·李嘉图(David Ricardo)、阿弗里德·马歇尔(Alfred Marshall)、约翰·穆勒(John Stuart Mill)、让·萨伊(Say Jean Baptiste)等。人力资本理论的形成阶段:代表人物有西奥多·W.舒尔茨(T. W. Schultz)、加里·S.贝克尔(Gary S. Becher)、雅各布·明赛尔(Jacob Mincer)、爱德华·丹尼森等。

（一）人力资本理论的初始阶段

人力资本理论的历史渊源可以追溯到 17 世纪的英国古典政治经济学家威廉·配第（W. Petty），他著有作品《赋税论》，威廉·配第提出了"土地是财富之母，劳动是财富之父"的著名论断①，认为人力和物质资本有着同样的作用，人力甚至比物质资本的作用还要大。

亚当·斯密（Adam Smith）（经济学鼻祖）也是英国古典政治经济学的主要代表人物之一，他在其代表作《国富论》（又称《国民财富的性质和原因的研究》1776）中将人力资源思想向前推进了一大步。亚当·斯密在《国富论》中指出，一个国家全体居民所有后天获得的有用能力是资本的重要组成部分。他还分析了人的素质低下对经济发展的阻碍作用，并论述了教育的重要性和必要性。斯密还认为经济增长主要表现在社会财富或者国民财富的增长上，财富增长的来源取决于两个条件：一是专业分工促使劳动生产率的提高，因为分工越细人们劳动效率越高。二是劳动者数量的增加和质量的提高。

大卫·李嘉图（David Ricardo）继承并发展了斯密的劳动价值学说，他认为商品的价值量是由生产商品所必需的劳动量的大小决定的，他还把劳动分为直接劳动和间接劳动，直接劳动可以创造新价值，间接劳动不能直接创造价值，只能把旧的价值转移到新的商品中去。他还认为"一国的财富增加方式有两种：一种是用更多的收入来维持生产性劳动——这样做不仅增加了商品数量，而且也增加了商品的价值；另一种是无需增加劳动量，但却使等量劳动更具生产效率——这样做会增加商品的充足程度，而不能增加商品的价值"。②

此外，约翰·穆勒、让·巴蒂斯特·萨伊（Jean Baptiste Say）、阿弗里德·马歇尔（Alfred Marshall）等著名经济学家都对劳动对经济增长的作用作了进一步的探讨。马歇尔在其代表作《经济学原理》中提到要加强对人的投资，并研究了这种投资对个人收入的影响。他认为人力资本是由知识和组织权威组合成的资本。③ 他指出，"把公私两

①　Lucas R. E. ："on the Meachanics of Economic Development"，*Journal of Monetary Economy*，1988.

②　［英］大卫·李嘉图：《政治经济学及赋税原理》，周洁译，华夏出版社 2005 年版，第 193—204 页。

③　马新建：《人力资源管理与开发》，石油工业出版社 2003 年版，第 51 页。

大块资金用于教育上是否明智,不能单以教育的直接结果来衡量。仅仅将教育当作是一种投资,使大多数拥有比通常能利用的大得多的机会,也会很有利。"①

(二)人力资本理论的形成阶段

"二战"后,出现了一些传统理论难以解释的经济现象。例如,战败后的德国和日本,物质有形资本遭到严重破坏,需长期才能恢复,但短短几年时间经济很快得到恢复和发展。又如,根据传统增长理论,美国的产出增长率应该等于生产要素的投入增长率,但在现实中,产出增长率远远高于生产要素的投入增长率。不少学者对"经济增长之谜"展开了探究,发现传统的经济增长理论遗漏了经济增长的重要因素——人力资本,于是人力资本理论应运而生。在人力资本的形成阶段,主要代表人物有西奥多·W.舒尔茨和加里·S.贝克尔,另外还有雅各布·明赛尔(Jacob Mincer)、爱德华·丹尼森(Edward Fulton Denison)等。

1960年,舒尔茨在美国经济年会上发表"人力资本投资"的演讲,掀起了经济学家研究人力资本理论的热潮。舒尔茨对人力资本的最大贡献在于创立了比较系统完整的人力资本理论,他关于人力资本理论的著作主要有《人力资本投资》(1960)、《教育的经济价值》(1963)、《人力资本投资:教育和研究的作用》(1971)、《对人进行投资——人口质量经济学》(1981)等等。舒尔茨人力资本理论的核心观点有以下几个方面:

1.对人力资本的含义进行了界定,提出广义的资本范畴。所谓人力资本(Human Capital),是指劳动者投入到企业中的知识、技术、创新概念和管理方法的一种资源总称。资本不仅包括物质资本,更重要的是人力资本,而且人力资本这一资本形态在经济发展中起着决定作用。物质资本是体现在机器、厂房、设备等物质形式上的资本。人力资本体现在人的身上,表现为人的知识、技能、经验和技术熟练程度等,总之体现为人的能力和素质。

2.人力资本是通过人力资本投资而获得的,人力资本投资是经济

① [英]阿弗里德·马歇尔:《经济学原理》,廉运杰译,华夏出版社2005年版,第178—189页。

增长的重要源泉。人力资本投资主要有四个方面：A.用于教育和职业训练的费用；B.用于医疗保健的费用；C.用于为寻找更好的职业而进行流动和迁移的费用；D.用于从国外迁入移民的费用。舒尔茨认为，现代经济发展不能单纯靠土地和体力劳动等，要更加注重劳动者的脑力劳动，要不断提高劳动力的智力水平。他通过长期对美国农业的研究，发现美国农业产量的增长原因不是土地、劳动力和资本的增加，而是对人们的知识和技能的提高。针对当时工人工资的增长有一部分未得到充分解释的现象，他也将这种情况的原因归结于人力资本的投资。

3.人力资本投资收益率远远高于物质资本投资收益率。舒尔茨指出，美国从1919到1957年的38年间，生产总值增长额中有49%是人力资本投资的结果。他还指出，在美国经济半个多世纪的增长中，物质资本投资增加4.5倍，收益增加3.5倍；而人力资本投资增加3.5倍，收益却增加了17.5倍。舒尔茨认为人力资本与物力资本投资的收益率是相互关联的，人力资本与物力资本的相对投资量，主要取决于收益率。收益率高说明投资量不足，需要追加投资；反之，收益率低说明投资量过多，需要减少投资量。当人力资本与物力资本投资收益率相等时，就是两者之间的最佳投资比例。在两者之间尚处于最佳状态时，就必须追加投资量不足的方面。而当前的状况是，物力资本投资过度，而人力资本投资量不足，因此必须增加人力资本投资。通过对人力资本和物质资本投资收益率差距的分析，舒尔茨进一步指出，由于人力资本的增长较快，导致了国民收入中来源于劳动收入份额的上升和来源于财产收入份额的相应下降，从而使社会各阶层的收入趋向于"均等化"。

4.人力资本投资的主要目的是提高人口质量，人力资本投资主要表现为教育投资。不应把教育视为是一种消费，而更要视为是一种投资。教育是提高人力资本的最主要的手段，所以有人把人力资本投资看作是教育投资。舒尔茨采用收益率法测算了人力资本投资中最主要的投资即教育投资对美国1929—1957年经济增长的贡献，得出了如下结论：各级教育投资的平均收益率为17%；教育投资增长的收益在劳动收入增长中占的比重为70%；教育投资增长的收益占国民收入增长的比重为33%。这一实证研究结果证明，对人的投资带来的收益率超过了一切其他形态资本的投资收益率。

5. 摆脱贫困的关键是人力资本投资。舒尔茨认为人力资本投资不仅是经济增长的主要源泉,而且是缩小收入差别,摆脱贫困境地的主要途径。他指出,"改进穷人的福利的关键性生产因素不是空间、能源和耕地,而是提高人口质量,提高知识水平。""土地本身并不是使人贫穷的主要因素,人的能力和素质则是决定贫富的关键。也就是说,旨在提高人口质量的投资能够极大地有助于经济繁荣和增加穷人的福利。"他还指出,"构成高收入国家和低收入国家经济现代化的一个共同内容是,耕地的经济重要性在下降,而人力资本,即知识和技能的经济重要性在上升。"①

人力资本理论形成过程中,还有一位著名的人物是加里·贝克尔,他和舒尔茨一样,相信教育的投资回报率是显著的,相比传统的土地、机器等生产要素对经济增长的作用而言,认为人力资本投资对经济增长的贡献更大。不仅如此,贝克尔还弥补了舒尔茨只分析教育对经济增长的宏观作用的缺陷,系统进行了微观分析,研究了人力资本与个人收入分配的关系。贝克尔在学术研究中,突出表现在把表面上与经济学无关的现象与经济学联系起来,并且通过经济数学方法进行分析。其代表作《人力资本:特别关于教育的理论与经验分析》被西方学术界视为"经济思想中人类资本投资革命"的起点。贝克尔的相关著作还有《人力资本与个人收入分配:一种分析方法》、《歧视经济学》、《家庭论》、《生育率的经济分析》等。其中《歧视经济学》在当时是一篇富有首创性的重要经济学论著。《家庭论》于 1981 年在哈佛大学出版社出版,当时被该社称为是微观人口经济学的代表作,是有关家庭问题的一本划时代的著作。《生育率的经济分析》被认为是当代西方人口经济学的创始之作。西方经济学者把贝克尔的《人力资本》、《生育率的经济分析》和《家庭论》三本著作称做"经典性"论著,具有深远影响。贝克尔认为,"大多数人力资本投资,如正规教育、在职培训或人口流动,均提高了年老时的显性收入而降低了年轻时的显性收入。原因在于年老时收入中包括了一部分投资回报,而年轻时的收入中则要

---

① [美]西奥多·舒尔茨:《对人进行投资——人口质量经济学》,吴珠华译,首都经济贸易大学出版社 2002 年版,第 3—20 页。

扣除投资成本。"①贝克尔(Becker,1960)率先用经济学理论分析生育决策和生育行为。② 他把人力资本理论推广到人口和家庭经济学领域。贝克尔在西方是非常富有独创思维的人,他善于从新的视野对经济现象进行分析,是新学术领域的重要开拓者。

20世纪50年代到70年代,雅各布·明塞尔对人力资本理论的形成作出了重要贡献。1957年,明塞尔获哥伦比亚大学经济学博士,并开始在芝加哥大学进行博士后研究,他和同在芝加哥大学任教的舒尔茨教授一样,关注人力资本问题。他把人力资本投资与收入分配联系起来,通过人力资本理论论述了收入的决定以及收入分配的合理性问题。在他探讨这个问题之前,很多经济学家认为劳动者的收入差异来自劳动者所接受的遗产和馈赠、劳动者的天赋能力,还有个人运气。明塞尔则认为,劳动者接受正规学校教育以及在工作当中积累的工作经验属于人力资本投资,这两方面决定了劳动者的收入差异。1958年,他在《政治经济学杂志》上发表了题为"人力资本与个人收入分配"的文章,首次尝试建立个人收入分配与其接受的培训量之间关系的经济数学模型,提出了人力资本投资越大的人的收入分配越高。雅各布·明塞尔还研究了在职培训对人力资本形成的贡献。他在《在职培训:成本、收益与某些含义》的论文中,根据对劳动者个体收入差异的研究,估算出了美国对在职培训的投资总量以及在投资方面的私人收益率。雅各布·明塞尔还通过收益函数揭示了劳动者的收入差异与劳动者所接受的教育程度以及工作经验的关系。

爱德华·丹尼森在《美国经济增长因素及我们面临的选择》(1962)中,对舒尔茨论证的教育对美国经济增长的贡献率作了修正,指出1929至1957年间美国的经济增长中教育的贡献率应该是23%,而不是舒尔茨所计算的33%。该书还对美国经济增长因素进行了详尽的分析和计量,丹尼森分析的经济增长因素,主要有以下五个方面,分别是:规模的节约、资源配置的改善和知识的进展,以及劳动在数量

---

① [美]加里·贝克尔:《人力资本理论:关于教育的理论和实证分析》,郭虹等译,中信出版社2007年版,第175—179页。

② Becker Gary:"An Economic Analysis of Fertility, in Demographic and Economic Change in Developed Countries", Princeton:*National Bureau of Economic Research*,1960:209—231.

上的增长和质量上的提高、资本在数量上的增加。丹尼森还对知识进展和应用对经济增长的作用及其中教育的作用作了估算。由于丹尼森对经济增长的研究贡献突出,被称为"增长核算或增长原因分析之父"。

三、二元发展理论

20 世纪中叶,一些经济学家展开对欠发达国家农业剩余劳动力向工业转移的研究。1954 年,著名经济学家阿瑟·刘易斯(A. Lewis)在《曼彻斯特学报》上面发表了《劳动力无限供给条件下的经济发展》的文章,文中提出了著名的二元经济发展理论,二元经济发展理论在经济学家引起广泛争鸣。二元发展理论是人力资源开发理论中的重要理论,也是农村人力资源开发的最主要理论之一。1955 年,他又出版了《经济增长理论》的著作,对经济发展问题进行了广泛而深入的分析,被认为是"第一部简明扼要地论述了经济发展问题的巨著"。

刘易斯首次提出人口流动模型,又叫两部门模型,著名的刘易斯模型指的就是这个模型。此模型引起经济学界的广泛注意,它揭示了在发展中国家并存着农村以传统生产方式为主的农业部门和城市以制造业为主的现代的工业部门,因为发展中国家在农业中存在着边际生产率为零的剩余劳动力,因此农业剩余劳动力必然会向非农化转移,伴随着劳动力的转移,二元经济结构将逐步消除。两部门模型认为在二元经济体系中,并存着两大经济部门:传统部门和现代部门,即农业部门和工业部门。传统部门存在着大量剩余劳动力,只要现代部门的工资大于传统部门,劳动供给就是无限的。他将二元经济的发展过程看作是传统部门不断缩小、现代部门不断扩张的过程,最终结果是二元经济结构向一元经济结构转化。当时,世界上很多国家都面临着人口大量移民的问题,有的是城乡之间的流动,有的是贫穷国家向富裕国家的移动,都可以用这个模型研究所带来的影响。二元经济理论以劳动力无限供给为假设,将农业富余劳动力向现代非农部门的转移看作是经济发展的一个必经过程。在现实中,农业剩余向工业扩张或农村剩余劳动力向城市转移,具有决定性意义。从世界经验来看,农村剩余劳动力向城市转移的过程,就是工业化的过程;从传统农业社会向工业化社会的转变,是任何一个国家实现现代化建设的必由之路。

刘易斯的"二元经济发展模式"可以分为两个阶段。第一个阶段是劳动力无限供给阶段，这个阶段劳动力过剩，劳动者的工资取决于维持生活所需的生活资料的价值；第二个阶段是劳动力短缺阶段，这个阶段传统农业部门中的剩余劳动力被现代工业部门吸收完毕，劳动者的工资取决于劳动的边际生产力。从第一阶段过渡到第二阶段，劳动力由剩余转变为短缺，劳动力的工资水平也开始不断提高。在经济学中，把连接第一阶段与第二阶段的交点称为"刘易斯转折点"。

20世纪60年代，拉尼斯和费景汉（Ranis和Fei,1961）对刘易斯模型进行了修正和扩展，特别对刘易斯转折点后的农业发展作了相关重要论述。[①] 拉尼斯和费景汉特别重视工业部门和农业部门的同步发展，从动态角度考虑两个部门的平衡增长，以此来增加农业剩余和释放农业劳动力，完善了农业剩余劳动力转移的二元经济结构思想。费景汉和拉尼斯提出，刘易斯模式有两点缺陷。第一，没有足够重视农业在促进工业增长中的作用。第二，没有注意到由于农业生产率的提高而出现剩余产品应该是农业中的劳动力向工业流动的先决条件。他们把农业劳动的流动过程分为三个阶段。第一阶段，劳动生产率等于零的那部分劳动力流出，这部分劳动力是多余的。第二个阶段，边际生产率大于零但是小于不变制度工资的劳动力流出。第三个阶段，农业劳动的边际产品的价值大于不变制度工资的劳动流出，这部分的农业劳动力已经变成了竞争市场的产品。

20世纪60年代末70年代初美国发展经济学家迈克尔·托达罗也对刘易斯的模型进行了重要修正，从个人迁移决策出发提出了"托达罗人口流动模型"。他指出，在一些欠发达国家，尽管农业边际生产力为正，而且存在相当水平的城市失业，但乡城之间的人口流动不仅存在，而且呈现加速趋势。建立在充分就业基础上的刘易斯模型无法对这种现象作出解释，是因为传统理论忽视了城市失业问题。他认为城市中广泛存在着失业，农村剩余劳动力向城市迁移的决策不仅取决于城乡实际收入的差异，而且还取决于进入城市后的就业概率，即城

---

　　① Ranis,Gustav and John C. H. Fei :"A Theory of Economic Development",*American Economic Review*,1961,51(4):533—565.

乡预期收入水平的差异,而不是现实的收入水平差异。通过"托达罗人口流动模型"可以得出,偏重城市的发展战略会引起的城乡就业机会不均等,城市收入水平过快增长,这必将进一步拉大城乡收入差距,进而引起人口大规模流动,不利于解决城市失业问题,因此应该减轻偏重城市的发展战略。也就是说,为解决城市的失业问题,应该限制城乡之间的流动。

四、新经济增长理论

Kenneth Arrow、Hirofumi Uzawa、Paul Romer 和 Robert Lucas 都从不同角度研究了人力资本对经济增长作用的理论并且提出了相应的模型。[①] 其中,20 世纪 80 年代中后期,以罗默、卢卡斯为代表的经济学家建立了以人力资本为核心的内生经济增长的新模型,提出了"新经济增长理论",把人力资本积累看作是经济增长的决定性因素,使"内生性经济增长"问题成为美国和西方其他国家经济学家们研究的热点,并在此基础上形成了"新发展经济学"。

1962 年阿罗提出了"干中学"模型,把从事生产的人获得知识的过程内生于模型。1986 年,罗默在《外部因素、收益递增和无限增长条件下的动态竞争均衡》一文中建立了一个与阿罗模型一脉相承的模型——"知识推进模型",在对经济增长的论述中,除了考虑资本和劳动力两个基本要素外,引入了第三因素——知识,使对经济增长的解释趋向合理。他认为:(1)知识能提高投资效益,从而说明了一定时期内投资收益率高的现象和各国间经济增长率的非收敛性;(2)知识作为一种生产要素,在经济活动中必须像投入物质资本那样投入知识;(3)特殊的知识和专业化的人力资本不仅能自身形成递增的收益,而且能使资本和劳动等投入要素也产生递增收益,从而整个经济规模收益是递增的,保持经济的长期增长。后来,罗默又在研究中将生产要素扩充为四个:资本、非熟练劳动、人力资本(以劳动者受教育年限来衡量)和新思想(以专利和知识产权来衡量),使其理论更加趋于完善。这四种生产要素中,新思想最为重要,新思想即特殊的知识,它是经济增长的主要因素。知识能使边际收益率递增,进而保持经济的增长。

---

① Jati K.:"Sengupta. New Growth Theory",*An Applied Perspective*,1998:157.

知识的积累与增长需要投资，因为知识的正外部效应，长期的投资又会使知识不断积累，进而使本国经济长期增长。

卢卡斯（Robert Lucas）也在 1988 年用人力资本来解释经济的持续增长，他将人力资本作为独立因素纳入经济增长模型，运用更加微观的分析方法，将舒尔茨的人力资本和索洛的技术进步概念结合起来，具体化为"专业化的人力资本"，认为这是经济增长的原动力。卢卡斯在阿罗、舒尔茨、贝克尔对人力资本研究的基础上，提出了两种模型：

第一个是论述两种类型的资本及其产出的影响模型。在模型中，卢卡斯将资本划分为有形资本和无形资本，把劳动分为纯体力的原始劳动和劳动技能型的人力资本，并认为后者才使产出增长。在模型中，技术进步具体化为体现在生产中的一般知识和表现为劳动者的劳动技能的人力资本，将人力资本划分为一般知识型人力资本和特殊技能人力资本。这样，技术进步和人力资本就更具体化、微观化了。第二个模型是研究人力资本的外在效应形成问题。卢卡斯认为，舒尔茨的人力资本产生的是人力资本的内在效应，而边干边学所产生的是人力资本的外在效应。这种区分，拓宽了人力资本形成的途径，尤其为那些不发达国家设计了一种提高人力资本形成的方法。舒尔茨认为，对人力资本两种效应的区分是卢卡斯对增长理论的主要贡献（舒尔茨，1989 年）。同时，卢卡斯模型为我们理解国际贸易与各国经济增长开辟了新思路，它所赋予的政策含义是：提高人力资本积累率，扩大开放程度，促进经济发展。[①]

罗默、卢卡斯的共识在于，将人力资本的积累看作是经济增长的关键因素，人力资本的生产比物质资本的生产更为重要。知识和人力资本如同物质资源一样是生产要素，知识和人力资本具有递增的边际生产率，对知识和人力资本的持续投入可以保持一国经济的持续增长。因此，后人将罗默和卢卡斯的理论统称为"新经济增长理论"。

---

① 李忠民：《人力资本——一个理论框架及其对中国一些问题的解释》，经济科学出版社 1999 年版，第 1—36 页。

第三节 小 结

本章阐释了东部地区、人力资源、人力资本、人力资源开发、农村人力资源、农村人力资源开发等相关概念,并总结了人力资源的基本特征、人力资源开发的特征,还区分了人力资源开发和人力资本投资。在东部地区农村人力资源开发的理论基础方面,分析了马克思的人力资源思想、人力资本理论和二元发展理论和新经济增长理论。

马克思关于劳动价值的许多理论观点,实际上蕴含着丰富的人力资源的思想,是人力资本理论的重要思想基础。人力资本理论可分为初始阶段和形成阶段。20世纪中叶,一些经济学家展开对欠发达国家农业剩余劳动力向工业转移的研究,著名经济学家刘易斯提出了二元经济发展理论。20世纪80年代中后期,以罗默、卢卡斯为代表的经济学家建立了以人力资本为核心的内生经济增长的新模型,提出了"新经济增长理论"。

第三章　东部地区农村人力资源现状及开发中存在的问题

第一节　东部地区农村人力资源现状

研究东部地区的农村人力资源开发问题,首先要对人力资源的现状有一个全面而深入的了解。分析农村人力资源的现状一般从数量、质量和结构三个层面来分析。本章根据以上三个方面对东部地区农村人力资源的现状作了细致、具体的分析。其中数量方面分析了乡村人口的数量变化情况和农村剩余劳动力情况;质量方面分别对东部地区农村人力资源的文化素质、科技素质、身体素质、经营管理素质和思想素质进行了分析;结构方面着重分析了产业分布结构、年龄、性别结构。

一、乡村人口数量较多以及农村劳动力过剩

农村人力资源的概念与乡村人口、农村劳动力资源等的概念密切相关,农村人力资源的数量与乡村人口、农村劳动力资源的数量一般呈正相关关系。例如,农村劳动力资源越丰富,农村人力资源也就越丰富。东部地区农村人力资源的数量现状是:近些年,东部地区乡村人口的数量有所减少,但依然较多;乡村人口占总人口的比重有所降低,但仍然偏高;且东部地区的人地矛盾更加突出,农村劳动力资源严重过剩。

（一）乡村人口数量和比重总体情况

从全国城乡人口来看,1978 年,我国人口总数为 96259 万人,其中乡村人口 79014 万人,城镇人口为 17245 万人;2007 年,我国人口总数为 132129 万人,其中,乡村人口 72750 万人,城镇人口 59379 万人。1978—1995 年间,我国乡村人口数量是逐步增长的,但乡村人口数量在 1995 年达到最高值（85947 万人）后开始缓慢下降。乡村人口除了

在数量上有所减少外,乡村人口占总人口的比重在近些年也在不断下降(见图3—1)。

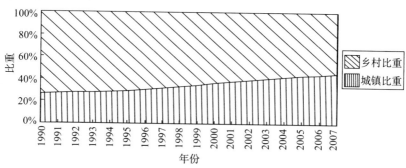

图3—1 1990—2007年我国城乡人口比重情况

资料来源:历年中国统计年鉴。

就中国东部地区而言,近些年,乡村人口数量及比重情况如表3—1所示。东部地区乡村人口和全国乡村人口一样有不断减少的趋势,从2005—2007年,东部地区的总人口在不断增加,但乡村人口却在逐年减少,2005、2006、2007年分别为21854万、21519万和21364万人。与此同时,乡村人口占总人口的比重也在不断降低,2006年和2007年分别减少了1.28和0.88个百分点。

表3—1 2005—2007年东部地区乡村人口数量及比重情况

年份	总人口(年末)(万人)	乡村人口(万人)	乡村人口占总人口比重(%)
2005	46345	21854	47.16
2006	46906	21519	45.88
2007	47476	21364	45.00

资料来源:根据《中国统计年鉴(2006—2008年)》整理和计算而得。

乡村人口数量和比重的降低,一定程度上反映了城市化步伐的加快。改革开放后,中国城市化进入了快速发展时期,城市化是社会经济发展的必然结果。尽管如此,我们应该意识到,当前我国及东部地区乡村人口压力仍巨大,乡村人口所占比重仍较高,远高于世界平均水平。据《中国农村统计年鉴2009》中的数据,2006年农业人口占总人口的比重世界平均水平为39.7%,日本、韩国、美国农业人口占总人口的比重则更低,分别为2.7%、6.0%和1.8%。

(二)各省市乡村人口数量及比重情况

东部地区 10 个省市中有 7 个省和 3 个直辖市。根据《中国统计年鉴 2008》数据(见表 3－2)显示,总人口超过 9000 万的有山东和广东,其次是江苏和河北,人口在 7000 万左右,人口较少的是京、津、沪三个直辖市和海南。再看乡村人口,乡村人口较多的省份有山东、河北、江苏和广东,而乡村人口较少依然是三个直辖市和海南。从乡村人口占总人口的比重,我们看出京、津、沪三个直辖市所占的比重最低,这与其城市化进展较快、经济较发达有关。乡村人口比重较低的还有广东省,这同样与该省近几年经济的腾飞有关。海南省尽管乡村人口较少,但乡村人口占全省比重为 52.8%,反映出该省城市化进城及经济各方面发展并不显著。

表 3－2　东部地区各省市乡村人口及占总人口比重(2007 年)

单位:万人

地　区	总人口(年末)	乡村人口	
		人口数	比重(%)
全　国	132129	72750	55.06
东部地区	47476	21364	45.00
北　京	1633	253	15.50
天　津	1115	264	23.69
河　北	6943	4148	59.75
上　海	1858	210	11.30
江　苏	7625	3569	46.80
浙　江	5060	2166	42.80
福　建	3581	1837	51.30
山　东	9367	4988	53.25
广　东	9449	3483	36.86
海　南	845	446	52.80

资料来源:《中国统计年鉴 2008》。

由此可见,东部地区的农村人口分布特征为:各省市农村人口分布并不均衡,河北、山东、海南、福建、江苏和浙江六省份明显高于三大直辖市和广东省。这主要是因为各省市城市化进展程度和经济发展程度不一。城市化是社会经济发展的必然结果,一般来说,城市化进程越高,乡村人口占总人口的比重就越低。

（三）农村剩余劳动力情况

由于中国人口政策失误，人口数量曾一度失控。尽管20世纪80年代以来，实行计划生育政策，人口数量在一定程度上得到控制，但目前中国人口总数仍居世界第一。在农村人口方面，数量也十分巨大。近年来，随着农村经济的逐步发展、劳动生产率的逐渐提高以及耕地面积的逐年减少，农村劳动力严重剩余。

东部地区人口密集，人均耕地面积本来就很少。加之近些年，伴随东部地区城镇化的发展，工业厂房、住房等建筑用地也逐步增多，失地农民数量增加，这在一定程度上加剧了农村劳动力的过剩。

2008年东部地区的耕地面积为26322.4千公顷，占全国耕地面积的比重仅为21.62%（见表3-3）。其中，山东、河北耕地面积较多，耕地面积占全国的比重分别为6.17%和5.19%，而北京、天津、上海、海南耕地面积很少，耕地面积占全国的比重均在1%之下。

表3-3　2008年东部地区各省市耕地面积及比重

地区	耕地面积（总资源）（千公顷）	占全国耕地面积的比重（%）
全国合计	121715.9	100.00
东部地区合计	26322.4	21.62
北京	231.7	0.19
天津	441.1	0.36
河北	6317.3	5.19
上海	244.0	0.20
江苏	4763.8	3.91
浙江	1920.9	1.58
福建	1330.1	1.09
山东	7515.3	6.17
广东	2830.7	2.33
海南	727.5	0.60

资料来源：根据《中国农村统计年鉴2009》整理而得。

2006年年末（截至2006年10月31日），全国耕地面积为（未包括香港、澳门特别行政区和台湾省的数据）121775.9千公顷（见表3-

4)。从地区分布情况来看:西部地区分布的耕地较多,占 36.9%;东部地区、中部地区和东北地区分别占 21.6%、23.8% 和 17.6%。同年,农村劳动力资源数量占总量的比重最多的是东部地区,为 37.3%,其次是西部、中部和东北地区,分别为 28.5%、27.5% 和 6.7%。[①] 东部地区 37.3% 的农村劳动力资源比重和 21.7% 的耕地面积比重严重不对称。

表 3—4　2006 年各地区耕地面积和农村劳动力资源数量及比重情况

地 区	耕地面积(千公顷)	耕地面积占总量比重(%)	农村劳动力资源(万人)	农村劳动力资源占总量比重(%)
全 国	121775.9	100.0	53100	100.0
东部地区	26395.2	21.7	19828	37.3
中部地区	28991.6	23.8	14582	27.5
西部地区	44937.9	36.9	15142	28.5
东北地区	21451.2	17.6	3548	6.7

资料来源:第二次全国农业普查主要数据公报。

据《中国农村住户调查年鉴 2009》显示,东部地区农村居民家庭人均耕地面积 1.2 亩,远低于全国平均水平的 2.2 亩和中部、西部、东北地区的 1.6 亩、2.4 亩和 7.6 亩(见图 3—2)。[②] 由此可见,东部地区相对其他地区来说,人地矛盾更加突出,增加了农村富余劳动力。

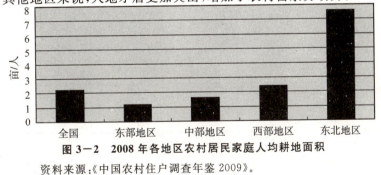

图 3—2　2008 年各地区农村居民家庭人均耕地面积

资料来源:《中国农村住户调查年鉴 2009》。

---

① 国家统计局综合司:《第二次全国农业普查主要数据公报》,国家统计局网,2008—02—29。

② 国家统计局农村社会经济调查司:《中国农村住户调查年鉴》,中国统计出版社 2009 年版,第 107 页。

（四）农村剩余劳动力转移情况

据第二次全国农业普查数据公报显示（见表3—5），2006年外出从业劳动力中，在乡外县内从业的劳动力占19.2%，在县外市内从业的劳动力占13.8%，在市外省内从业的劳动力占17.7%，去省外从业的劳动力占49.3%。外出从业劳动力中，从事第一产业的劳动力占2.8%；从事第二产业的劳动力占56.7%；从事第三产业的劳动力占40.5%。

劳动力从中、西部向东部地区的跨地区迁移是中国的一个特点。[①]2006年年末，东部地区外出从业劳动力中，在乡外县内从业的劳动力占29.9%，远高于中部地区的13.5%和西部地区的15.2%；东部地区在县外市内从业的劳动力占18.4%，高于中部地区的9.9%和西部地区的12.4%；东部地区在市外省内从业的劳动力占33.1%，也远远高于中部地区的9.0%和西部地区的12.8%；然而，东部地区去省外从业的劳动力仅占18.6%，远低于中部地区的67.6%和西部地区的59.6%。

表3—5　农村外出从业劳动力[②]流向及从业情况

单位：%

项　　目	全　国	东部地区	中部地区	西部地区	东北地区
外出从业劳动力从业地区构成					
乡外县内	19.2	29.9	13.5	15.2	26.9
县外市内	13.8	18.4	9.9	12.4	31.5
市外省内	17.7	33.1	9.0	12.8	24.2
省　外	49.3	18.6	67.6	59.6	17.4
外出从业劳动力产业构成					
第一产业	2.8	2.5	2.2	3.6	4.2

[①] Cai,Fang and Dewen Wang："Migration As Marketization:What Can We Learn from China's 2000 Census Data?"*The China Review*,2003,3(2):73—93.

[②] 指农村住户户籍从业人员中,2006年到本乡镇行政管辖区域以外从业1个月及以上的人员。

项　目	全　国	东部地区	中部地区	西部地区	东北地区
第二产业	56.7	55.8	57.1	58.4	44.3
第三产业	40.5	41.7	40.7	38.0	51.5

资料来源:第二次全国农业普查主要数据公报。

可见,东部地区农村外出从业劳动力的从业区域多实行就近原则或省内原则,这是因为东部地区本身经济较发达,工作机会比较多,再加上东部地区人均收入水平相对较高,能够吸引更多的劳动者。相反,西部地区和中部地区农村外出从业劳动力的从业区域则多实行省外原则,这是因为中部和西部地区的省份经济相对落后,人均收入水平相对较低。就农村剩余劳动力转移来说,由于东部地区农村外出从业劳动力从业地区结构多实行就近原则,农村剩余劳动力的转移多为区内转移,而西部和中部地区受经济利益的驱动,多为区外转移。这在一定程度上加大了东部地区农村剩余劳动力转移就业的竞争压力。

二、文化、科技等素质仍然较低

农村人力资源的质量现状涉及文化、科技、身体、经营管理和思想等几方面,近些年,虽然东部地区农村人力资源的质量有所提高,但总体上仍不乐观,远远不能适应社会经济发展的需要。2002 年 2 月 25 日中科院发布的《2002 年中国可持续发展报告》显示,发达国家人力资源能力平均值 25－65 分,中国 1999 年的人力资源能力平均值却只有 6.98 分,其主要原因是占比例较大的农村劳动力人口的能力很低。

(一)文化素质

文化素质是衡量一国人口素质的重要指标。劳动者的文化素质包括劳动者所受教育的年限、所接受的教育层次以及不同教育层次所占的比重等等。

农村人力资源的文化程度,一般分为五个层次:文盲、小学、初中、高中、大专及以上。也有进一步分得更细的,如在 2005 年全国 1‰ 人口抽样调查中,就把文化程度分为七个层次:未上过学、小学、初中、高中、大学专科、大学本科和研究生。据第二次全国农业普查公报显示,2006 年年末,东部地区农村劳动力资源总量为 19828 万人。其中,文盲占 4.6%;小学文化程度占 28.3%;初中文化程度占 53.9%;高中文化程度占 11.8%;大专及以上文化程度占 1.4%(见图 3—3)。

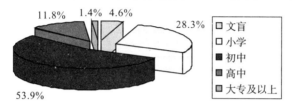

图 3—3　东部地区农村劳动力文化程度构成

资料来源:第二次全国农业普查公报第五号。

2006 年年末,东部地区农业从业人员 9522 万人,按文化程度分,文盲占 7.7%,小学占 38.5%,初中占 48.8%,高中占 4.8%,大专及以上占 0.2%(见图 3—4)。

另据 2005 年全国 1%人口抽样调查数据显示,东部地区接受教育程度的 6 岁及以上乡村人口中,未上过学占 12.5%,小学程度占 37.3%,初中程度占 41.6%,高中程度占 7.7%,大学专科占 0.8%,大学本科占 0.1%(见表 3—6)。

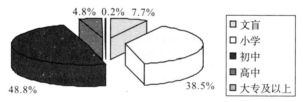

图 3—4　东部地区农业从业人员文化程度构成

资料来源:第二次全国农业普查主要数据公报。

表 3—6　东部地区接受教育程度的 6 岁及以上人口(乡村)

地区	6 岁及以上人口	未上过学	小学	初中	高中	大学专科	大学本科	研究生
全国	8691423	1196229	3538744	3342227	548303	56229	9502	190
北京	32026	2651	7679	15401	5402	680	210	3
天津	33630	2634	12346	15779	2633	191	48	1
河北	549400	45163	186435	270518	43090	3687	494	13
上海	24727	3166	7278	10618	2938	506	211	11
江苏	417145	58320	149929	170761	34001	3567	561	5

续表

地区	6 岁及以上人口	未上过学	小学	初中	高中	大学专科	大学本科	研究生
浙江	267542	42975	112084	88190	21768	2128	395	3
福建	215627	35265	94996	70182	13090	1749	344	1
山东	603405	93867	203137	257688	44219	3840	646	7
广东	425528	37311	184072	168758	31768	3102	503	14
海南	47034	5440	17793	20289	3159	309	45	
东部合计	2616064	326792	975749	1088184	202068	19759	3457	58
各受教育人口所占比重	100.0	12.5	37.3	41.6	7.7	0.8	0.1	

资料来源：根据 2005 年全国 1％人口抽样调查数据计算而得。

从图表中不难发现，2006 年年末，在东部地区农村劳动力资源中，小学程度（28.3％）和初中程度（53.9％）的人员总数占到了 82.2％；在东部地区农业从业人员中，小学程度（38.5％）和初中程度（48.8）的人员总数所占比例为 87.3％；东部地区按受教育程度的 6 岁及以上乡村人口中，小学程度（37.3％）和初中程度（41.6％）的人员总数也占到了 78.9％的比例。可见，东部地区农村人力资源的教育文化程度仍以小学、初中为主。

东部地区农村文盲人口仍然很多。2005 年全国 1％人口抽样调查数据显示，东部地区乡村分性别的 15 岁及以上文盲人口数量（见表 3—7）仍很多，文盲人口占 15 岁及以上人口比重仍较大。在文盲人口占 15 岁及以上人口比重中，福建占 18.28％，浙江占 16.91％，山东占 16.04％，均高于全国平均水平。在文盲人口占 15 岁及以上人口比重中，女性比例明显高于男性，这反映了东部地区农村在文化教育上重男轻女的现象仍较严重。

由此可见，东部地区农村人力资源的文化素质状况为：教育文化程度仍以小学、初中为主，文盲人口所占比重太大，高中、大专及以上的高层次人群所占比重太小，文化水平总体较低。文化素质与发达国家差距巨大，严重制约了农村经济的发展。据有关资料，法国 7％以上的农民具有大学文凭、53％的农民受过 2—3 年的职业培训；日本农民

表 3－7　东部地区分性别的 15 岁及以上文盲人口(乡村)

地区	15 岁及以上人口			文盲人口			文盲人口占 15 岁及以上人口比重(%)		
	合计	男	女	合计	男	女	合计	男	女
全国	7312485	3644465	3668020	1109368	308768	800599	15.17	8.47	21.83
北京	29218	15008	14210	2555	647	1908	8.74	4.31	13.43
天津	29407	14789	14618	2420	613	1808	8.23	4.14	12.37
河北	482668	240701	241968	42013	11430	30583	8.70	4.75	12.64
上海	23197	11639	11558	3018	685	2333	13.01	5.89	20.18
江苏	365184	172246	192938	51631	11191	40440	14.14	6.50	20.96
浙江	235787	118993	116794	39870	10907	28962	16.91	9.17	24.80
福建	183086	90330	92756	33466	7112	26354	18.28	7.87	28.41
山东	539270	265685	273585	86498	22596	63902	16.04	8.50	23.36
广东	331181	162892	168289	32593	6445	26148	9.84	3.96	15.54
海南	37844	19893	17951	5131	1212	3919	13.56	6.09	21.83

资料来源:2005 年全国 1% 人口抽样调查数据。

中大学毕业的占 5.9%,高中毕业的占 74.8%,初中毕业的占 19.4%。[1]

(二)科技素质

农村人力资源的科技素质是指其具备的科技知识水平,反映农民掌握科技知识的质量及其在农业生产中的实践应用水平。农村人力资源科技素质一般包括职业技术培训情况、专业技术职称情况、农业科技推广人员情况以及农业技术人员结构情况等。

1.职业培训情况

据 2006 年发布的《中国农民工调研报告》显示,我国农村劳动力接受过短期职业教育培训的占 20%,接受过初级职业技术教育或培训的占 3.4%,接受过中等职业技术教育的占 0.13%,而没有接受过技术培训的高达 76.4%。另据农业部门统计,我国现有进城农民工 1.2

---

① 孙星、陈万明:《长三角农村人力资源现状及开发对策探讨》,《中国农业教育》2008年第 3 期。

亿人,初中及以下文化程度占 87.5％,有专业技术职称的占 2.4％,受过培训并获得证书的占 18.5％。[①] 可见,绝大多数农民尚未接受过技术培训,严重制约"科教兴农"战略的实施。

农业部农村经济研究中心在《2005 年中国农业发展报告》中对 2004 年农户家庭人口与劳动力情况进行了统计,统计显示,我国东部[②]、中部、西部地区每个农村居民户农村劳动力中具有的专业技术职称人数分别为 0.12 人、0.09 人和 0.14 人,我国东部、中部、西部地区每个农村居民户农村劳动力中受过职业教育和培训的人数分别为 0.18 人、0.14 人和 0.20 人(见表 3－8)。可见,东部地区农村具有专业技术职称人数很少。

表 3－8 2004 年农户家庭人口与劳动力情况

每个农村居民户

指标名称	单位	全国	东部	中部	西部
被调查户数	户	19484	6500	7396	5588
家庭常住人口	人	4.00	3.89	3.88	4.28
农村人口	人	3.78	3.61	3.72	4.07
家庭劳动力	人	2.46	2.38	2.47	2.55
其中农村劳动力	人	2.35	2.24	2.38	2.45
在农村劳动力中:					
有专业技术职称人数	人	0.11	0.12	0.09	0.14
受过职业教育和培训人数	人	0.17	0.18	0.14	0.20

资料来源:2005 年中国农业发展报告。

中国及东部地区农村职业教育培训情况和农民专业技术职称情况与发达国家差距很大。据统计,荷兰农民大部分是高级中等专业农校毕业水平,而且每年还有将近 20％的从业农民进入各类职业教育学校,接受专业性的继续教育;德国的农业劳动力中有 54％受过至少三

---

① 于建慧:《完善农村人力资源开发机制 农村跨越式发展的必然选择》,《人才资源开发》2008 年第 11 期。

② 这里的东部地区指"三个经济地带"中的东部地区 12 省(区、市),比"四大经济区域"中的东部地区 10 省市多出广西壮族自治区和辽宁省。

年的职业培训。另据有关资料表明,20 世纪 90 年代初,参加过培训的农村人力资源比例芬兰为 46%(1990),美国为 38%(1991),瑞士为 38%(1993),挪威为 37%(1991),瑞典为 36%(1993),加拿大为 30%(1991),法国为 27%(1992),德国为 27%(1991)。[①]

2. 技术推广人员情况

据 2001 年中国科协对中国公众科学素养的调查,具备科学素养的农村居民仅占 0.4%,81% 的农民对农业新技术、新产品表现出消极态度。据调查,全国每万名农业人口中,农技人员只有 6.6 人,农科大学生只有 1.2 人,只相当于美国的 0.58%,苏联的 2.3%。[②] 据统计资料显示,我国平均每个乡镇有农业技术人员约为 0.6 人,全国平均 2000 多个农业劳动力中才有一名农业技术推广人员,而发达国家平均不足 400 人就会有一名。大量的科研成果得不到推广和利用,难以转化成现实的生产力,科研和生产脱节严重。

3. 技术人员结构情况

从 2004 年开始,我国出现了"技工荒"现象:一面是对熟练技工和高素质员工的大量需求,另一面是大量农村剩余劳动力无法顺利就业。[③] 这说明劳动力供给结构失衡,较高的专业技术人才短缺。随着农民工就业的门槛不断提高,具有一技之长的农民工更容易实现就业。据《2008 年第四季度部分城市劳动力市场供求状况分析报告》显示,各技术等级的求人倍率[④]均大于 1,劳动力需求大于供给。其中高级技师、技师和高级工程师的求人倍率较大,分别为 1.94、1.81、1.57。

全国第二次农村普查公报显示(见表 3—9),2006 年年末,全国共有农业技术人员 207 万人,其中,在农业生产经营单位中从业的 94 万人。按职称分,高、中、初级农业技术人员分别为 12 万人、46 万人和 149 万人,高级技术人员占总技术人员的比例是 5.8%。东部地区农

---

① 王德海、张克云:《我国农村人力资源开发的现状及战略选择》,《农业经济问题》2001 年第 9 期。

② 杜金杰、索志林:《农村教育在农村人力资源开发中的问题及对策》,《黑龙江对外经贸》2009 年第 4 期。

③ 刘霞、向利:《试析我国农村人力资源的现状及开发》,《大众科学(科学研究与实践)》2007 年第 19 期。

④ 求人倍率=需求人数／求职人数,表明劳动力市场中每个岗位需求所对应的求职人数。如 0.8 表示 10 个求职者竞争 8 个岗位。

业技术人员共有 70 万人,高、中、初级农业技术人员分别为 3 万人、14 万人和 53 万人,其中高级技术人员占总技术人员的比例为 4.3%,低于全国平均水平 1.5 个百分点。据了解,像德国、加拿大、美国等发达国家,高级技工占技工比例高达 20%—40%,而我国还不到 4%,缺口上千万人。在珠三角、环渤海地区,即使普通技能岗位也有很大缺口。据广东省劳动保障厅技工教育管理处处长葛国兴介绍,像电工、钳工、车工、焊接、制冷工等技术工人,在 20 世纪 70 年代末广东也就几千人,如今缺口已经达到 40 万人,其中数控技术工的缺口超过 10 万人。①

表 3—9 农业技术人员②数量

单位:万人

等 级	全 国	东部地区	中部地区	西部地区	东北地区
合 计	207	70	39	77	21
初 级	149	53	25	58	13
中 级	46	14	11	15	6
高 级	12	3	3	4	2

资料来源:第二次全国农业普查主要数据公报。

总之,东部地区农村人力资源的科技素质现状为:绝大多数农民尚未接受过技术培训,农民中有专业技术职称的人员较少;农业技术推广人员短缺,科研和生产脱节;农业技术人员结构失衡,高级技术人员等高层次人才严重匮乏。

(三)身体素质

劳动者的身体素质一般包括健康程度、营养状况、寿命长短、体质强弱以及免疫情况等等。它与农民的生活水平及农民所享有的医疗卫生条件息息相关。

————————

① 闻哲:《中国急需"蓝领"技工 缺口上千万人》,《人民日报·海外版》2006 年 11 月 3 日。

② 指 2006 年年末,农业从业人员中受过各种农业专业技术培训或掌握某项农业专门技能并具有专业技术职称的人员,且必须有上级主管部门颁发的农业专业技术资格证书,分为初级、中级和高级三个级别。专业技术人员的等级以专业技术资格证书上登记的为准。

1.农民的生活水平

农村居民家庭人均纯收入和人均生活消费支出可直接反映农民的生活水平。首先,通过对东部地区农村居民家庭人均纯收入和城镇居民家庭人均可支配收入的比较(见表3－10)来看,尽管农村居民家庭人均纯收入从2005年到2007年每年都有不同程度的增长,但城乡居民家庭之间的差距很大,且有逐年拉大趋势。2005年城镇居民家庭人均可支配收入是农村居民家庭人均纯收入的2.83倍,2006年为2.88倍,2007年则上升为2.90倍。

表3－10 东部地区农村居民家庭人均纯收入和城镇居民家庭人均可支配收入比较

单位:元

年份	农村居民家庭人均纯收入	城镇居民家庭人均可支配收入	城镇居民家庭人均可支配收入比农村居民家庭人均纯收入
2005	4720.28	13374.88	2.83
2006	5188.23	14967.38	2.88
2007	5854.98	16974.22	2.90

资料来源:中国统计年鉴(2006—2008)。

其次,从东部地区农村居民家庭人均生活消费支出和城镇居民家庭人均消费性支出比较(见表3－11)来看,2005—2007年,农村和城镇居民家庭人均生活消费支出均在逐年增加。其中,农村居民家庭人均生活消费支出2006年增加397.26元,2007年增加474.73元;城镇居民家庭人均消费性支出2006年增加948.07元,2007年增加1256.12元。可见,城镇和农村居民家庭人均生活消费支出的差距在逐年扩大。

表3－11 东部地区城乡居民家庭人均生活消费支出比较

单位:元

年份	2005		2006		2007	
项目斜线	农村	城镇	农村	城镇	农村	城镇
人均生活消费支出	3408.97	9922.42	3806.23	10870.49	4280.96	12126.61
食品	1435.92	3521.29	1542.15	3761.92	1736.39	4249.53
衣着	191.46	860.37	218.79	970.11	243.24	1094.71

续表

年份	2005		2006		2007	
居住	537.46	990.41	672.99	1103.77	812.58	1176.42
家庭设备用品及服务	163.19	579.20	178.34	629.04	204.62	733.08
交通通讯	367.46	1472.14	428.87	1678.46	482.00	1939.05
文教娱乐用品及服务	414.74	1438.92	430.88	1597.07	439.75	1711.26
医疗保健	218.51	710.61	245.29	737.53	259.11	796.35
其他商品及服务	80.23	349.49	88.93	392.60	103.28	426.20

资料来源:《中国统计年鉴(2006—2008)》。

以 2007 年为例,东部地区城镇居民家庭人均消费性支出是农村居民家庭人均生活消费支出的 2.83 倍。其中,食品消费方面,城镇居民家庭是农村居民家庭的 2.45 倍,衣着方面是 4.50 倍,医疗保健是 3.07 倍,在其他方面如居住、家庭设备用品及服务、交通通讯、文教娱乐用品及服务等方面城乡之间的差距亦很大(见图 3—5)。可见,东部地区农村居民家庭人均生活消费支出远远不及城镇居民家庭。

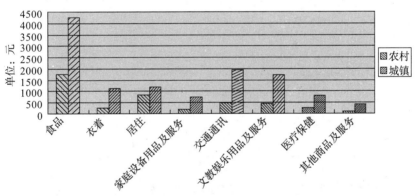

图3—5　2007 年东部地区城乡居民家庭人均生活消费支出比较

资料来源:《中国统计年鉴 2008》。

2.农民所享有的医疗条件

农民所享有的医疗卫生条件,可间接反映出农民的身体素质状况。衡量一个地区农村医疗卫生条件的指标有村卫生室个数、设置卫生室的村占行政村的比例、乡村医生和卫生员人数、每千农业人口乡村医生和卫生员人数等。从表 3—12 中可以看出,设置卫生室的村占行政村的比例为 100% 的只有河北、福建和广东,设置卫生室的村占行政村的比例低于全国平均水平的有北京、天津、上海、浙江、山东,分别为 79.0%、43.1%、83.9%、47.1% 和 67.8%。每千农业人口乡村医生和卫生员人数低于全国平均水平的有天津、上海、浙江、广东和海南,分别为 1.02 人、1.02 人、0.33 人、0.83 人和 0.47 人。可见,从总体上来看,我国东部地区的卫生室个数、乡村医生和卫生员人数还是相当不足的。

表 3—12　2008 年东部地区农村村卫生室和人员情况

地区	村卫生室(个)	设置卫生室的村占行政村数(%)	乡村医生和卫生员(人)	每千农业人口乡村医生和卫生员数(人)
全国总计	613143	89.4	938313	1.06
北京	3123	79.0	3747	1.34
天津	1653	43.1	3921	1.02
河北	58852	100.0	69539	1.41
上海	1495	83.9	1776	1.02
江苏	16586	99.4	50945	1.31
浙江	14167	47.1	10797	0.33
福建	17470	100.0	29452	1.27
山东	54189	67.8	111672	1.91
广东	27138	100.0	32866	0.83
海南	2297	89.9	2480	0.47

资料来源:《中国农村统计年鉴 2009》。

注:北京、天津、浙江等地区部分村的基本医疗服务由社区卫生服务站和诊所提供。

从表 3—13 中可以看出,2006 年年末,全国 98.8% 的乡镇有医院、卫生院,66.6% 的乡镇有敬老院,50.2% 的村距离医院、卫生院在 3 公里以内,74.3% 的村有卫生室,76.1% 的村有有行医资格证书的医生,16.3% 的村有有行医资格证书的接生员。在我国东部地区,99.2% 的乡镇有医院和卫生院,81.8% 的乡镇有敬老院,58.8% 的村距离医院、卫生院在 3 公里以内,有 74.1% 的村有卫生室,75.9% 的村有有行医资格证书的医生,9.3％的村有有行医资格证书的接生员。其中,东部地区有卫生室的村、有行医资格证书的医生的村、有行医资格证书的接生员的村所占的比例比全国水平还要低。

表3—13 有医疗和社会福利机构及人员的乡镇或村比重

单位:％

	全国	东部地区	中部地区	西部地区	东北地区
有医院、卫生院的乡镇	98.8	99.2	99.2	98.8	96.4
有敬老院的乡镇	66.6	81.8	76.2	49.5	81.1
按村到医院、卫生院的距离分					
村内有医院、卫生院	7.2	7.0	6.7	7.8	7.4
1—3公里	43.0	51.8	43.1	34.1	29.8
4—5公里	21.0	21.3	22.9	18.5	22.4
6—10公里	19.3	15.5	19.9	22.0	29.0
11—20公里	7.5	3.9	6.2	12.8	9.7
20公里以上	2.0	0.5	1.2	4.8	1.7
有卫生室的村	74.3	74.1	79.6	68.1	81.7
有行医资格证书医生的村	76.1	75.9	80.8	68.9	91.5
有行医资格证书接生员的村	16.3	9.3	19.3	20.9	23.9

资料来源:第二次全国农业普查主要数据公报。

说明:有卫生室的村指在本村地域内,经县级卫生行政部门许可,由村集体或个人办的卫生机构。卫生室有固定场所,从事医疗活动,承担管理职能。不包括专科的牙医室,以及主要从事药品销售活动的单位。

综上所述,东部地区农村居民家庭人均纯收入和人均生活消费支出与城市之间的差别之大,使农民的生活水平大大降低,也进一步影响了农民身体素质的提高。另外,中国对农村医疗卫生投入不足,农村医疗卫生设施差,设备陈旧,农村医疗保障体系不健全,同样影响了农民身体素质的提高。

(四)经营管理素质

改革开放后,中国乡镇企业和其他农村非农产业发展迅速。2007年乡镇企业、农村私营企业和个体户分别吸纳了15090万人、2672万

人和 2187 万人的就业人数,占当年乡村地区就业人数 47640 万人的
41.9％。东部地区,在经济发展的总体带动下,乡镇企业异军突起。
但不可否认的是,乡镇企业在发展过程中,已遇到不同程度的困难。
其中制约乡镇企业发展的一个重要因素就是农村人力资源的经营管
理素质跟不上市场经济发展的要求。

东部地区乡镇企业的生存和发展,离不开农民的科学经营和管
理。由于农村人力资源文化素质低下,多数未参加过职业教育培训,
参加过经营管理方面培训的人更是少之又少。再加上受小农经济的
影响,经营管理素质低下,市场竞争意识淡薄,接受市场信息的能力
差。经营管理素质低下的乡镇企业家,往往在发展初期,靠一股闯劲,
可能会把企业发展到一定规模。但是在与城市企业和国际企业的竞
争下,这部分乡镇企业家的经营管理素质明显不足。由于乡镇企业人
员经营管理素质的低下,不乏出现一些企业在残酷的市场竞争下,企
业规模萎缩甚至倒闭的现象。有些乡镇企业在做到一定规模之后,不
愿继续做大做强,也是受经营管理素质低下的影响。

另外,东部地区农业的产业化和现代化同样要求农民具备较高的
经营管理素质。而实际上,从事传统种植业的农民,生产方式简单,劳
动手段落后,甚至意识不到科技、教育对农村经济发展的重大作用,靠
的是多年积累的经验技术,缺乏先进的专业知识和技能。这些农民的
市场竞争意识差,不懂得把握市场的运行规律,不能顺应市场的变化,
即使从事第二、三产业,也只能是凭直觉,具有盲目性。农民经营管理
素质的低下,难以适用农业产业化和现代化发展的需要。经营管理素
质高的人员的严重短缺,特别是农产品加工、储运、贸易、市场营销方
面的人才的短缺,不利于农村生产、销售、加工一体化的农业产业化
发展。

(五)思想素质

劳动者的思想素质包括其思想觉悟及观念意识等。现代化的农
业一方面要求劳动者必须具有先进的思想观念,另一方面要求具有一
定的法律意识、环保意识及民主意识等。

中国东部地区的经济相对全国其他地区来说较发达,在经济发展
的影响下,农村劳动者的思想素质在近些年有了一定的提高。但受传
统观念和封建思想的影响,东部地区农村人员的思想素质整体上仍然

偏低。主要表现在:(1)封闭落后的小农意识、小富即安的思想观念仍然存在。其表现为因循守旧、安于现状、不求进取、逆来顺受。一般来说,文化程度决定着农村劳动者对新鲜事物的接受程度。有些农村劳动者的文化素质低下,目光短浅,只追求眼前利益,市场竞争意识淡薄,自信心不足,总认为自己不行,在城市人面前显得自卑,在竞争面前退缩,风险承受能力差。还有些农民习惯"日出而作,日落而息"的传统生产方式,不善于创新,不愿接受新鲜事物、新技术、新生产方式。(2)法律意识、环保意识和民主意识不强。市场经济要求人们必须依法办事。随着农村经济向现代化、市场化的发展,要求农民知法、懂法、遵法。现实中,由于农民法律知识的缺乏,法律意识不强,对经济法规不了解,造成违法承包合同、触犯环保法等违法事件频繁发生,农民不懂法、不知法,在关键时刻也不会用法律武器去维权。另外,农民的民主意识较低,有些农民对民主选举等持无所谓态度。现代化的农业除了要求东部地区农民具备较强的法律意识、环保意识和民主意识外,还要求农民树立正确的人生观和价值观,具备良好的政治素养,具备集体主义和爱国主义精神。

三、产业分布、年龄、性别结构失衡

对东部地区农村人力资源的结构状况,本章从产业分布、年龄、性别等方面分别进行分析,通过分析,发现产业分布结构、年龄、性别结构不尽合理。

(一)产业分布结构

2006 年年末,农村从业人员 47852 万人,占农村劳动力资源总量的 90.1％。其中,从事第一产业的占 70.8％;从事第二产业的占 15.6％;从事第三产业的占 13.6％。同年,我国东部地区农村从业人员 17652 万人。其中,从事第一产业的占 52.4％;从事第二产业的占 28.8％;从事第三产业的占 18.8％。这里的第一产业是指农、林、牧、渔业;第二产业是指采矿业,制造业,电力、燃气及水的生产和供应业,建筑业;第三产业是指除第一、二产业以外的其他行业。第三产业包括:交通运输、仓储和邮政业,信息传输、计算机服务和软件业,批发和零售业,住宿和餐饮业,金融业,房地产业,租赁和商务服务业,科学研究、技术服务和地质勘查业,水利、环境和公共设施管理业,居民服务和其他服务业,教育,卫生、社会保障和社会福利业,文化、体育和娱乐业,公共管理和社会组织,国际组织。

从表3－14中不难看出,东部地区农村从业人员第一产业比重较全国低,第二、三产业比重较全国高。尽管如此,东部地区农村从业人员总体上存在第一产业比重较高,第二、三产业比重较低的特点。之所以出现这一特点,主要是由于素质较高的农村劳动者外出打工,留在农村的素质较低的农村劳动者从事的多是种植业及渔业等,严重制约农村第二、三产业的发展。即便是从事第二、三产业,也多是从事一些苦、脏、险、累的工作,或者是工作操作简单、低技术含量、低报酬的劳动密集型行业。

表3－14　农村从业人员总量及构成

	全国	东部地区	中部地区	西部地区	东北地区
农村从业人员总量(万人)	47852	17652	13043	13927	3230
第一产业(%)	70.8	52.4	76.8	86.3	80.1
第二产业(%)	15.6	28.8	10.6	5.2	7.8
第三产业(%)	13.6	18.8	12.6	8.5	12.1

资料来源:第二次全国农业普查主要数据公报。

另据统计,2007年全国就业人员有78645万人,第一、二、三产业就业人员的比例为40.8:26.8:32.4,第一、二、三产业对国内生产总值的贡献率分别为3.6%、54.1%和42.3%。三次产业的就业结构和对国内生产总值的贡献率严重不协调。这种就业结构与国外相比,明显不合理。2005年,加拿大全国三次产业就业人员比例为2.7:22.0:75.3,美国全国三次产业就业人员比例为1.6:20.6:77.8。

在第一产业中,从农、林、牧、渔业分别占总产值的比重来看,东部地区与其他地区有着明显的不同(见表3－15)。其中农业占总产值的比重在各地区差别不大,西部地区林业占总产值的比重较大,东北地区和西部地区的牧业占比重较大,渔业占比重较大的是东部地区。可见,东部地区在第一产业当中占比重最为突出的是渔业,最不突出的是林业和牧业,这与东部地区的省市多濒临沿海有关。东部地区第一产业内部产值结构与其他地区的不同,也反映了其从业结构的区别。

可见东部地区农村人力资源的产业分布结构状况是:第一、第二、第三产业人员结构失衡,主要从事第一产业,第二、三产业发展还很薄弱;在第一产业当中,比重最为突出的是渔业,最不突出的是林业和牧业。

表3—15 各地区农林牧渔业的构成(按2008年当年价格计算)

指标	东部地区	中部地区	西部地区	东北地区
农林牧渔业总产值	100.0	100.0	100.0	100.0
农业	47.6	48.9	50.2	44.9
林业	3.2	3.9	4.3	3.4
牧业	29.5	36.9	39.6	42.4
渔业	15.6	6.7	2.7	7.0

资料来源:《中国农村统计年鉴2009》。

(二)年龄、性别结构

2006年年末,从全国来看,农村劳动力资源总量53100万人。农村从业人员47852万人,占农村劳动力资源总量的90.1%。农业从业人员数量为34874万人,农村外出从业劳动力13181万人。从全国农村劳动力资源看,20岁以下6947万人,占13.1%;21—30岁9184万人,占17.3%;31—40岁12679万人,占23.9%;41—50岁11021万人,占20.7%;51岁以上13269万人,占25%。在全国农业从业人员中,男性占46.8%,女性占53.2%。按年龄分,20岁以下占5.3%,21—30岁占14.9%,31—40岁占24.2%,41—50岁占23.1%,51岁以上占32.5%。在全国农村外出从业劳动力中,男劳动力8434万人,占64%;女劳动力4747万人,占36%。外出从业劳动力中,20岁以下占16.1%;21—30岁占36.5%;31—40岁占29.5%;41—50岁占12.8%;51岁以上占5.1%(见表3—16,表3—17,表3—18)。

从全国农村人力资源的年龄结构看,已经出现老龄化现象,再从性别结构看,男女比例出现失调。这种劳动力老龄化及性别失调现象在我国东部农村地区表现尤为突出。在东部地区农村劳动力资源中,20岁以下占13.2%,21—30岁占18.8%,31—40岁占24.4%,41—50岁占21.4%,51岁以上占23.2%。在东部地区农业从业人员中,男性占44.9%,女性高达55.1%,女性所占比例均高于中部、西部和东北地区。按年龄分,20岁以下占4.2%,21—30岁占13.5%,31—

40 岁占 22.0%,41—50 岁占 25.0%,51 岁以上占 35.3,其中 20 岁以下年龄段、21—30 岁年龄段和 31—40 岁年龄段所占比例均低于中部、西部和东北地区,而 51 岁以上年龄段所占比例却高于其他地区,这说明东部地区农村老龄化现象较其他地区严重。在东部地区农村外出从业劳动力中,男性所占比例比女性高得多,其中男性为 65.8%,女性为 34.2%。从年龄看,20 岁以下占 14.2%,21—30 岁占 36.1%,31—40 岁占 27.3%,41—50 岁占 15.4%,51 岁以上占 7.0%。可见,东部地区农村外出从业劳动力多为男性,且多为年轻力壮者。

表 3—16　农村劳动力资源①总量及构成

	全国	东部地区	中部地区	西部地区	东北地区
农村劳动力资源总量(万人)	53100	19828	14582	15142	3548
农村劳动力年龄构成(%)					
20 岁以下	13.1	13.2	13.8	12.8	11.1
21—30 岁	17.3	18.8	15.4	16.9	18.4
31—40 岁	23.9	23.4	23.7	24.5	24.6
41—50 岁	20.7	21.4	20.9	19.1	23.5
51 岁以上	25.0	23.2	26.2	26.7	22.4

资料来源:第二次全国农业普查主要数据公报。

表 3—17　农业从业人员②数量及构成

	全国	东部地区	中部地区	西部地区	东北地区
农业从业人员数量(万人)	34874	9522	10206	12355	2791
农业从业人员性别构成(%)					
男	46.8	44.9	45.7	48.6	49.7
女	53.2	55.1	54.3	51.4	50.3

---

① 指 2006 年年末农村住户常住人口(即在本户居住 6 个月以上人口)中 16 周岁及以上具有劳动能力的人员。

② 指在 2006 年从业人员中,以从事农业为主的从业人员。包括我国境内全部农村住户、城镇农业生产经营户和农业生产经营单位中的农业从业人员。

续表

	全国	东部地区	中部地区	西部地区	东北地区
农业从业人员年龄构成(%)					
20 岁以下	5.3	4.2	4.9	6.4	6.4
21—30 岁	14.9	13.5	13.8	16.5	17.2
31—40 岁	24.2	22.0	24.5	25.3	25.4
41—50 岁	23.1	25.0	23.5	20.6	25.3
51 岁以上	32.5	35.3	33.3	31.2	25.7

资料来源:第二次全国农业普查主要数据公报。

表 3—18　农村外出从业劳动力①总量及构成

	全国	东部地区	中部地区	西部地区	东北地区
外出从业劳动力总量(万人)	13181	3846	4918	4035	382
外出从业劳动力性别构成(%)					
男性	64.0	65.8	62.8	63.1	70.2
女性	36.0	34.2	37.2	36.9	29.8
外出从业劳动力年龄构成(%)					
20 岁以下	16.1	14.2	17.6	16.1	16.7
21—30 岁	36.5	36.1	36.6	36.7	35.4
31—40 岁	29.5	27.3	29.3	32.2	25.4
41—50 岁	12.8	15.4	11.9	11.1	15.3
51 岁以上	5.1	7.0	4.6	3.9	7.2

资料来源:第二次全国农业普查主要数据公报。

由此可见,东部地区农村人力资源年龄、性别结构情况是:农村劳动力资源和农业从业人员老龄化现象严重,农业从业人员明显的男少女多;而农村外出从业劳动力男多女少,且多为年轻力壮者。东部地区农村人力资源年龄和性别失调的原因在于:农村地区新增人员通过升学、参军等方式入城,农村青年亦通过外出打工、婚嫁等方式进城,

———————

① 指农村住户户籍从业人员中,2006 年到本乡镇行政管辖区域以外从业 1 个月及以上的人员。

而到城里打工的多是男性青壮年,农村优质劳动力大量流失,家里的耕地主要有家里的妇女、孩子和老人耕种,即"386199 部队"。

第二节　东部地区农村人力资源开发中存在的主要问题

改革开放以来,随着市场经济体制的深入发展,东部地区农村人力资源开发取得了一定的成绩,农村人力资源的数量得到很好控制,质量也有了一定提高。特别是近几年,中央政府加强对"三农"的重视,在农村教育、培训和医疗保健等方面采取了一系列措施,一定程度上推动了农村人力资源的开发。东部地区在农村人力资源开发方面的显著成绩有以下几个方面。

（一）实行计划生育政策

计划生育政策自 20 世纪 80 年代实施以来,东部地区在人口控制方面取得了很好的成效,有效地缓解了人口对资源、环境的压力,有力地促进了经济发展和社会进步。进入 21 世纪,党中央、国务院对计划生育工作提出了新的要求。2006 年 12 月 17 日,发布了《关于全面加强人口和计划生育工作统筹解决人口问题的决定》,此《决定》以科学发展观为统领,以促进人的全面发展为主线,强调优先投资于人的全面发展,稳定低生育水平,提高人口素质,改善人口结构,引导人口合理分布,保障人口安全,促进人口大国向人力资本强国转变,促进人口与经济、社会、资源、环境协调和可持续发展,为构建社会主义和谐社会创造良好的人口环境。

（二）普及九年义务教育

1986 年,全国人大通过了《义务教育法》,第一次以法律的形式确定:"国家实行九年制义务教育。"到 2000 年,我国在全国范围内如期实现了基本普及九年义务教育的目标,"普九"人口覆盖率达到 85%。2006 年修订了《义务教育法》。2007 年春,免除全国农村义务教育学杂费。2008 年秋,全国免除城市义务教育学杂费。据中国社科院人口与劳动经济研究所和社会科学文献出版社共同出版的 2009 年《人口与劳动绿皮书》消息,我国九年义务教育普及率达到 95% 以上,青壮年文盲率下降到 5% 以下,高等教育毛入学率达到 21%。与此同时,东部地区农村九年义务教育的普及率也大大提高。

(三)实施"绿色证书工程"

"绿色证书"是农民技术资格证书的习惯说法。所谓农民技术资格证书，就是农民达到从事某项工作岗位规范要求具备的基本知识和技能后，经当地政府认可的从业资格凭证。实际上，这就是农村劳动者的岗位合格证书。从业的岗位不同，岗位规范的要求就不一样。不同的岗位，颁发的证书的名称也不尽相同。"绿色证书工程"是通过培养千百万农民技术骨干，促进全面提高农民的科学文化素质，广泛地推广应用农业科技成果，依靠科技进步和提高劳动者素质，全面振兴农村经济的系统工程。我国的农民绿色证书教育自1990年在一些地区试点推广。至2001年，全国已有1994个县(市)开展了绿色证书培训，覆盖面达69.8%。培训人数达1300多万，有600万人获得了绿色证书。以东部地区部分省市为例，河北省1990年有一个试点县，1992年开始在全省1/3的县市开展试点工作，1994年全省164个县(市、区)全部实施，其中部级试点县7个。据统计，截至1998年5月，河北省已开设农学、果树、农产品加工、农经、畜牧、水产养殖等14个专业，覆盖了农、林、牧、副、渔五大行业。截至2004年年底，上海全郊区有4000多家农户被正式命名为"科技示范户"，有8.2万余名农民持有"绿色证书"，占纯务农者的十分之一。"绿色证书工程"的实施，提高了农民的科技文化素质，提高了科技成果的推广率，促进了农村经济的发展。

(四)实施"阳光工程"

为贯彻党的十六届三中全会精神，落实《2003—2010年全国农民工培训规划》，加强农村劳动力转移培训，加快农村劳动力转移，促进农民增收，国家农业部、财政部、劳动和社会保障部、教育部、科技部和建设部决定共同组织实施"农村劳动力转移培训阳光工程"，对有转移到二、三产业和城镇就业志愿的农民，由国家财政适当补贴，在输出地开展转岗就业前的短期技能培训。培训项目以短期的职业技能培训为重点，辅助开展引导性培训，培训时间一般为15天到90天。职业技能培训以定点和定向培训为主，当前的培训重点是家政服务、餐饮、酒店、保健、建筑、制造等用工量大的行业的职业技能。截至2007年7月，东部地区的河北、江苏、山东省累计培训结业人数分别为72819

人、32000 人、18717 人,累计转移就业人数分别为 57793 人、30000 人、18690 人。"阳光工程"的实施,一定程度上提高了农村劳动力的素质和就业技能,促进了农村劳动力向非农产业和城镇的转移。

(五)实行新型农村合作医疗

中国的合作医疗先后经历了 20 世纪 40 年代的萌芽阶段、50 年代的初创阶段、60—70 年代的发展与鼎盛阶段、80 年代的解体阶段和 90 年代以来的恢复和发展阶段。针对传统的合作医疗存在的问题,新型的农村合作医疗将更加全面、更加完善。1996 年年底,江泽民在中共中央、国务院召开全国卫生工作会议时,明确指出在农村建立新型合作医疗制度势在必行。2002 年 10 月,《中共中央、国务院关于进一步加强农村卫生工作的决定》明确指出:要"逐步建立以大病统筹为主的新型农村合作医疗制度"。从 2003 年开始,新型农村合作医疗在全国部分县(市)试点。新型农村合作医疗,简称"新农合",是指由政府组织、引导、支持,农民自愿参加,个人缴费、集体扶持和政府资助多方筹资,以大病统筹为主的农民医疗互助共济制度。在筹资方面,国务院国办发[2004]3 号文件规定,参合农民个人缴费数额,原则上每人每年不低于 10 元,经济发达地区可在农民自愿的基础上,根据农民收入水平及实际需要相应提高缴费标准。2006 年起,开展"新农合"的试点县市,按参合人数计算,每人每年总资金为 50 元,其中中央财政补助 20元,省、州、县(市)财政共计配套 20 元,参加合作医疗的农民缴纳 10 元。

"新农合"的实施,从我国的基本国情出发,保障了农民的基本卫生服务、提高了农民的健康水平,农民因病致贫和因病返贫的现象得以缓解,对于统筹城乡发展意义重大。各省(区、市)在认真总结试点经验的基础上,进一步加大工作力度,完善相关措施,扩大新型农村合作医疗试点。截至 2004 年 12 月,全国共有 310 个县参加了新型农村合作医疗,有 1945 万户,6899 万农民参合,参合率达到了 72.6%。根据《医药卫生体制五项重点改革 2011 年度主要工作安排》的文件说明,2011 年政府对新农合和城镇居民医保补助标准均由上一年每人每年 120 元提高到 200 元;城镇居民医保、新农合政策范围内住院费用支付比例力争达到 70%左右。2012 年起,各级财政对新农合的补助标准从每人每年 200 元提高到每人每年 240 元。其中,原有 200 元部分,中央财政继续按照原有补助标准给予补助,新增 40 元部分,中央财政对西部地区补助 80％,对中部地区补助 60％,对东部地区按一定比例补助。农民个人缴费原则上提高到每人每年 60 元,有困难的地区,个人缴费部分可分两年到位。2012 年是"新农合"实施十周年。十年来,通过相关部门的努力,农民群众的积极参与,新农合取得了显著成效,主要表现在:实现全面覆盖;参合率较高,截至 2012 年 6 月底,参合人口达到 8.12 亿人,参合率达到 95 以上。

尽管东部地区农村人力资源开发取得了一些成就,但不可否认的是,目前农村人力资源开发中存在的问题十分突出。这些问题主要包括教育培训的投入不足、教育培训目标的不合理、医疗保健投资不足、劳动力迁移受阻等等。这严重制约了东部地区农村经济的发展和农民的增收。

一、教育培训投入不足

人力资源开发的方式有教育培训、医疗保健等,其中教育培训是人力资源开发的最主要途径。我国东部地区农村人力资源开发的教育培训投入不足主要表现在两方面,一方面是农村居民家庭对教育培训投入的不足,主要是因为广大农民收入低下,在教育培训投入方面显得无能为力,当然也受一些农民投资观念落后的影响;另一方面是各级政府部门对教育培训投入不足。教育经费占国内生产总值的比重多少,是反映一个国家对教育事业重视程度的重要参考指标,国家政府部门对教育培训投入的不足主要表现为教育经费方面。

早在 20 世纪 80 年代,世界发达国家教育经费占国民生产总值的比重就已超过了 5％,如美国(1983)6.8％,日本(1983)5.6％,加拿大(1985)7.2％,就连发展中国家的印度,在 1983 年也达到了 3.7％。[1] 另一组统计数据显示,1985 年,世界各国教育投入占 GDP 比重的平均水平是 5.2％,发达国家平均水平是 5.5％,发展中国家平均水平是 4.5％,而当年我国财政性教育投入只有 2.3％。[2] 虽然近年来,我国财政性教育经费占 GDP 的比例逐年增加,但离发达国家甚至许多发

---

[1]　刘英杰:《中国教育大事典(1949—1990)》,浙江教育出版社 1993 年版,第 94 页。
[2]　张文:《中部地区农村劳动力转移与人力资源开发问题研究》,南昌大学,2007 年。

展中国家的标准仍然有差距。2004 年我国财政性教育经费占 GDP 的比例为 2.79%,2005 年为 2.82%,2006 年为 3.01%,2007 年为 3.22%,2008 年为 3.48%。2008 年我国财政性教育经费占 GDP 的比例(3.48%)竟然还低于 20 多年前的世界平均水平。图 3—6 显示,2005 年印度、日本、美国、英国、荷兰公共教育经费支出占 GDP 的比重分别为 3.25%、3.54%、5.33%、5.60%、5.26%①,均高于中国的 2.82%。

多年来,中国农村学生的生均教育经费大约只是城市学生的 1/4,生均固定资产总值和生均专用设备仅为城市的 1/3 和 1/6。② 据

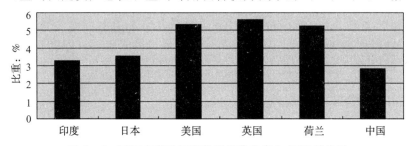

图 3—6　2005 年部分国家教育经费支出占 GDP 的比重

资料来源:研究与开发经费支出和公共教育经费支出占国内生产总值比重,2009—06—15,http://www.stats.gov.cntjsjqtsjgjsj2008/t20090615_402565525.htm。

2001 年国务院发展研究中心的一项调查发现,农村义务教育实际上主要由农民自己负担。全部义务教育投入中,乡(镇)一级的负担高达78%,县财政负担约 9%,省地负担约 11%,中央财政只负担了 2%。根据《2005 年全国教育经费执行情况统计公告》显示,2005 年用于农村义务教育的经费为 704 亿元,占全国预算内农村义务教育经费的43.7%,这与当年农村享受义务教育的学生比例不相称。③ 另据 2005年《中国统计年鉴》及 2005 年《中国教育经费统计年鉴》数据显示:高等教育支出占全国财政预算内教育事业费支出、基建支出的大部分,农村的教育经费占全国教育经费的 11% 左右。而同期我国农村人口

---

① 《研究与开发经费支出和公共教育经费支出占国内生产总值比重》,国家统计局网,2009—06—15。

② 丁志同:《提升农村人力资源开发绩效的路径选择》,《农业经济》2009 年第 4 期。

③ 李文政:《农村人力资源开发目标构建的现实难题审视》,《安徽农业科学》2009 年第12 期。

占全国人口的 57％。① 就东部地区的江苏省而言,据统计,2006 年江苏省苏南、苏中、苏北三大区域的 9 个县(区)农村正规教育、培训等方面的投资资金占 GDP 的 2.1％,而基本建设、固定资产等方面的投资资金却占 GDP 的 31％,比例高达 14.8∶1,远远高于发达国家平均 4.7∶1 的比例。②

《2008 年全国教育经费执行情况统计公告》显示,国家财政性教育经费占 GDP 的比例以及预算内教育经费占财政支出比例均比上年有所增加,但有一些省、自治区、直辖市没有达到《教育法》规定的教育投入增长要求。2008 年全国普通小学生均预算内事业费支出为 2757.53 元,其中农村普通小学生均预算内事业费支出为 2617.59 元;全国普通初中生均预算内事业费支出为 3543.25 元,其中农村普通初中生均预算内事业费支出为 3303.16 元;全国普通小学生均预算内公用经费支出为 616.28 元,其中农村普通小学生均预算内公用经费支出 581.88 元;全国普通初中生均预算内公用经费支出为 936.38 元,其中农村普通初中生均预算内公用经费支出为 892.09 元。③ 可见,农村普通小学、初中生均预算内事业费支出和公用费用支出均低于全国水平。表 3-19 显示了东部地区各级教育生均预算内教育事业费情况,由于教育经费支出在城乡之间的区别,东部地区农村中、小学生均预算内教育事业费情况总体也会较城市差。

由于对农村教育的投入不足,导致教育资源匮乏,包括教学设施落后,师资力量不足等等。就教育设施来说,农村学生难以享受城市学生所用到的先进的教学设备,如投影仪、幻灯机、电视机等多媒体教育设备等。对于一些经济落后的农村,依赖政府财政拨款,但政府财力有限,使一些教育培训费用得不到减免,农民经济压力大,农村主动参与培训教育的人员很少,影响了农民参与教育培训的积极性。在职业教育方面,由于职业教育的办学成本比较高,而财政拨款不足,使接

---

① 黄永香、康让卿:《论农村人力资源的开发和利用》,《湖南行政学院学报》2009 年第 5 期。

② 赵炳起、李永宁:《农村人力资源开发绩效评价与提升对策研究》,《农业经济》2008 年第 3 期。

③ 教育部国家统计局财政部:《2008 年全国教育经费执行情况统计公告》,中国教育和科研计算机网,2009-11-22。

受职业教育的学生教育成本较高,制约了农村学生接受职业教育的主动性。

表 3-19 2008 年各级教育生均预算内教育事业费情况

地区	普通小学	普通初中	普通高中	中等职业学校	普通高等学校
北京	10111.51	13224.85	13870.45	11127.1	24380.4
天津	6850.83	7779	7944.79	6031.94	9826.92
河北	2981.05	3523.64	2916.65	3326.89	5008.76
上海	13016.14	15473.62	14964.98	10078.47	15349.2
江苏	4306.54	4464.21	3744.45	3386.71	8156.83
浙江	4528.11	5710.27	5035.15	5599.48	8771.4
福建	3240.22	3524.78	3538.48	3783.47	6311.9
山东	2908.5	4389.46	3207.91	3832.18	5459.48
广东	2470.06	3206.87	4311.32	4260.22	10622.18
海南	2616.89	3040.01	3087.5	6243.14	6085.64

资料来源:《2008 年全国教育经费执行情况统计公告》。

二、教育培训目标不合理

早在 20 世纪 80 年代末,国家农业部、科委、教委、林业部和中国农业银行就联合发出了《关于农科教结合,共同促进农村、林业人才开发与技术进步的意见》的通知,提出了农(业)科(技)教(育)相结合,基础教育、职业技术教育、成人教育"三教统筹",在农村实行以普及农业科技为主要内容的"绿色证书"教育。2003 年 9 月 20 日,《国务院关于进一步加强农村教育工作决定》中提出:"农村中小学教育内容的选择、教科书的编写和教学活动的开展,在实现国家规定基础教育基本要求时,要紧密联系农村实际,突出农村特色。在农村初、高中适当增加职业教育的内容,继续开展'绿色证书'教育,并积极创造条件或利用职业学校的资源,开设以实用技术为主的课程,鼓励学生在获得毕业证书的同时获得职业资格证书。"[①]尽管如此,东部地区农村教育体

---

① 《我国农村教育课程改革与教材建设的探索与实践》,陕西省农村经济信息网,2004-4-12。

系并不完善,农村的教育目标存在很多不合理现象,主要表现在:在教育上,重城市,轻农村;在农村教育中,重普教,轻成教和职教;在职教和成教中,过分注重农村剩余劳动力转移人员的培养,而不注重农村从业人员的培养。

(一)重城市,轻农村

在东部地区,政府在教育上过多地关注城市,而忽视了农村,突出表现在政府对农村教育经费投入不足,导致城乡教育经费差距很大。农村相对城市来说,教育资源匮乏,在软件资源上表现为师资力量薄弱,教师学历、年龄、职称并不合理;在硬件资源上表现为教学设备设施落后,校舍简陋,缺乏现代教学仪器设备及多媒体教学设备。

政府在人力资源开发中占有主导地位,但实际上,政府的主导作用并没有充分发挥。政府在人力资源开发方面重城市,轻农村,主要原因有以下几方面:第一,有些政府部门并没有认识到"人力资源是一切资源中最重要的资源"。在物质资本投资和人力资本投资两方面,更加注重前者的眼前利益,而不是后者的长期潜在利益。在农村经济建设中,注重建房、美化等物质基础设施建设及一些政绩工程建设,忽视对农村扫盲、科技培训等工作。第二,有些政府部门并没有意识到人力资源开发对占我国绝大多数的农村人口的迫切性。实际上,农村人力资源在我国迫切需要开发。农村人口占我国人口的大多数,如此丰富的农村人力资源如能得到有效开发,将是一笔巨大的财富。据中科院《中国可持续发展战略报告》显示,人的体能、技能和智能对社会财富以及当地经济发展的贡献率为 1:10:100,同时,专家们认为,提升国民能力与经济投入有密切关系,投入比是 1:3:9,但是收入比却是1:10:100。①第三,有些政府部门虽然意识到农村人力资源开发对农村经济发展的巨大作用,但缺少具体行动的实施。还有一些政府即使实施了农村人力资源开发,也纯粹是为了完成上级任务,缺乏主动性。甚至有些政府在绩效考核当中没有对农村人力资源开发项目的考核,致使政府官员在抓农村工作中,仅仅流于形式,缺乏真正的实施,对农村教育和培训的人力、财力和物力投入不足。

---

① 周逸先、崔玉平:《农村劳动力受教育与就业及家庭收入的相关分析》,《中国农村经济》2001 年第 4 期。

(二)重普教,轻成教和职教

东部地区在农村人力资本投资中,政府多注重基础性的正规教育或普通教育,对传统教育以外的教育形式不是很认可,普通教育也是偏重"应试教育"。而且无视农村与城市相比的特殊性,忽视农村职业教育和成人教育,缺乏为农村服务的农村教育体系。这种认识偏差,致使农村职业教育培训和成人教育相当薄弱,严重影响农村劳动者参与教育和培训的积极性,使农村人力资源开发不畅。

在职业教育上,政府职能存在缺位现象,缺乏对职业教育的宏观调控。职业培训教育的投入相对普通正规教育来说尤显不足,而且职业院校条件较差、数量少,师资力量也很薄弱。对农民的培训和教育缺乏针对性和实效性,教育培训内容与实际农业需求产生脱节现象,职业教育专业结构严重脱离农村实际,课程设置不合理,使一些参加过培训的农民无用武之地,难以适应农村社会经济发展的需要。

近些年,一些农村职业院校办学困难。据 2002 年 8 月教育部"十五"重点课题"入世后农村职业技术教育发展对策研究"课题组相关问卷调查统计数据显示,升学无望(选择人数所占比例 92.5%)、不能就业(90%)、学无技术(52.5%)、经济困难(45%)等依次是农业职校办学难的主要原因。[1] 另据《2001 年河北省农村职业教育调查报告》显示,经对 5459 名应届初中毕业生调查,59.7%的人表示对职业学校不太了解,23.1%的人表示不了解,二者合计达 82.8%,这样多的初中学生对职业学校缺乏必要的了解,那么不愿意接受职业教育也就不足为奇了;另外从对 2898 名农村不同文化程度的家长如何看待职业教育作用的调查结果分析,发现农村有超过半数的人认为职业教育的用处不太大或没用处,这也直接导致了他们对职业教育的蔑视。[2]

农村成人教育是农村人力资源开发的重要途径,对构建终身型、全民型的学习社会起着重要作用,其教育对象是从事农业生产、经营和管理的农村劳动者,对提高农村劳动者的素质和农民增收起着直接的作用。改革开放以来,我国的农村成人教育取得了一定的成绩,累

---

① 任佳慧、王绪朗:《以教育为基础开发农村人力资源——农村小康社会建设的突破口》,《中国农业教育》2005 年第 3 期。

② 《2001 年河北省农村职业教育调查报告》,河北职成教育网,2005—11—03。

计扫除青壮年文盲近1亿人,基本扫除青壮年文盲的任务如期完成;技术培训广泛开展,1986年至2006年累计培训农村劳动者13亿人次,有效地提高了农村劳动者的科技文化素质,促进了农村经济和社会的发展。[①] 但是,总体来说,对成人教育仍不重视,认识不到成人教育在当今社会对农村经济发展的作用。当前,成人教育面临的问题有:成人教育经费不足,教育设施落后,师资队伍建设落后,教学模式单一,技术培训难以适应市场需求,缺乏系统的成人教育管理体制等等。正因为如此,部分农村成人教育院校难以维持下去,甚至处于停滞或半停滞状态。

(三)重转移,轻农业

东部地区农村的教育体系基本上是按城市的教育体系模式建立起来的,并没有针对农村的实际情况,农村教育很大程度上不是为了培训农村人才,而是更加重视如何向城市输送人才。在"农科教"结合方面,农、科、教部门相互割裂,并没有很好的统筹协调,农村教育体系并没有以"农"为中心。在职教和成教中,过分注重农村剩余劳动力转移人员的培养,而不注重农村从业人员的培养。在职业教育上,一些涉农专业逐渐萎缩,转而趋向财经、贸易等热门专业,教育培训的内容与农村实际需求相脱节。这种教育观念,使得农村成为低素质人员的"蓄水池"。

三、医疗保健投资不足

除教育投资外,医疗保健投资也是人力资本投资的重要组成部分,医疗保健投资可以提高劳动者的寿命、劳动者的生产能力,进而提高农民的劳动生产率。近年来,东部地区农村医疗卫生事业取得一定的进步,新农合取得较大进展,农村看病难得到一定缓解。但由于我国对农村医疗卫生投入不足,农村医疗卫生事业整体发展落后,农村医疗卫生设施匮乏,设备陈旧,农村医疗保障体系不健全,难以满足农村广大农民的需求。在广大农村,农民基本上是自费医疗,由于医疗费用的增高,农民有病不医,"小病靠,大病扛"的现象屡见不鲜,"因病

---

① 彭宇文:《基于人力资源开发视角的农村成人教育刍论》,《中国成人教育》2008年第20期。

致贫,因病返贫"现象依然存在,农村人力资源的身体素质难以保证。据估计,"因病致贫,因病返贫"的农民占贫困户的30%—40%,有的地方甚至高达60%以上。据《中国安全生产报》报道,在煤矿、建筑和危险化学品等高危险行业的死伤人数中,农民工的比例就高达80%以上。此外,在我国患职业病的人数中,农民工占一半以上。[①] 卫生部前不久公布的数据显示:中国约48.9%居民有病不就医,29.6%的应住院而不住院。我国人口占世界的22%,但医疗卫生资源仅占世界的2%,就这仅有的2%的医疗资源,其80%都集中在城市,而在城市中又有80%的资源集中在大医院。[②]

四、劳动力迁移受阻

目前,农村"人力资源过剩"与"人才资源短缺"现象并存,因此我们把劳动力的迁移分向内吸引和向外输送。这里的向外输送主要是指农村剩余劳动力的对外转移;向内吸引主要是对外部人才的吸引。首先来说向内吸引,由于城乡收入差距大,农民子女入学很大程度上是为了成才后离开农村,到城市去工作,其目的并不是更好地建设新农村。农村培养出的少数较高素质人才纷纷离开农村,留在农村的是大量的素质不高的农民,导致大量人才流失。另外,政府对农村人力资源的宏观调控不到位,农村人力资源开发的激励机制不到位,也使农村人才紧缺,这与高校毕业生就业形势严峻并存。

其次来说向外输送。农村剩余劳动力是指超过农业生产需求量的劳动力,它有两种类型:一是绝对剩余,即显性剩余劳动力,是指超过农忙需要的劳动力,也就是边际劳动生产率小于或等于零的劳动力;二是相对剩余,即隐性剩余劳动力,是指只在农闲季节呈闲置状态的劳动力,也就是边际劳动生产率大于零小于消费额的劳动力。[③] 东部地区农村人多地少,人口密度大,农村剩余劳动力转移压力大,直接影响了其农村劳动力的合理配置,不利于农村人力资源的开发。

农村劳动力转移分两种:产业性转移,即第一产业向第二、三产业

---

① 杨万甫:《农村人力资源开发的路径》,《经营与管理》2008年第6期。

② 郑蓉:《新农村建设中的农村人力资源开发初探》,《继续教育研究》2008年第6期。

③ 李文政:《农村人力资源开发目标构建的现实难题审视》,《安徽农业科学》2009年第12期。

的专业;区域性转移,从农村到城市的转移。劳动力从传统部门向现代部门的转移,是二元经济条件下经济发展的标志性现象。[①] 城乡长期的二元经济结构,使农村劳动力的转移受到制约,城市失业人数的增加也使区域性的转移变得困难。东部地区相对其他地区而言,由于经济更发达,乡镇企业和第三产业发展更迅速,农村剩余劳动力不需外出,就可在当地找到较好的工作,有更多的"离土不离乡"的工作机会,因此东部地区农村剩余劳动力转移多为就近转移或省内转移。近年来,西部和中部地区外出从业劳动力到东部地区就业的规模逐年扩大,对东部地区农村剩余劳动力的就近转移形成竞争压力。根据国家统计局农村司对全国 31 个省区市 6.8 万个农村住户和近 7100 个行政村的抽样调查,2006 年农村外出务工劳动力 13212 万,比上年增长5%。其中,在农村常住户中,东部地区外出务工劳动力 3484 万,增加91 万,增长 2.7%;中部地区外出务工劳动力 4251 万,增加 257 万,增长 6.4%;西部地区外出务工劳动力 2833 万,增加 182 万,增长6.9%。农村常住户中,在东部地区务工的劳动力 7404 万,增长4.8%,占外出务工劳动力的比重为 70.1%。[②]

　　根据第二次全国农业普查数据公报,从东部地区农村劳动力和外出从业劳动力的文化程度构成来看(见表 3—20),2006 年年末,农村劳动力文化程度文盲、小学、初中、高中、大专及以上所占比例分别为6.8%、32.7%、49.5%、9.8% 和 1.2%;外出从业劳动力文化程度文盲、小学、初中、高中、大专及以上的比例分别为 1.2%、18.7%、70.1%、8.7% 和 1.3%。农村外出从业劳动力初中所占比例明显比农村劳动力高,高 20.6 个百分点,而农村外出从业劳动力小学和文盲所占比例明显比农村劳动力低,分别低 14 和 5.6 个百分点。可以看出,农村外出从业劳动力的整体文化程度较农村劳动力高。这说明较高的教育程度更有利于转移。但由于我国农村剩余劳动力的教育水平总体偏低,包括已经外出的从业劳动力的文化水平其实也是相当低的,这极大地限制了农村劳动力的成功转移。一些低文化层次的劳动

　　① Todaro,M.:"A Model of Labor Migration and Urban Unemployment in Less Development Countries",*American Economic Review*,1969,59(1):138—148.
　　② 国家统计局农村司:《2006 年全国农村外出务工劳动力继续增加》,中国三农信息网,2007—03—05。

力,即使实现了转移,也只能是暂时转移,他们因不适应外部就业环境,会出现回流现象。据媒体报道,2004 年夏,劳动和社会保障部派出的课题组在研究"民工荒"现象的同时,发现一种"40 岁现象",即大量年轻农民工在被企业透支体力和劳力之后,在 40 岁左右又被无情地推回农村。[①]

表 3—20 2006 年农村劳动力和外出从业劳动力文化程度构成

项目	农村劳动力文化程度构成(%)	外出从业劳动力文化程度构成(%)
文盲	6.8	1.2
小学	32.7	18.7
初中	49.5	70.1
高中	9.8	8.7
大专及以上	1.2	1.3

资料来源:根据第二次全国农业普查主要数据公报整理而得。

大量农村剩余劳动力的素质较低,难以适应市场对高素质劳动力的需求,也影响农村剩余劳动力顺利地向第二、三产业和城市转移。根据 2006 年劳动和社会保障部对全国 23 个城市春季用工需求调查报告表明,企业招工非常重视文化程度和技能水平,83%的岗位要求具有初中以上文化程度,53%的岗位需要达到初级工以上的技能水平。[②] 按照美国经济学家米凯·吉瑟的观点,在农村地区教育水平提高 10%,将多诱导 6%—7%的农民迁出农业;按照净效应原理,它将把农业工资提高 5%。[③] 在"民工潮"中,最能留守在城市的就是那些有一技之长的素质较高的劳动者。

第三节 小 结

本章对东部地区农村人力资源的现状从数量、质量和结构三个层

---

① 王海:《农民工"40 岁现象"调查》,《市场报》2005 年 8 月 19 日。
② 周嫱:《大力发展职业技术教育是农村人力资源开发的有效途径》,《广西大学学报(哲学社会科学版)》2006 年第 28 期增刊,第 221—222 页。
③ 童举希、施杨、顾群玉:《地方高校支援农村人力资源开发的思路与对策》,《南通大学学报(教育科学版)》2007 年第 4 期。

面来分析。(1)数量方面。近些年,东部地区农村乡村人口的数量有所减少,但依然较多;农村乡村人口占总人口的比重有所降低,但仍然偏高;且东部地区的人地矛盾更加突出,农村劳动力严重过剩。(2)质量方面。近些年,虽然东部地区农村人力资源的质量有所提高,但总体上仍不乐观,东部地区农村人力资源的文化素质、科技素质、身体素质、经营管理素质和思想素质仍然偏低。其中文化素质状况为:教育文化程度仍以小学、初中为主,文盲人口所占比重太大,高中、大专及以上的高层次人群所占比重太小,文化水平总体较低。其中科技素质现状为:绝大多数农民尚未接受过技术培训,农民中有专业技术职称的人员较少;农业技术推广人员短缺,科研和生产脱节;农业技术人员结构失衡,高级技术人员等高层次人才严重匮乏。(3)结构方面。从产业分布、年龄、性别结构方面分别进行分析。通过分析,发现产业分布结构、年龄、性别结构不尽合理。

目前东部地区农村人力资源开发中存在的问题仍然十分突出,严重制约了东部地区农村经济的发展和农民的增收。这些问题主要包括:(1)农村教育培训投入不足。我国财政性教育经费占 GDP 的比例离发达国家甚至许多发展中国家的标准仍然有差距,我国投入农村的教育经费与城市相比尤显不足。(2)教育目标不合理。在教育上,重城市,轻农村;在农村教育中,重普教,轻成教和职教;在职教和成教中,过分注重农村剩余劳动力转移人员的培养,而不注重农村从业人员的培养。(3)医疗保健投资不足。医疗保健投资是人力资本投资的重要组成部分,但我国东部地区农村医疗保健投资严重不足,不利于农民身体素质的提高。(4)劳动力迁移受阻。劳动力的迁移分向内吸引和向外输送,一方面由于农村人才缺乏及流失,应向内吸引人才;另一方面低素质的农村剩余劳动力向第二、三产业和城市转移存在困难。

第四章 东部地区农村人力资源开发的影响因素与投资能力分析

第一节 东部地区农村人力资源开发的政策因素

人力资源开发的主体是政府、组织及农民个人等,其中政府等公共组织对人力资源开发起着至关重要的作用,处于主导地位。离开政府支持,农村人力资源开发无从谈起。政府等公共部门进行人力资源开发的目的是充分就业、社会稳定及经济增长等。

政府对农村人力资源开发的干涉主要是通过政策的制定、调整和贯彻执行而进行的。目前,东部地区政府在制定、调整和贯彻农村人力资源开发政策时,存在职能的缺位、越位和错位现象,极大地阻碍了农村对人力资源的进一步开发。例如,政府有时不尊重市场规律,对不应当介入的活动过于干涉,影响市场功能的发挥;对农村人力资源开发的重要性缺乏宣传引导,对组织和个人投资主体进行人力资本的投资缺乏激励,没有形成农村人力资源开发的良好环境;政府自身对农村人力资源开发的资金支持不足;不能根据农村人力资源供需状况作出正确的预测和规划等等。

一、政策的制定和调整

市场这只"看不见的手"并非全能,需要政府适当干预。著名经济学家、诺贝尔经济学奖获得者萨缪尔森说,"当今没有什么东西可以取代市场来组织一个复杂的大型经济。问题是,市场既无心脏,也无头脑,它没有良心,也不会思考,没有什么顾忌。所以,要通过政府制定政策,纠正某些由市场带来的经济缺陷"。东部地区政府在制定人力资源开发的政策时,一定程度上尚缺乏前瞻性和合理性。

(一)前瞻性

政府各部门工作人员的思想素质,对人力资源开发有着重要的影响。他们对人力资源开发和农村剩余劳动力的转移的认识是否充分、对城乡一体化的劳动力市场理解是否透彻,关系到他们对人力资源开发及相关政策的制定及执行。目前,不仅是农村居民对人力资源开发认识存在偏见,一些政府部门也对农村人力资源开发的认识也不足,他们认识不到农村人力资源开发对农村经济发展和农民增收的重大作用,在制定政策时,缺乏前瞻性,致使农村人力资源开发受阻。政府应树立"人力资源是第一资源"的思想,尤其要重视农村人力资源的开发,为农村人力资源开发提供政策上的倾斜和资金上的支持。在东部地区,政府对农村教育培训、医疗保健等的财政支持,可有效促进东部地区农村人力资源的开发。刘易斯曾指出:"用于把新知识带给个体农户的支出也许是任何一个贫穷的农业经济中所能够作出的生产率最高的投资。"①著名经济学家詹姆士·J.海克曼认为,一项重视物质资本,而排斥人力资本的投资战略不能获得一项更为平衡的投资战略所带来的收益,平衡的投资战略使有技能的工人充分应用现代技术。②因此,东部地区政府在制定农村人力资源开发政策时,要具有前瞻性,在资金上给予农村强有力的支持,针对"农村"制定不同于"城市"的人力资源开发政策。

（二）合理性

与农村人力资源开发相关的政府部门有教育部门、劳动保障部门、农业部门、扶贫部门等,各部门在制定东部地区农村人力资源开发政策时,应在符合国家规定要求的基础上,特别要符合东部地区经济发展的要求。这些部门制定的政策是否合理、是否突出地方特色对东部地区农村人力资源开发有着重要影响。例如,东部地区一方面有着经济较其他地区发达,人均收入较其他地区高的现象,另一方面却面临人地矛盾更加突出,外来人员逐渐增多,就业竞争加剧的局面,而农村劳动力的低素质难以适应市场的要求。目前,东部地区政府在制定人力资源开发政策时尚未充分考虑这些因素,今后要做到因地制宜,才能有效解决问题。

---

① ［英］刘易斯:《经济增长理论》,梁小民译,上海人民出版社 1994 年版,第234页。
② ［美］詹姆士·J.海克曼:《提升人力资本投资的政策》,曾湘泉等译,复旦大学出版社 2003 年版,第 65—69 页。

目前国内外环境复杂多变,新情况、新问题不断出现,需要用新的方法去思考,用新的政策去解决。因此,政府应不断调整和更新政策,发挥政策调节功能。

政策的调整贯穿于农村人力资源开发当中,例如有对职业教育、义务教育政策的调整,有对医疗保健政策的调整,有对农村劳动力合理配置政策的调整等等。目前我国东部地区农村人力资源开发的相关政策在调整方面还不及时,农村人力资源开发整体不容乐观,与城市差距很大,需要政府通过政策的适时调整,以缩小城乡差距。

二、政策的贯彻执行

农村人力资源开发的政策通过制定和调整后,到最终付诸实施还需要政策的贯彻执行。各级政府对政策的贯彻执行,可以避免工作流于形式,更好地确定政策的真实效果。例如,各级政府根据国家政策将"普及九年义务教育"、"推广和普及农民培训和绿色证书"的政策落到实处,可在一定程度上真实提高农民的文化科技素质,提高农民应用科技的积极性,进一步推动科技兴农的发展。目前,东部地区农村人力资源开发的政策执行还不到位,影响了农村人力资源开发具体行动的实施。

人力资源开发是一项系统性、长期性的工作,农村人力资源开发涉及多个部门,有农业部门、科技部门、教育部门、扶贫部门、劳动保障部门、公安部门等,在政策的贯彻执行过程当中,目前有各部门独立执行,部门之间互相推诿、互不协调的现象,这就需要政府各部门之间的协调合作,以避免出现管理分散的局面。

第二节　东部地区农村人力资源开发的制度因素

二元户籍制度及其衍生的城乡有别的制度,限制了农村人力资源的合理有序流动以及人力资源在城乡间的优化配置。另外,城乡劳动力市场体系的分割,也严重阻碍了农村剩余劳动力的顺利转移。

一、二元户籍制度及其衍生的城乡有别的制度

从制度经济学的角度看,一项好的制度安排,它可以降低交易成

本,制约各方规范行事,从而促进经济发展;反之,如果一项制度安排不能适应社会发展的需要,它就会阻碍经济的发展,并且带来一系列的不良后果。这种不适应经济发展的制度安排最终会被新的制度所代替。① 中国长期实行城乡分割的二元户籍制度,二元户籍制度又衍生了城乡有别的教育制度、社会保障制度、就业制度等。东部地区各种制度的城乡待遇不同,影响了人力资源在城乡间的优化配置。近些年来,城乡有别的二元社会结构,虽然有一定程度上的改善,但并没从根本上改变。有资料表明农民进城务工时,至少要有以下"六证"——暂住证、就业证、务工卡、健康证、消防证、婚育证等,合计每年每人要交 600－1000 元,每人每年 600－1000 元的支出,相当于务工者一个月的收入,是一笔不小的费用,它会给务工者的生活带来很大影响。②

（一）户籍制度

二元户籍制度是传统体制的产物。在计划经济体制下,1958 年全国人民代表大会通过了《中华人民共和国户口登记条例》,确定在全国实行户籍管理制度,以国家法律形式,对户簿管理的宗旨、主管户口登记的机关、户口簿的作用、户口登记的范围、户口申报和注销、户口迁移及手续、常住人口与暂住登记等方面作了明确规定,从此形成了阻碍人口迁移的二元经济体制。1958 年实施的户籍制度,是政府为了推行重工业优先发展的战略而制定的,其目的是为了将城乡人口和劳动力牢牢固定,远远超出一般的户籍上的功能。户籍除了登记和管理人口外,成为居民身份的标志,还与居民能够享受到的福利待遇相关。

户籍制度建立之后,农村居民被固定在农村工作,城市居民被固定在城市工作,二者几乎完全隔离,农村居民只有通过升学、参军、婚嫁等方式,才能将户口迁到城市。不可否认,中国的户籍制度为维护社会秩序的稳定起到一定的作用,但不可避免的是形成了我国的城乡分割的二元户籍制度,限制了城乡之间的人口流动,尤其限制了农村居民向城市的转移,使农民失去了平等就业的机会,造成了劳动力资源配置的扭曲和低效率。随着家庭承包制的改革,农村释放出大量剩

---

① 王先锋:《农村人力资源开发利用与新农村建设——以包头农村牧区为例》,内蒙古师范大学,2007 年。

② 秦秋红:《农村劳动力转移的成本及其影响分析——兼论农村人力资本的形成》,《宁夏大学学报(人文社会科学版)》2006 年第 6 期。

余劳动力,从事非农业的高报酬吸引农村剩余劳动力到城市或二、三产业就业。但数以万计的农民脱离农村或农业,却难以融入城市,长期处在城市的边缘,在医疗、工资等诸多方面不能享有与城市居民同等的待遇,追根究底其原因在于农民不具有城市户口。

改革开放以来,在市场经济发展的形势下,二元户籍开始松动。1984 年 10 月,国务院发布《关于农民进入集镇落户问题的通知》;1997 年 5 月,公安部发布《小城镇户籍管理制度改革试点方案》;中等城市及一些大城市户籍制度改革也以"取消限额,条件准入"为特点;进入 21 世纪以来,一些省市先后开始进行取消农业户口和非农业户口,统一为"居民户口"的改革……尽管户籍制度经过一系列变革,但迄今为止的户籍制度仍然制约了农村剩余劳动力的转移,使农村劳动者得不到合理配置,不符合农村人力资源开发的要求。

(二)社会保障制度

城乡社会保障制度之间的区别是由城乡二元户籍结构衍生的。目前,养老保险、医疗保险、失业保险、工伤保险和生育保险仍被看作是城镇居民的福利安排,农村劳动力无权或很少享受,农民中还存在着"把土地看作是保障"和"养儿防老"的传统观念。城乡有别的社会保障制度使农民社会保障项目十分缺乏。2003—2005 年,中国城市人均社会保障支出占人均 GDP 的比重平均为 31%,而农村只有 2.8%,城市人均享受的社会保障费用支出大约是农村的 110 倍之多;在公共卫生和健康资源方面,我国近 70% 的农村人口享有的公共卫生资源不足全国总量的 30%,医疗保险覆盖率也只有 9.58%,而城市则达到 42.09%。[①]

按照《劳动法》的要求,城镇工作单位正式雇佣的农民工应被纳入法定的社会基本保险计划,包括养老、医疗、失业、工伤和生育保险。但现实中,农民工的参保率并不高。中国农民工生活质量调查(CLQS)是国家统计局组织的一项农民工生活质量调查,该项调查收集了 23880 个有稳定就业岗位和 5545 个流动就业的农民工,在城市中就业、社会保障、权益保护和生活状况等个人信息。根据这次(2006 年)的调查,农民工的养老保险、医疗保险、工伤保险和失业保险的覆

---

① 丁志同:《提升农村人力资源开发绩效的路径选择》,《农业经济》2009 年第 4 期。

盖率分别为 26.6％、26.2％、32.5％和 15.3％。① 农民工参保率之所以很低,是因为有些农民工根本未与工作单位签订合同,制约了各种保险的缴纳。另外,尽管一些地区的用人单位开始为农民工缴纳某些社会保障项目,但由于社会保险缴纳和获得缺乏流动性,各种保障项目在跨省市转接时较困难,一些从农村转移出来的劳动力对单位是否缴纳保险并不十分关心,这在一定程度上失去了对用工单位的制约。2003 年和 2004 年劳动和社会保障部先后下发《关于城镇灵活就业人员参加基本医疗保险的指导意见》和《关于推进混合所有制企业和非公有制经济组织从业人员参加医疗保险的意见》,进城农民工的医疗保险情况有所改善,但当前农民工多数还是自费治疗。这种城乡有别的社会保障制度,使农村剩余劳动力在城里就业缺少安全感。

(三)教育制度

多年来,国家在教育制度方面重城市、轻农村,采取城乡有别的教育制度。东部地区城乡教育经费差距巨大,城乡教育资源分配不均,农村教育设施落后、师资力量薄弱,城乡受教育水平差距大,城市居民比农村居民在教育方面享有更多权利。由于农民工的"农民"身份,农民工子女在城市的教育遭遇歧视。农民工子女借读费很高,农民工子女入学困难,入比较好的学校更加困难。孩子的教育问题得不到很好的解决,势必影响农村剩余劳动力的转移。

(四)就业制度

在就业制度方面,农民多数是自谋职业,找不到工作的农民工缺乏保障,而城市居民的失业待岗可获得政府补助。东部地区一些地方为解决本地居民就业问题,实行"先非农后农业户口"、"先本地后外地"的政策歧视。即便农民工被录用,多从事一些体力型或劳动密集型工作。有些单位与农民工之间还缺少正规的书面合同,农民工的报酬得不到很好兑现,以至于拖欠农民工工资的维权事件屡见不鲜。用人单位对农民工的就业歧视,使农民工存在很高的就业风险,不利于农村劳动力资源的合理配置。另外,职业介绍所的作用发挥也不充分,起不到连接农民工和用工单位的作用,甚至有些职业介绍机构通

---

① 王德文:《农民工的社会保障》,见蔡昉、王美艳《中国人口与劳动问题报告 No.9》,社会科学文献出版社 2008 年版,第 209—210 页。

过虚假信息欺骗农民工。

（五）土地管理制度

改革开放以来,中国农村土地制度最大成就是实行家庭承包制,赋予了农民土地承包经营权。然而,土地承包经营权法定期限短,土地承包经营权的抵押和转让受限,土地承包经营权利不充分,加上政府征地制度不规范,农民的土地承包经营权容易受侵害。另外,由于东部地区一些农村居民到城市打工或到乡镇企业从事非农产业,导致农民的兼业化,使农民无暇顾及农活,造成所承包的土地荒芜。再者,以家庭联产承包责任制为基础的农村土地制度,使农村土地条块分割,农民分散经营,不利于农业的规模化和产业化。

以上土地管理制度的弊端不仅限制了农村剩余劳动力的转移,还不利于农村土地的充分经营和规模经营,因此迫切要求对农村土地管理制度进行改革。2003年3月1日起施行的《农村土地承包法》,使土地承包经营权成为法定的、农民对土地直接支配的权利,标志着农村土地制度全面迈入法制化建设的新阶段。2007年10月1日起施行的《物权法》明确规定了土地承包经营权的用益物权性质,使土地承包经营权上升为《物权法》保护的财产权利。2008年10月,中国十七届三中全会通过了《关于推进农村改革发展若干重大问题的决定》,对农村土地制度改革和制度建设提出了明确要求,《决定》提出,"要赋予农民更加充分而有保障的土地承包经营权,现有土地承包关系要保持稳定并长久不变。"还提出,"改革征地制度,严格界定公益性和经营性建设用地,逐步缩小征地范围,完善征地补偿机制。"《决定》中的一系列要求,对农村土地管理制度的进一步改革指明了方向。

二、农村劳动力市场机制不健全

家庭联产承包责任制的实行,调动了农民生产的积极性,农业生产率大大提高,大量剩余劳动力从农业释放出来。继家庭承包责任制后,中央加强对乡镇企业的重视,使乡镇企业"异军突起",农村劳动力转移出现"井喷"现象,20世纪90年代出现了一年一度的"民工潮"。与此同时,政府在农村劳动力的流动就业政策方面也发生了变化,2001年国家计委印发了《国民经济和社会发展第十个五年计划城镇化发展重点专项规划》,明确提出"改革城乡分割的就业制度,取消各地区针对农民和外地人口制定的限制性就业政策"。农村劳动力流动就业政策的转变,使城市劳动力市场逐步开发。

农村剩余劳动力由农村向城市转移,由第一产业向第二、三产业转移,是社会发展的必然趋势,也是市场经济规律对资源配置的必然要求。实现农村剩余劳动力的顺利转移,必须构建城乡一体化劳动力市场体系。长期以来,我国东部地区城乡劳动力市场体系割裂,农村劳动力市场发育不良,农村市场服务体系不健全,农村劳动力市场监控体系建设滞后。具体表现在:第一,农村劳动力市场供需信息不对称,供需状况发布不及时准确,市场信息网络不健全,使劳动力流动难以真正通过市场去引导和配置。第二,劳动力市场中介发育不成熟,劳动中介公司或职业介绍机构服务缺位,劳动力市场秩序混乱,用工单位和剩余劳动者直接缺少链接,剩余劳动力难以获取真正的用工信息,而用工单位也很难找到合适的劳动者。在农村劳动力转移中,通过中介组织就业所占比例很小,而靠亲朋好友介绍所占比例较大。据农业部农村固定观察点办公室的调查数据表明:2003 年,在农村劳动力外出就业过程中,由亲友、熟人介绍外出的占 57.6%,靠自己碰运气外出的有 18.7%,由企业招聘外出的占 15.4%,经过中介组织外出的占 8.1%,其他占 0.3%。[①] 第三,农村劳动力市场法律法规体制不完善,在劳动力转移中,有些用工并不规范,缺少书面契约,社会保险不缴纳现象也到处存在,有些中介还有收费高,且存在虚假信息和变相欺骗的现象。

由于东部地区农村劳动力市场机制的不健全,严重阻碍了农村剩余劳动力的顺利转移。农村劳动力转移规模小,且具有盲目性、无序性、自发性和分散性,劳动力配置不合理。

第三节　东部地区农村人力资源开发的观念因素

思想是行动的先导,不同的思想意识和观念态度,决定了一个人不同的处事方法和行动方式。农民作为人力资源开发的主体之一,只有对农村人力资源开发重要性的思想认识到位,才能有进一步的行动

---

① 　魏下海:《新农村建设中人力资源开发研究》,福建师范大学,2007 年。

措施。但目前,仍有部分农民由于观念落后,对人力资源开发缺乏主动性,农民的传统观念是阻碍农村人力资源开发的重要瓶颈。

一、对教育培训和医疗保健的观念

(一)对教育培训的观念

在东部地区,有些农民认识不到教育培训对农村经济发展和农民增收的重要性,把教育仅仅看作是消费,完全不懂得教育更多的是一种投资,能够带来长远经济效益。即使有些人认识到教育是一种投资,也缺乏投资意识,对教育投资缺乏积极性。究其原因,主要是由于传统的农业经济,不需劳动者具有先进的文化知识和专业的培训教育就能完成生产任务,致使一些农民家庭对农村人力资源开发缺乏积极性。另外,农民家庭是人力资本投资的主体,由于"谁投资,谁受益"的规则被打破,农村辛苦培养出的人才,大量流入城市,造成农村投资收益率低的现象,抑制农村人力资本投资的积极性。据广东省东莞市的一项调查:有10%的农民认为没文化照样能种田、能赚钱;24.3%的农民认为没有时间学习;还有13.1%的农民认为学了也没用、不愿学。[①]

具体来说,在普通教育或正规教育上,东部地区有些农民的教育目标错误,认为普通教育就是为了升学的应试教育。上学不是为了就业,是为了升学跳出"农门"。但跳出"农门"的仅是些学习优秀的学生,农民家庭对一些学习中下游的学生,不主张他们接受更多教育,认为再接受教育只是财力的浪费,最终还是考不上大学,跳不出"农门"。因此出现一些中学未毕业甚至小学未毕业就辍学的现象。过早从事农活或外出打工,从短期看是节省了家庭开支,增加了家庭收益。但总体来说,这些文化层次低的劳动者的长期收益远不如那些文化层次高的劳动者。

在职业教育和成人教育上,因为有些农民一心想希望自己的子女到普通高等学校就读,如果升学无望,则会终止教育,而不太重视农村中等和高等职业教育及成人教育。目前农业发展多为粗放型,传统产业不需现代技术,不需进行继续教育和培训,就能从事农业生产,给农民造成教育培训无用的错觉。他们认为各种培训教育没必要,既花钱

---

① 林钦松:《新时期我国农村人力资源开发战略研究》,福建师范大学,2006 年。

又浪费时间,只要自己肯干、卖力,就一定能干好。另外,目前东部地区中等职业学校、高等职业院校毕业生供大于求,导致就业困难,也造成农民对培训教育的消极态度。

不管是在普通教育、职业教育还是成人教育中,仍有农民家庭重男轻女的现象。他们认为女孩子迟早是别家的人,早参加工作,可以早为家庭挣钱。他们更多地把对女孩子的教育培训看作是一种消费,而不是投资,认为女孩子接受教育培训,不仅需要掏出一定的教育费用,还不能获取从事务农工作或外出打工的工资收入。据 2005 年全国 1‰人口抽样调查数据显示,在东部地区乡村 15 岁及以上的人口中,文盲人口的比重女性明显高于男性。就拿浙江、福建、山东来说,文盲人口占 15 岁及以上人口的比重中,男性分别为 9.17%、7.87%、8.50%,而女性则高达 24.80%、28.41%、23.6%。

(二)对医疗保健的观念

东部地区部分农民的医疗保健观念落后。有些农民认为没有病就是健康,有病就参保,无病就不参保,使参保的人多是“病人、弱人和老人”,明显降低了参保率。甚至一些农民宁可把钱用在搞封建迷信上,而不愿做疾病的预防保健。农民“小病等,大病扛”现象也很严重,致使一些疾病得不到及时治疗,还有些农民得了病,就用不符合科学依据的土办法,而不去正规的医院就医。在食品方面,卫生和营养得不到保证,不懂得合理膳食和食品卫生。这些都不利于疾病的预防和减少,严重影响着农民的身体素质的提高。

二、对计划生育和劳动力转移的观念

(一)对计划生育的观念

在东部地区农村,有些农民计划生育意识淡薄,重男轻女现象依然存在。受传统观念的影响,有些农民家庭有“不生男孩不罢休”、“再穷也要生男孩”的思想,认为养儿可以防老,女孩迟早是别家的人。这阻碍了计划生育政策的贯彻执行,不利于国家“优生、少生”的政策目标的实施。从图 4—1 可以看出,东部地区 0—30 岁独生子女数男性明显高于女性,说明有些农村家庭生男孩的意愿较强烈。

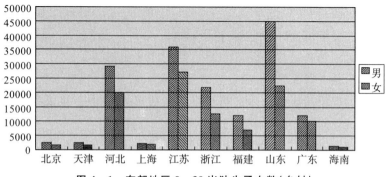

图4-1 东部地区0-30岁独生子女数(乡村)

资料来源:2005年全国1‰人口抽样调查数据。

(二)对转移的观念

千百年来,中国农村形成生产规模小、居住分散的局面,农民因循守旧、安于现状的小农思想依然存在,不愿接受新知识、新方法,习惯于日出而作、日落而息的生产生活方式,在竞争与挑战面前容易退缩,缺乏开拓进取的创业精神,影响农村剩余劳动力从农村向城市的转移和农民增收。东部地区仍有一些农民对土地有严重的依赖心理,把土地看作是收入的重要来源,看作是人身的主要保障,不愿尝试新的工作方式,严重影响农村产业结构的调整和剩余劳动力的转移。另外,有些农民因缺少法律知识和环保知识,也不利于农村剩余劳动力的转移。

第四节 东部地区农村人力资源开发的资金因素

对农村人力资本投资而言,投资的主体包括政府、组织和个人。中国是一个农业大国,长期以来农民收入较低,相对城市居民而言,城乡收入差距逐年增大,这在很大程度上限制了农民自身对人力资本的投资。对这方面的内容,将在下一部分专门介绍。因此,对影响东部地区农村人力资源开发的资金因素,主要从政府和组织的角度进行探讨。

一、政府缺乏对农村人力资源开发的资金支持

政府对农村人力资源开发的资金支持包括对教育培训、医疗保健

的投资以及对劳动力合理流动的投入。其中教育培训投资是农村人力资本投资的核心部分,因此这里主要讲政府对东部地区农村教育培训的资金支持。总体来讲,政府对东部地区农村教育培训存在资金缺位,主要是因为政府对教育培训的重视程度不够。国家政府部门对教育培训投资不足,突出体现在教育经费占国内生产总值的比重上。2008 年,我国财政性教育经费占国内生产总值的比重为 3.48%,而同年竟然低于 20 多年前的世界平均水平。在本来较少的教育投入上,又明显向城市倾斜,这样,真正用于农村教育的经费就会很少。在地方政府方面,由于农村教育培训的投资收益具有长期性,东部地区一些地方政府为寻求短期政绩,往往忽视农村的文化教育、科技培训等工作。

在农村教育方面,职业教育尤其受到冷落,对职业教育的投资不足,导致职业院校的师资力量不足,教学设施陈旧,教育资源匮乏等。在职业院校的专业设置中,一些纯粹涉农专业无人就读,招生困难,迫使职业院校的专业设置向一些热门专业转型。为了培养农业实用人才,为新农村建设提供人才保障,必须大力发展职业教育,对职业教育提供相关资金支持。在发展职业教育过程中,要综合考虑产业的需求、农民就业等因素,合理设置专业,力争为农村培养出一批实用人才。

各级政府要充分认识到人力资本是未来经济增长的原动力,农村人口占我国人口的绝大部分,农村人力资源的素质低下是农村经济发展的重要瓶颈,加强对农村人力资本的投资特别是教育培训投资,有利于农村人力资本的积累,有利于农村经济的发展和农民的增收。各级政府在思想认识的基础上,要积极付诸行动,在经费上面对农村人力资源开发给予大力支持,拨出专项资金用于农村人力资源开发,争取做到城乡公民待遇相等。对于东部地区的基层政府,要发挥自身作用,努力吸引各类教育资源向本地的农村、农业和农民靠拢,在本地农村营造一种良好的科技、教育、文化环境,实现科教兴农。

二、企业等组织缺乏为农民提供教育培训的机会

这里的组织主要是指用工单位(企业),另外还包括一些公共性的或者是营利性的组织。在东部地区,城市居民在就业过程中,工作单

位及其他一些公共性组织等一般会为其提供职业培训、岗位培训及各种学习机会;而农民在就业过程中,就很少有组织想到为农民提供培训教育机会。

企业等组织对农民教育培训的机会缺失主要包括两方面。一方面是因为一些公共性或者是营利性的组织缺乏为农民工提供就业培训机会的意识,即使参与农村教育和培训,因缺少相关激励机制,对农民教育培训的积极性也不高。在国外一些发达国家,对农民教育培训的主体队伍非常庞大。不仅仅限于政府和企业,各种社团组织也积极参与到农民的教育培训中去,其中有些是民间的,有些是非营利性的,教育培训形式灵活多样,教育培训内容广泛,涉及法律、经营、管理、科技等方面的知识。我国应该努力发展这种性质的社团组织,政府在其中要起到鼓励作用,可通过相关激励措施,促使公共性或营利性的组织对农民培训教育的参与性。

另一方面,农民工就业,一般要与企业打交道。在劳动力供给较充分的情况下,企业处于买方市场,企业管理者对农民持歧视态度,不愿雇佣劳动素质低的农村剩余劳动者。农民工即使就业,也难以获得培训、在职教育机会。企业之所以对农村剩余劳动力的在职教育和培训采取消极态度,除了企业追求短期利益外,还有农村剩余劳动力在城市企业就业不稳定等因素。企业应该认识到对农民工进行培训,无论对企业还是对农民工来说,都是有益的,可以实现"双赢"。对农民工而言,农民工的知识、技能得以提高,收入得到稳定,还在一定程度上避免或减少了由于劳动力流动带来的损失。对于企业而言,对农民工的培训会提高企业的劳动生产率,增加企业的利润,有利于组织效益的提高和组织目标的实现,同时还可得到稳定的劳动力队伍,减少由于劳动力离职给企业带来的损失。另外,从社会层面来讲,企业理应承担起社会责任。第一,为了适应现代化企业对员工的要求,促进产业结构的升级,企业应该积极对农民工进行培训。第二,为了提高农民工的综合素质,推动农村剩余劳动力的顺利转移,也迫切需要企业尽其所能。

第五节　东部地区农村人力资源开 发投资能力实证分析

人力资源开发从某种程度上说,就是人力资本投资。农民是否进行人力资本投资,除取决于投资意愿外,主要还要看是否具备投资能力。由于东部地区农民收入较低,而教育培训费用和医疗保健费用较高,在很大程度上制约了农民对人力资本投资的行为,农民在人力资源开发方面显得无能为力。

一、城乡居民人均收入差异

改革开放以来,东部地区农村居民收入虽有了较大提高,农民的纯收入逐年增长,但与城市相比,存在增长过缓、增幅过小的现象。2005—2007 年,城镇居民家庭人均可支配收入和农村居民家庭人均纯收入之比分别为 2.83:1、2.88:1 和 2.90:1(见图 4—2),可见,城乡之间的收入差距呈逐年扩大趋势。

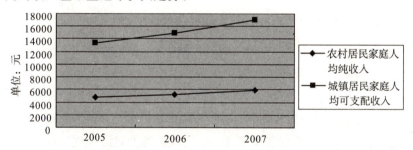

图 4—2　东部地区城乡居民家庭人均纯收入比较

资料来源:《中国统计年鉴(2006—2008)》。

农民收入低,使农民进行人力资本投资显得无能为力。东部地区农村居民家庭人均教育培训和医疗保健投资和城镇相比,差距很大。2007 年,东部地区农村居民家庭人均生活消费支出中,用于文教娱乐用品及服务和医疗保健方面的人均支出分别为 439.75 元和 259.11 元;而城镇居民家庭用于文教娱乐用品及服务和医疗保健方面的人均支出分别为 1711.26 元和 796.35 元。从图 4—3 中可以看出,全国城乡居民家庭恩格尔系数有逐年下降趋势,但农村居民家庭恩格尔系数总体比城市高,2007 年农村居民家庭的恩格尔系数是 43.1%,比城镇高出 6.8 个百分点。就东部地区而言,2007 年农村居民家庭人均食品消费支出为 1736.39 元,占人均生活消费总支出的 40.56%,而城镇居民家庭人均食品消费支出为 4249.53 元,占人均生活消费总支出的 35.04%,农村居民家庭恩格尔系数比城镇高出 5.52 个百分点。这说明农村居民家庭由于收入低,使主要消费支出用于食品支出。

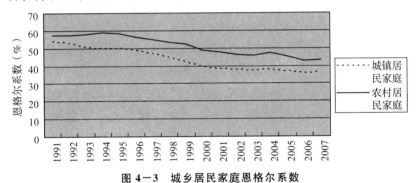

图 4—3 城乡居民家庭恩格尔系数

资料来源:历年中国统计年鉴。

二、城乡居民人力资本投资差异的计量分析

舒尔茨认为,人力资本投资主要有四个方面,即 A. 用于教育和职业训练的费用;B. 用于医疗保健的费用;C. 用于为寻找更好的职业而进行流动和迁徙的费用;D. 用于从国外迁入的移民的费用。根据舒尔茨对人力资本投资内容的划分,经济学家一般把人力资本投资的途径概括为三个方面,即教育和培训、医疗保健、择业过程中进行的流动和迁移,其中教育和培训、医疗保健是人力资源投资的主要途径。根据我国目前现有的统计指标,本书把教育文化娱乐服务、医疗保健这两类支出看作是人力资本投资。鉴于东部地区数据的不可得性,本书选取山东省的数据,着重分析教育文化娱乐服务、医疗保健这两种投资在城乡居民家庭之间的差异。

(一)数据选取

通过搜集 1995—2007 年山东省城乡居民家庭人均人力资本投资的数据(见表 4—1),可以看出 1995—2007 年间,山东省城镇和农村人力资本投资均得到了很大程度的提高,但也可以从中看出城镇和农村人力资本投资是存在一定差距的。根据表4-1数据的分布特征，建立了半对数模型，并通过Eviews6软件运用最小二乘法原理，拟合出线性方程，进而观察城乡在人力资本投资各方面的年平均增长率和发展趋势。但增长率是一个相对值，它与对比的基点（基期值）大小有很大关系。城乡人力资本投资的基期值不同，增长率每增长一个百分点，城乡人力资本投资所增加的绝对额也是不同的。在这种情况下，将增长率与绝对水平结合起来进行分析。

表4-1　山东省城乡居民家庭人均人力资本投资表

单位：元

年份	教育文化娱乐服务		医疗保健	
	城镇	农村	城镇	农村
1995	276.58	106.08	107.15	40.25
1996	377.95	143.51	147.29	64.09
1997	453.14	149.40	179.88	71.26
1998	531.49	156.34	188.13	84.64
1999	599.43	182.09	219.79	89.64
2000	712.42	207.87	322.60	118.69
2001	777.79	224.07	327.49	114.94
2002	929.16	256.28	407.64	127.59
2003	931.46	291.33	444.04	138.80
2004	983.07	298.23	484.42	155.85
2005	1039.99	377.16	579.01	188.48
2006	1201.97	408.84	624.06	221.80
2007	1191.18	424.89	708.58	230.84

资料来源：《中国统计年鉴（1996—2008）》。

（二）模型设定与计量分析

1.教育文化娱乐服务

建立半对数模型 $lny=a+bx+\varepsilon$，运用1995—2007年间山东省城镇居民家庭人均教育文化娱乐服务支出的数据，根据最小二乘法原理，拟合出的线性方程为：

$$ln y_1 = 5.7556 + 0.1146 x_1 \qquad\qquad (4-1)$$

$$s.e. = (0.0709)(0.0089)$$

$$t = (81.227)(12.839) \quad F = 164.85$$

$$R^2 = 0.9374$$

y_1——1995—2007 年山东省城镇居民家庭人均教育文化娱乐服务支出,x_1——时间(取值为 1—13)。

回归分析结果显示可决系数 $R^2 = 0.9374$,说明拟合程度非常好,另外,从 t 统计量来看,在显著水平为 0.05 的情况下,统计显著性检验通过,说明回归模型有统计学意义。

同理,根据 1995—2007 年山东省农村居民家庭人均教育文化娱乐服务支出的数据,拟合出线性方程为:

$$ln y_2 = 4.6449 + 0.1118 x_2 \qquad\qquad (4-2)$$

$$s.e. = (0.0318)(0.0040)$$

$$t = (145.927)(27.884) \quad F = 777.51$$

$$R^2 = 0.986$$

y_2——1995—2007 年山东省农村居民家庭人均教育文化娱乐服务支出,x_2——时间(取值为 1—13)。

回归分析结果显示可决系数 $R^2 = 0.986$,拟合程度也很好,并在显著水平为 0.05 的情况下,通过了 t 检验和 f 检验。

从式(4—1)和式(4—2)中还可看出,1995—2007 年间山东省城镇居民家庭人均文化娱乐服务支出的年平均增长率为 11.46%,而农村同期人均教育文化娱乐服务支出的年平均增长率为 11.18%。农村较城市少 0.28 个百分点。

为更好地比较山东省城乡之间教育文化娱乐服务支出情况,有必要对城乡教育文化娱乐服务支出的绝对值情况进行比较,这方面的数据在表 4—1 中已列出,为更直观地观察这些数据,本书出示了城乡居民家庭人均教育文化娱乐服务支出比较的折线图(见图 4—4)。

1995 年城镇和农村人均教育文化娱乐服务支出绝对值分别为 276.58 元和 106.08 元,差额为 170.50 元,而 2007 年这两项数据分别为 1191.18 元和 424.89 元,差额为 766.29 元,2007 年差额是 1995 年差额的 4.5 倍。从折线图中可看出,城镇和农村人均教育文化娱乐服务支出绝对值差额在 1995—2007 年间基本是逐年扩大的。

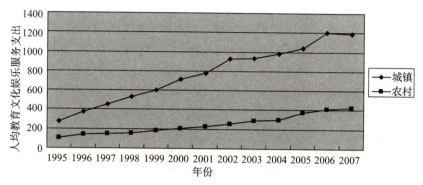

图 4—4 城乡居民家庭人均教育文化娱乐服务支出比较

2.医疗保健

建立半对数模型 $lny=a+bx+\varepsilon$,运用 1995—2007 年间山东省城镇居民家庭人均医疗保健支出的数据,通过最小二乘法原理,拟合出的线性方程为:

$$lny_3=4.681+0.1522x_3 \tag{4—3}$$

$$s.e.=(0.0556)\ (0.007)$$

$$t=(84.265)\ (21.752)\quad F=473.16$$

$$R^2=0.9773$$

y_3——1995—2007 年山东省城镇居民家庭人均医疗保健支出,x_3——时间(取值为 1—13)。

回归分析结果显示可决系数 $R^2=0.9773$,说明拟合程度非常好,另外,在显著水平为 0.05 的情况下,t 统计量结果显示统计显著性检验通过。

同理,根据 1995—2007 年山东省农村居民家庭人均医疗保健支出的数据,拟合出线性方程为:

$$Lny_4=3.8317+0.1283x_4 \tag{4—4}$$

$$s.e.=(0.0638)\ (0.008)$$

$$t=(60.028)\ (15.957)\quad F=254.64$$

$$R^2=0.9586$$

y_4——1995—2007 年山东省农村居民家庭人均医疗保健支出,x_4——时间(取值为 1—13)。

回归分析结果显示可决系数 $R^2=0.9586$,拟合程度也很好,在显著水平为 0.05 的情况下,通过了 t 检验和 f 检验。

从式(4-3)和式(4-4)中还可看出，1995—2007年间山东省城镇居民家庭人均医疗保健支出的年平均增长率为15.22%，而农村同期人均医疗保健支出的年平均增长率为12.83%。农村较城市少2.39个百分点。

为更好地比较山东省城乡之间医疗保健支出情况，通过直观的折线图(见图4-5)观察两者之间的绝对值差距，显得尤为必要。

通过表4-1可以看出，1995年城镇和农村人均医疗保健支出绝对值分别为107.15元和40.25元，差额为66.90元，而2007年这两项数据分别为708.58元和230.84元，差额为477.74元，2007年差额是1995年差额的7.14倍。从图4-5中可看出，山东省城镇和农村人均医疗保健支出绝对值差额在1995—2007年间是逐年扩大的。

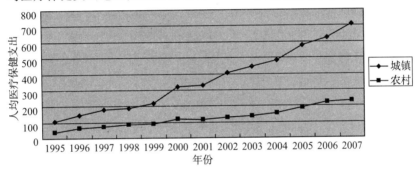

图4-5　城乡居民家庭人均医疗保健支出比较

（三）结论

从1995—2007年山东省城乡人力资本投资的比较来看，在此期间城镇人均教育文化娱乐服务、医疗保健支出的年平均增长率均高于农村，除此之外，因为城乡人力资本投资的基期值不同，导致城乡人力资本投资的绝对值差额巨大，而且呈继续扩大趋势。

三、农村人力资源开发的恶性循环

因为农村居民人均收入低，农民没有充足的资金参加教育培训，更没有多余的资金去进行医疗保健，影响了农民文化素质和身体素质的进一步提高。有人把"医疗、教育和住房"看作是压在老百姓头上的"新三座大山"，在农村，农民"上不起学、看不起病"的现象十分突出。

人力资本在投资过程中存在着"马太效应"，即人力资本投资越集中的地方越能集聚更多的人力资本，人力资本投资越稀少的地方越不容易聚集人力资本。"马太效应"在造成我国城市人力资本集聚的同时，同时也造成了农村人力资本的进一步短缺。农村人力资本的短缺，从微观上会影响农民个人及家庭的增收，从宏观上亦会严重影响农村经济的发展，进一步拉大城乡经济差距。根据中国劳动和社会保障部关于 2000 年中国农村劳动力就业及流动状况的研究表明，人力资本对劳动报酬的正相关影响越来越得到体现。农村转移劳动力的文化教育水平与农村转移劳动力的汇寄款额明显正相关。[①]

　　农民收入的增加可促进农民对人力资本的投资，反之，农民人力资本投资又可进一步增加农民收入，这是一个良性循环。随着农村收入的增加，农民会逐渐增加对教育、培训和医疗保健等方面的投资，以医疗保健投资为例进行说明，"医疗保健业显示出很高的收入弹性，这说明当人们的基本需求得到满足后，对长寿和舒适的生活的要求在不断增加，高收入弹性的产品会增大消费在总收入中的比重"。[②] 目前，农村人力资本投资相对城市的不足，会进一步拉大城乡收入差距，从而使农村居民收入落入"增长陷阱"，使农村人力资源开发形成恶性循环（见图 4－6）。

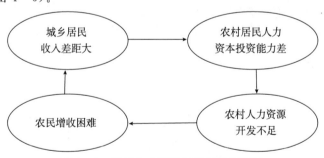

图 4－6　农村人力资源开发恶性循环图

第六节　小　结

　　东部地区农村人力资源开发不足的原因有政策、制度、观念、资金

　　① 刘文、郑尚植：《农村人力资源开发的经济学浅析》，《山东省农业管理干部学院学报》2008 年第 5 期。

　　② ［美］保罗·萨缪尔森、威廉·诺德豪斯：《微观经济学》，萧琛等译，华夏出版社 1999 年版，第 290 页。

等方面的因素。(1)政策因素。由于东部地区农村人力资源开发相关政策的制定尚缺乏前瞻性和合理性,政策调整尚不及时,政策贯彻执行还不到位等,一定程度上阻碍了农村人力资源的开发。(2)制度因素。中国长期实行城乡分割的二元户籍制度,二元户籍制度又衍生了城乡有别的教育制度、社会保障制度、就业制度等,这些制度都阻碍着农村人力资源的开发和剩余劳动力的转移,不利于城乡之间劳动力的合理配置。在市场方面,中国东部地区城乡劳动力市场体系割裂,农村劳动力市场发育不良,农村市场服务体系不健全,农村劳动力市场监控体系建设滞后,也阻碍了农村剩余劳动力的顺利转移。(3)在观念因素方面,由于一些农民观念落后,导致对农村人力资源开发缺乏主动性。农民落后的观念包括:对教育培训的观念、对医疗保健的观念、对计划生育的观念、对转移的观念等。(4)资金因素。主要包括政府缺乏对农村人口资源开发的资金支持和企业等组织缺乏为农民提供教育培训的机会。(5)在资金因素方面,农村居民收入低导致人力资本投资能力不足。城乡人均收入差距的巨大,在很大程度上抑制了农民对人力资本投资的行为。通过构建计量模型,实证分析了东部地区山东省城乡居民人力资本投资的差异呈继续扩大趋势。农村人力资本投资相对城市的不足,会进一步拉大城乡收入差距,从而使农村居民收入落入"增长陷阱",使农村人力资源开发形成恶性循环。

第五章　国外农村人力资源开发的经验与借鉴

第一节　国外农村人力资源开发的有效做法

农村人力资源开发对农村经济的发展以及农村剩余劳动力的转移等意义重大，因此世界发达国家都很重视农村人力资源开发。发达国家农村人力资源开发的有效做法，可为中国东部地区农村人力资源开发提供有益借鉴。

一、美　　国

一直以来，美国高度注重人力资源的开发，不仅教育体系较完善，劳动力市场体系也较健全，美国还特别注重对国外优秀人才的引进。正因为如此，美国多年来保持世界经济"领头羊"的地位。在农村人力资源开发方面，美国同样没有忽视，目前，美国的农业人口占总人口的比重不到 2％，但其农业非常发达，这与其对农村人力资源开发的高度重视息息相关。

（一）建立赠地学院，培养实用人才

美国政府十分重视对农业实用人才的培养。1862 年，美国总统林肯颁布了由莫里尔提出的旨在促进美国农业技术教育发展的《莫里尔法案》，即"赠地学院法"，是"第一个莫里尔法"。规定联邦政府根据各州在联邦议会中的议员人数，按照每个议员 3 万英亩的标准从联邦政府获取公有用地（每州最多不得超过 100 万英亩）。各州政府出卖土地所得的款项，作为建立一所设有农业和机械系科的农学院或大学的经费资助，开展农业和机械教育。美国历史上把以赠地方式建立的，主要从事农业和工业实用技术教育的学院，叫做赠地学院，或叫"农工学院"。法案实施后，联邦政府共拨地 1743 万英亩用以赠地学院的建设。各州纷纷投入到增设农工学院的热潮中，其中有 28 个州单独设置了农工学院，其余的州将土地拨给已有的州立学院成立州大学或在州立大学内添设农工学院。赠地学院不同于其他传统学院,它把教学和实践联系起来,更注重对学生实际能力的培养,受教育的学生通过掌握的技术能更好地从事工作。目前,美国的很多名校就是在当时赠地学院的农工教育基础上建立起来的,如 1868 年成立的康奈尔大学和 1865 年成立的麻省理工学院,1853 年建立的加利福尼亚学院(后来发展为加利福尼亚大学)。

在赠地学院发展史上,美国国会还通过一系列立法,加强对赠地学院的支持。1887 年通过了《哈奇试验站法案》,简称《哈奇法案》,规定联邦政府每年向各州拨款 1.5 万美元,资助各州在赠地学院建立农业试验站,加强赠地学院的农业研究功能。1890 年,为了进一步推动赠地学院的发展,美国国会通过了《第二个莫里尔法案》,除了继续办好原有的赠地学院外,还专门规定为黑人创办赠地学院,随后,16 个州建立了黑人赠地学院。1935 年《班克里德——琼斯法》规定,增加对赠地学院的拨款,以加强农业研究和农业成果的推广工作。另外,除了建立农业试验站外,在 1938 年农业调整法的规定下,还建立了隶属农业部的 4 个农业科研地区中心,农业科研地区中心以基础研究为主,同时承担 40% 的公共研究。

关于赠地学院的一系列法令的实施,最终取得了良好成效。据统计,到 1916 年美国的赠地学院已有 68 所,1882 年赠地学院在校生仅为 2000 多人,1885 年就增加到 2.5 万人,到 1916 年约为 13.5 万人,1926 年接近 40 万人。赠地学院的实施,使美国的高等农业教育得到空前发展,为美国培养了一批高素质的农业人才,大大提高了农业生产率。据统计,1870—1910 年间,美国农业劳动生产率提高了 32%,同时实现了以畜力为动力的农业半机械化,推动了美国农业机械化的发展。

(二)农科教相结合,打造统一的教育体系

美国的农民文化素质比较高,主要是因为美国十分重视对农民的教育培训,注重农科教相结合,实行基础教育、成人教育和职业教育统一的教育体系。据美国农业部研究报告,1985 年农场主中完成 8 年以下教育的人数只占农场主总数的 13.3%,完成 12 年的占 10.9%,完成 12 年以上教育的人数占 75.7%。

目前,美国的义务教育包括初等教育和中等教育,共为 12 年。早在 1850 年《义务教育法》中就有把初等教育定为义务教育的规定。1865 年南北战争结束后,许多州开始设立公立初中与高中,后来随着对教育的日益认识,"二战"以后,美国实行 12 年免费义务教育,把中等教育也视为义务教育。12 年的义务教育使美国的文盲率大大下降,同时根据社会需要培养了一大批各层次的人才。据统计,美国初、中等教育的入学率也在不断提高,从 1970 年的 85.7% 提高到 1995 年的 99.7%。[①]

为了让更多农民接受农业科技知识,美国还特别注重农民的成人教育。在各级政府的资助下,因地制宜开展多形式的成人教育,早在 1897 年,康奈尔大学就制订了一项由州政府资助的成人教育计划,为当地居民普及农业科技知识。继续教育作为美国成人教育的重要形式之一,是美国发展最快的高等教育。多数大学、学院都设有继续教育部、继续教育中心、继续教育学院等,参加继续教育的人非常广泛,不分等级、种族、性别和职业等。继续教育的形式灵活多样,可根据实际需要,参加函授、夜大及网络教育等。美国政府和各种教育协会重视终身教育,除了继续教育是构建终身教育不可或缺的重要组成部分外,支持远程教育应用于解决偏远地区的高等教育和成人教育问题,使偏远地区的公民也能参与远程教育,进行自我学习。1988—1997年,美国教育部发起"明星学校"计划。所谓明星学校计划是指通过远程学习课程,改善未受到政府足够关心地区(包括农村和市镇地区)的教学。"明星学校"计划的实施,开发了 30 多门完整的信息化课程,并使 6000 多所学校连通信息高速公路。

美国还实行教育折扣项目,此项目是美国联邦政府专门针对城市与偏远乡村地区间数字鸿沟而启动的国家项目,对于改变农村贫困地区信息落后状况、体现城乡教育公平等方面具有非常重要的意义。1997 年 5 月 7 日,美国联邦通讯委员会发布了普遍服务法令,建立了面向中小学校和图书馆的普遍服务机制。这个项目每年资金投入占美国全部基础教育信息化国家投入的 74% 以上,其资金来源于教育和图书馆普遍服务基金。凡是符合条件的中小学校和图书馆在获得电

---

① Ronald G. Ehrenberg and Robert S. Smith: "Modern Labor Economics — Theory and Public Policy", *Addison—Wesley Educational Publishers*, 1997.

信、互联网络和内部联网服务,以及在购买路由器、交换机、集线器、网络服务器等硬件及相关软件的时候,只需支付相应的折扣价格,折扣之外的费用则由基金支付。按地区经济水平与贫困程度,为学校与图书馆提供的折扣水平从 20% 到 90% 不等,其中对越贫穷的地区提供的折扣越高。

(三)注重实用技能培训,职业教育广泛

早在发展西部农业时,由于农村人力资源素质普遍较低,美国就意识到职业教育的重要性。因此一般认为,美国的职业教育是从西部人力资源开发中兴起的。1862 年《莫里尔法》提倡大力发展职业教育,被看作是联邦政府干预职业教育的开端。1917 年《史密斯—休斯法》也明确规定,拨款资助各州的职业教育。随着基础教育和现实农业需求的差距,美国更加注重职业教育,根据农业经济发展的要求,专注于培养各种技能人才。1963 年,美国国会通过了《职业教育法》,标志着职业教育的深入变革。该法规定联邦政府对职业教育总拨款的至少 1/3 必须用于中等以上职业教育及设备。此后国会通过的《1968 年职业教育法修正案》和《1976 年职业教育法修正案》两个职业教育法的修正案,又进一步增加了联邦政府对职业教育的投入。随着相关法律的实施,美国有越来越多的人接受职业教育,据统计,1978—1979 年度,接受职业教育的人数达到 1956 万人。与此同时,美国的职业教育体系也不断完善,仅 1978—1979 年度,美国提供职业教育的学校数达到 27753 所。这些职业教育学校中,既有普通职业教育机构,又有成人职业教育机构;既有中初等职业教育机构,又有高等职业教育机构。

美国较早实现农业现代化、农业产业化,其原因离不开农业职业教育体系的完备。美国职业教育由中等职业教育、高中后职业教育和高等职业教育组成。职业教育的实施机构主要是综合高中、地区性职业教育中心、职业技术学校、社区学院和企业开办的培训中心等。其中中等职业教育一般由公立学校实施,在中学开设职业课程,包括选修课和必修课。20 世纪 90 年代,美国有 2 万多所高中,其中 50% 开设了职业技术课程,课时比重达 30%—40% 不等,另 50% 开设了与职业有关的一些基础课程,但课时比重少,不到总课时的 20%。[①] 各层

---

① 张晓明:《美国职业教育与普通教育的沟通》,《外国教育研究》1995 年第 6 期。

次的职业教育都很重视社会实际需求,其教学课程和内容都紧密结合生产和工作实际,注重实践教学。美国农村非常重视职业技术教育,为美国农业培养了大批职业技术人才,美国农业之所以发展如此迅速,农村职业技术教育有不可磨灭的功劳。目前美国的职业教育日益规范,随着办学规模的扩大,学生人数也不断增加,职业教育网络遍布全国城乡。

美国还于 1971 年在全美范围内推行实施终身化的职业教育——生计教育(career education)。这项教育模式是由马兰(S. Marland)在 60 年代初开始,并于 1971 年在他提任美国教育总署署长时向全国推广的。他所推广的生计教育包括三个方面:第一,生计教育是为所有学生开设的课程的一部分,而不是仅为某些学生;第二,它贯穿在学生在校的整个期间,从一年级到高年级,从小学到研究生;第三,每个学生在高校时都应具有开始为自己及其家庭谋生所需的技能,即使他未能中学毕业而离校。这种教育模式旨在解决学校教育与社会生活相分离的问题,帮助人们从小到大获取全部谋生技能。生计教育倡导青少年不应只关注升学,而更应该关注自身生计与未来发展。生计教育是一种广义的、综合的、终身意义上的职业教育,一经推行,得到美国联邦政府及美国职业协会的大力支持。20 世纪 70 年代末,美国就有近 70% 的学区推广实施生计教育,并有 24% 的学区开展在职生计教育。

美国的社区学院,类似我国的高职院校。美国重视社会和教育相结合,开展社区学院为广大社区民众提供上大学的机会。美国的第一所社区学院于 1901 年在伊利诺伊州的角利特(Joliet)建立,至今已有 100 多年的历史。美国社区学院的使命由五个部分组成,分别是:转学教育、职业生涯教育、一般教育、补偿教育以及社区教育。转学教育提供大学学士学位的首两年课程,能成功转入公立或私立的四年制大学,大学也承认社区学院的学分。职业生涯教育提供职业技术培训课程,其宗旨是通过职业技术培训课程的学习,赶超技术的不断发展,适应日益激烈的国际竞争,目前很多职业技术培训课程已经成为四年制大学课程。一般教育常被认为是发展一个多元知识基础的框架,包括学会批评性的思维、发展价值观、理解传统、尊重各种文化与观点等,它是同学们为了学习其他方面的一个中转站。补偿教育是为一部分成人和青年而进行的教育,这部分成人和青年常常由于某种原因尚未获得工作或者未能发挥其潜能以获得较佳报酬的工作。社区教育的活动非常宽泛,包括成人教育、继续教育、合同培训以及社区服务等,这些课程可以是学分的,也可以是非学分的,可以是一个小时的讲座,也可以是一个学期的课程,可以在社区学院内上课,也可以在社区学院之外上课。社区学院在美国大学中有举足轻重的地位。目前,美国的社区学院约有 1200 所,全美将近一半的大学生在社区学院就读。可以说没有社区学院,很多人将没有上大学的机会。

(四)加强农业推广,将科研应用于实践

为了加强技术推广服务工作,1914 年,国会颁布《史密斯—利弗法》,规定在联邦成立农业推广局,由各级政府提供经费在各州建立农业推广系统,各州推广站一般设在农学院,由农学院的院长兼任站长。另外在县级也设立推广站。这样,实施联邦农业技术推广局、州农业推广站和县农业推广站层级管理。农业推广员必须具有较高素质。目前州一级的推广员都是专家人才,一般具有博士学位,县一级的推广员也一般具有硕士学位。正因为美国的农业推广队伍放在州立农业大学或农学院,由大学教授负责,保证了教学、科研和推广的"三位一体"。美国农业推广以农学院校为中心,可使农业院校的师生把掌握的先进农业知识应用于实践,缩短了农业院校与农民的距离,提高了农业科技成果的转化,加快了农业现代化的步伐。据统计,目前美国农业科技成果的转化率已高达 70%—80%。

美国农业推广系统由农业推广、4—H 俱乐部和家政三个部分组成。农业推广向农村成年男子传授最新农业科技知识;4—H 俱乐部与农村学校配合,组织农村 10—18 岁青少年学习农业知识,培养他们对农业生产的兴趣;家政组织农村成年妇女学习编织、料理家务和美化环境等知识。美国由政府领导的农业推广队伍不到 2 万人,但是由非政府领导的 4—H 俱乐部成员就达 200 多万人。可见,在美国农业推广系统中,主要是靠企业、农民合作组织以及社会志愿人员组成的。所谓 4—H 俱乐部(4—H Club),又叫四健会,它是美国农业部的农业合作推广体系所管理的一个非营利性青年组织,创立于 1902 年的美国,一开始产生于美国农村青年中,后来不再限于农村青年,参加者约有 50%来自农户,30%来自农村中的非农户,20%来自城市。活动项目有 50 种以上,其中农业活动有种植庄稼、从事园艺、饲养家禽及家畜、采购农用物资、培育良种、驾驶和维修牵引机以及其他农田机械等等。4 个 H 字母分别代表 4 个词:Head(智)、Heart(心)、Hands(手)、Health(体),分别意味着健全头脑、健全心胸、健全双手、健全身体。四健全的使命是"让年轻人在青春时期尽可能地发展他的潜力",它的目标是通过大量实践学习项目来发展年轻人的品德、领导能力的生存技能。

(五)重视农业人口转移,转移方式多样

美国农业人口的转移开始于独立战争后,完成于 20 世纪中期,前后持续将近两个世纪。从地域上讲,美国农业人口的转移有两种,一种是"边疆转移"。美国独立战争胜利不久,开始向西部扩张,史称"西进运动"。"西进运动"带来了美国农业人口的西移,相关法律也鼓励人们西移。1790 年联邦政府修改土地政策,规定最低出售土地数量为 640 英亩,每亩 2 美元,一次付出 640 美元,一年后付清另外 640 美元。1820 年,美国国会通过新的土地法令,规定每英亩售价 1.25 美元,最低出售亩数为 80 英亩。1832 年的土地法令又规定,每英亩价格不变,最低出售亩数为 40 英亩。1830 年国会还通过一项"占地"农民有先买权的法令。1841 年联邦政府又颁布了先买权的法令,规定非法占地移民可优先按每亩 1.25 美元的价格买进,最低出售亩数为 160 英亩。1862 年美国总统林肯颁布了《宅地法》,规定年满 21 岁的美国公民,不反对政府或不与政府敌对者,可以取得 1/4 平方英里的土地,即 160 英亩,交纳 10 美元手续费,耕种 5 年,归其所有。以上法令的颁布,吸引了大批移民,加速了西部开发,加速了农业人口的转移,推动了农业的发展和农业机械化的进步。经过几代人的努力,西部逐步形成了农业三大专业化地区,即"棉花王国"、"小麦王国"和"畜牧业王国"。与此同时,"西进运动"还带来了畜牧业和工业的进一步发展,这又进一步加速了农业人口的转移。

美国农业人口转移的另一种是"城市转移"。1870 年以前,美国是一个以农业为主的国家,农业人口占绝大多数。1870 年后,美国开始了以电力、钢铁等先导产业为主的工业革命,工业快速增长。随着美国工业的进一步发展,城市需要大量的劳动力,而城市的各种条件优于农村,自然吸引大量农村居民向城市的转移。另一方面,美国是世界上最早实现农业机械化的国家。从 19 世纪初到 19 世纪中叶实现了以畜力为动力的半机械化,随后于 19 世纪末 20 世纪初完成了近代农业机械化,并从 1910 年开始向以蒸汽机和内燃机为动力的机械化过渡。美国南北战争后,还非常重视对农具的改良。农业机械化程度不断提高,节约了大量的农村劳动力,使得为工业提供劳动力成为可能。由此可见,"城市转移"是有条件的,它离不开农村剩余劳动力的解放和城市劳动力的不断需求,两者缺一不可。

二、德　国

2006 年德国总人口 8264 万人,农业人口 157 万,占总人口的 1.9%。就是这样一个总人口在 8000 多万、农业人口在 100 多万的国家,其经济总量位于世界前列,不仅工业高度发达,农业也相当发达,是一个拥有高效率农业生产的国家。高度发达的农业,对农业经营者的素质要求很高。因此德国非常重视农村人力资源的开发,也培养了一大批高素质的农业人才。据统计显示,在德国,7% 的农民具有大学文凭,53% 的农民受过 2—3.5 年的职业培训。

（一）重视职业教育,推行"双元制"

德国的教育体系很完善,包括基础教育、职业教育、高等教育和进修教育四类。其中职业教育在整个教育体系中,占有举足轻重的地位。德国的职业教育分为全日制职业教育和"双元制"职业教育,其中后者占主流。德国的职业教育之所以闻名世界,因为德国实行"双元制"的职业教育体制。所谓"双元制"职业教育就是学生在企业接受实践技能培训和在学校接受理论知识教育相结合的职业教育形式。"双元制"又叫"双轨制",因有两个地方、两个施教主体而得名。"双元制"职业教育的特点是:(1)与生产实践紧密结合;(2)有企业的广泛参与;(3)各类型教育形式可以互通;(4)实行培训与考试真正分离的考核办法。"双元制"由政府进行宏观管理,采取学校、行业主管部门和生产单位共同组织实施的三重负责制形式。这种体制使各种教育形式随时分流,相互交叉、有机配合,实现了纵向发展和横向连接,既能保证绝大部分青少年掌握职业技术,为进一步的工作做好准备,又不耽搁一部分青少年接受高等教育继续深造的机会。

德国职业教育立法起步比较早。早在 1869 年政府就颁布了《强迫职业补习教育法》,1871 年在宪法中将职业教育定义为义务教育,1889 年又颁布了《工业法典》,规定企业学徒培训必须与职业学校教育结合。为了提高从事工、农业人员的知识技能,保障职业教育健康顺利发展,20 世纪 50 年代以来,德国又出台了一系列大力发展职业教育的法律法规,1969 年颁布了《职业教育法》,正式以法律的形式把职业教育作为国家教育制度确定下来,是世界上比较详细和严谨的职业教育法规。此后,德国又相继出台了与之相配套的法律法规,诸如《企业基本法》、《培训员资格条例》、《青年劳动保护法》、《职业教育促进法》、《手工业条例》、《实训教师资格条例》等。其中 1981 年,为了提高职业教育法的适应性,制定了《职业教育促进法》,对"双元制"职业教育作了进一步修订。这些法律使职业教育真正做到了有法可依,极大地促进了职业教育的健康有序发展。按照相关法律规定,联邦政府、州政府和地方政府都参与职业教育的组织和实施。职业教育的经费主要由联邦政府、州政府和企业分别承担。州政府负责教职工的工资和养老金等人事费用,地方政府负责校舍建设与维修,设备及管理人员的费用。企业的职教费用由企业自己承担,包括建立职业培训中心、购置培训设备、支付实训教师的工资和学徒培训津贴等。企业投入的费用占职业教育总经费的 2/3。德国还鼓励中小企业办职业学校,对这些企业实行税收优惠,如企业花费的培训费用可计入生产成本,待产品售出时减免税收。

　　德国还注重职业培训师资队伍的建设,要求从事职业培训教育的教师,不仅有扎实的理论基础,还要有很强的实践能力。职业培训教师在选聘时非常严格,一般要具有相当于中国硕士学位的农业工程师资格。德国经济部公布了国家承认的培训职业有 93 个职业大类的371 个职业。学生可以在职业中挑选其中的一种参加培训。这些学生中,其中 20％是以学校为依托的全日制培训,剩余 80％是学校和企业都参与的"双元制"的形式。学生学习期限一般在两三年左右,年龄一般在 16－25 岁之间。据统计,德国约有 75％以上的初中毕业生到职业学院学习基础知识,并进入企业的培训机构接受职业教育培训。"双元制"职业教育的学员一般每周有 3－4 天的时间到企业接受实践教育,有 1－2 天的时间到职业学校接受理论知识教育。

(二)建立多层次农业教育体系,培养各种农业人才

德国实行十二年制的义务教育(6－18 岁)。在德国,学生读完小学后,要接受第一次分流,根据平时的表现和成绩进入不同中学。中学毕业后进行第二次分流,大多数初中生会选择接受职业教育。具体情况是这样的,年满 6 岁的儿童必须依法上小学,小学教育只有 4 年,小学毕业后一般可选择三种不同形式的中学就读。第一种是 5 年制中学,从 5 年级到 9 年级,毕业后可上三年职业学校;第二种是 6 年制实科中学,从 5 年级到 10 年级,毕业后可上两年职业学校;第三种是 9 年制高级中学,从 5 年级到 13 年级,毕业后可上大学。在德国,培养农业从业人员及农业人才的学校有职业学校、农业专科学校、高等专科学校以及农林大学。

德国的职业学校主要培养从事农业生产的农业工人。招生对象是 5 年制或 6 年制中学毕业生。德国每县有一所职业院校,学制 2－3年。学生每周除 1 天时间在学校学习外,其余时间都要到签订合同的农(林、牧)场当学徒。具有培训学生资格的农场,其农场主必须具有农业师傅资格证书。如果学生的父母是具有农业师傅资格证书的农场主,学生前两年可在自己家做父母的学徒,但最后一年必须到其他农场学习,毕业后发放学徒毕业证书。农业专科学校主要培养从事农(林、牧)场的技术和管理工作人员。招生对象是 5 年制或 6 年制中学毕业后,有 2－3 年职业学校学习经历,并有 2－3 年农业生产实践经验的青年。学生以学习专业技能为主,除一门语文课外,其余都是专业课。学制分一年制和两年制两种。一年制毕业的颁发农业师傅证书,二年制毕业的颁发技术员证书。高等专科学校主要培养从事农(林、牧)业咨询和农(林、牧)场的技术和管理工作人员。招生对象主要是 9 年制完全中学或 6 年制中学又上了 2 年专业高中的毕业生。学制一般 3 年,实际为 4 年。这是因为在两年专业知识学习之间,要实习半年,共安排两次实习,加起来是一年的时间。学习内容以专业技术为主,必修课的比例大。毕业后发放毕业工程师证书。德国农林大学主要培养从事科研、教育、机关以及经济管理类的人才。招生对象是 9 年制完全中学毕业的学生,学制 4 年。教学内容以理论知识为主,选修课的比重多。毕业考试和论文答辩合格后,可颁发大学毕业

工程师证书。①

（三）医疗保险体系覆盖广泛，体现救济公平

德国是世界上最早实施社会保障制度的国家，医疗保险制度发展历史悠久，拥有相对发达和完善的医疗保险体系。德国医疗保险体系覆盖广泛，几乎所有的国民都纳入到了医疗保险范畴，其覆盖对象包括雇员、失业人员、退休人员、自雇者、高校学生、义务兵和其他自愿投保人员等。据统计，德国有 90％的人口通过法定医疗保险获得医疗保障，再加上其他形式的医疗保险如商业性医疗保险等，99.5％以上的德国国民享有医疗保险。参加医疗保险的人均由法律规定，主要分为三类：一是强制参保人，一般是有收入的人和其雇主；二是自愿参保人，一般是收入超过一定上限的人或者通过其他途径解决了医疗保险问题的有收入的人群；三是连带参保人，主要是指强制参保人的配偶和子女，可以免缴医疗保险费而连带成为法定医疗保险的参保人，享受与义务投保人同等的医疗保险待遇。

德国采取以法定医疗保险为主、私人医疗保险为辅的医疗保险体制。法定医疗保险具法定强制性，其受保对象为年均收入在法定标准以下的所有国民，年均收入超过法定标准的国民可以在法定医疗保险或商业医疗保险之间进行自由选择加入。1972 年，《农民医疗保险法》在德国出台，法律明确规定法定农业医疗保险机构有义务为农民及其家庭成员提供医疗保险，而医疗保险的受保人是农民、年满 15 岁的家庭成员和其他拥有家庭财产者，农民只能在农民医疗保险机构参加医疗保险，而不同于法定医疗保险那样受保险人可以自由选择保险机构，但农民医疗保险待遇与法定医疗保险待遇原则上没有区别。德国农民医疗保险是强制的，符合条件的农民必须按法定标准缴纳费用。农民医疗保险费用的缴纳采取"互助共济，风险分担"的原则，即每个农民按照自己的经济能力进行缴纳。根据各地经济发展水平和农民的承受能力，按照收入替代标准，从低到高划分了 20 个保险缴费等级，每个等级规定应缴纳保险费额度，并规定最高保险费额度不得高于最低保险费额度的 6 倍。由此产生的保险费资金缺口由联邦政府为农民提供，德国政府也早在《农民医疗保险法》制定时，就确定了国

---

① 吴雨才：《中国农村人力资源开发政府行为研究》，南京农业大学，2007 年。

家为农民提供医疗保险津贴的原则。其中,1995 年联邦政府为此支付了 19.82 亿马克;1996 年,联邦政府提供的这一项津贴为 20.5 亿马克;1999 年,这项费用支出又增加到 21.5 亿马克,占到联邦财政预算的 0.5% 左右。

(四)为农民提供社会保障,健全相关立法

1972 年,德国开始实行农村医疗保险政策,自雇农场主及其配偶和其他家庭成员、退休农场主首次被纳入法定医疗保险当中。这不仅仅是对农民提供了社会保障,而且还提高了农业企业的抗风险能力。人们普遍认识到家庭成员对企业生产和发展非常重要,一个家庭成员的一场重病可能迅速危及一个农业企业的生存。根据《自雇农场主法定医疗保险》的规定,农民医疗保险的受保险人是农民、共同劳动超过 15 年的家庭成员和终老财产者。妻子、子女和其他有赡养权者参加农民医疗保险,在一定条件下免交保险费,自耕农(自雇农场主)及其家属、退休农场主也被首次纳入强制疾病保险。《自雇农场主法定医疗保健法》的制定,使得自雇农场主及其配偶和其他家庭成员、退休农场主首次被纳入法定医疗保险当中。

在德国,几乎每个农民社会保障项目都通过立法建立,农民社会保障项目也做到了有法可依。早在 1886 年 5 月,德国就颁布了《关于农业企业中被雇佣人员工伤事故保险法》,为农场主以及其他农业从业人员提供风险保障,揭开了农村社会保障的开端。1957 年制定的《农民老年援助法》,意即对年老的农场主在将其农场交给继承人之后进行现金补贴。农民老年援助作为对传统养老金的一种补偿,标志着德国开始对独立经营的农业企业主及其共同从事农业生产的家庭成员实行一种特殊的老年保障制度。随后,1969 年制定了《劳动促进法》,1972 年制定了《自雇农场主法定医疗保健法》,1986 年制定了《事故保险法》和《联邦养育子女法》,1988 年制定了《健康改革法》,1989 年又制定了《养老保险金法》。

1995 年制定了《社会护理保险法》,建立了社会护理保险,规定那些不能工作或者每周工作少于 30 小时的人,按照需要护理程度和护理工作范围,向法定养老保险机构和法定事故保险机构缴纳相关的保险费后,即可在一定条件下享受护理保险。在法定社会护理保险中,保险费率原则为缴纳保险费义务收入的 1.7%。农民也可享受护理保险,农民医疗保险机构下设一个农民护理保险机构。但是因为农业和林业人口的实际收入通常不能确定下来,所以向农民护理保险机构缴纳的保险费,其费率由各州根据实际情况而定。凡是在农民医疗保险机构参加保险者,都是农民护理保险机构的成员,包括农民、共同劳动的家庭成员、终老财产拥有者或者自愿参加保险的人等等,有的家庭成员还可以免交护理保险费。2004 年,德国实施《法定医疗保险现代化法》,对医疗保险体系的主要支柱——法定医疗保险制度进行新一轮的较大力度的革新。以上有关德国农村社会保障的相关法律制度具有强制性,一经实施,必须执行。这些法律制度的颁布和实施,保护了农民的切身利益,有利于农村社会保障的顺利开展。

三、日　本

日本是一个资源短缺、人多地少的国家,其人均耕地面积很少,是世界上人均耕地面积最少的国家之一。第二次世界大战后,日本一片废墟,却在短短的几十年内实现了经济上的腾飞,成为世界经济强国。其中一个重要的原因就是日本高度重视人力资源开发。在农村人力资源方面,由于人地矛盾突出,为提高农业劳动生产率和实现农村劳动力的顺利转移,日本采取了诸多措施,发展农村教育和培训事业。日本农民的文化素质较高,据统计,日本农民中大学毕业生占 5.9%,高中毕业生达 74.8%,初中毕业生占 19.4%。目前日本农村人口已经从 20 世纪 60 年代中期的 1150 万减少到 330 万,从事农业生产的农民从 890 万减少到 220 万,日本农村居民只占总人口 3%左右。

（一）注重农民培训,内容形式多样

日本的农民培训机构有营农学校、农民研修所、农业改良普及中心及农协等等。各机构根据不同需求,传授所需知识。在农民研修中,日本对农民推行等级证书制度。1776 年,日本开始实行"农业士"制度,未满 35 岁有一定经营农场经验的农民,到农民研修所完成一定的专业教育后,可由县知事授予"青年农业士"称号。对于年满 35 岁、农业技术和经营管理能力较强,且经营农场出色、有能力培养农村青年的农民,经县知事确认,可发放"指导农业士"证书,可接受青年农民到其农场研修。农业改良普及中心对农业技术教育的普及起着重要的作用。1948 年,国会通过了《农业改良助长法》,规定日本的农技推广事业为"协同普及农业事业",即日本中央和都道府县联手对从事农业者在农业以及农家生活方面给予技术指导。普及职员分专业技术员和改良普及员两种。农协在农业技术教育中也发挥着重要的作用,在促进农业的产、供、销一体化方面有着重大的贡献。日本农协由三级组成,分别是基层农协、县经济联合会、中央联合会。其中基层农协有 3574 个,县经济联合会有 47 个,中央联合会 1 个。每个基层农协都有营农指导员,每一个或几个基层农协有一个农业管理中心,在农业生产技术、经营管理及生活等方面负责对农户指导。日本 99％的农户都参加了农协组织。农业青年俱乐部是日本农村农业青年的一个群众性组织,组织农业青年学习农业技术等知识,多数活动以市町村为单位,会员年龄在 25 岁以下、25—30 岁和 30 岁以上约各占 1/3。

日本还鼓励各企业、民间组织和社会团体对农村劳动力开展培训。日本民间组织很多,农业民间团体如全国的"农村青少年教育振兴会"和其他各种农民教育协会等,都积极组织农民培训。民间组织的培训内容丰富,不仅涉及农业生产技术知识,还涉及农业经营管理知识、道德修养、国家政策等。此外,日本还组织青年农民广泛开展国际交流活动,每年组织一些农民到欧美等国家参观访问,学习其他国家经营农场的经验,开阔了农民的视野,增长了农民的知识。

(二)普及义务教育,重视农业教育

日本对教育一直十分重视,早在 1947 年 3 月 31 日,日本国会颁布《教育基本法》和《学校教育法》。《教育基本法》根据《日本国宪法》中教育条款,规定了国家办教育的基本目标和基本原则。《学校教育法》根据《教育基本法》的精神,规定了学校教育制度。法律确立了"6·3·3·4"制新学制,即小学 6 年,初中 3 年,高中 3 年,大学 4 年,明确规定实行中小学九年义务教育制度。两三年后九年义务教育得以普及。1948 年日本建立新制高中,分为普通高中、职业高中和综合高中三类。高中教育的目标是"初中毕业生希望升学者全能升学"。1991 年日本全国应届初中毕业生升高中的比率是 95.4％。日本在各级教育经费中,义务教育经费所占比重最大,农村义务教育的经费由国家和地方政府各负担一半。

日本的农业职业技术教育由农业职业大学和农业高中来完成。具有 100 万—1000 万人口的都道府县(省一级),除综合农业大学外,还设有 1—2 所农业职业大学(专科)和 1—3 所农业高中,有的普通高中也设有农业课程。在管理上,职业教育由文部科学省和地方政府农林局共同负责,提供制度保障和经费保障。日本农业高中的培养目标(对象)包括自营农和从事有关农业产业的技术人员,并十分重视两者的兼顾。通过设立农业高中,普及了农业知识,培养了农村劳动力,适应了现代农业的需求。据 1994 年日本农业年鉴统计显示,日本各都道府县设立农业高中 378 所。日本还在一些县设立农业广播学校,对中学毕业后未满 18 周岁的欲从事农业生产的青少年进行职业技术教育,以掌握现代农业生产、经营和管理知识,更好地从事农业生产。1995 年 11 月 24 日,在第十九届东京都产业教育审议会上,发表了《关于在终身学习社会期待的职业教育》的咨询报告。其中报告指出,要构筑丰富的终身学习社会,把走上社会后的学习作为人生体系的重要组成部分。目前,日本已组建了面向 21 世纪的终身职业能力开发体系,其中包括职业设计指导中心、终身职业能力开发中心以及地方职业能力开发综合中心等。

在日本,40%的农村适龄青年走进了大学校园。日本的高等教育大致分为四类:高等专门学校、专修学校、短期大学及大学(包括学部和大学院)。高等专门学校以初中毕业生为招生对象,学制一般为五年,主要目的是培养能够适应科学技术发展的技术人员。专修学校是进行职业教育和学习实际生活中必要的知识、技能、技术的学校,专修学校的课程分为高等课程、专门课程和一般课程三种。高等课程接受的是初中毕业生,专门课程接收的是高中毕业生。短期大学中,大约60%为女子短期大学,其家政、文学、语言、教育及保健等学科占半数以上。大学包括学部和大学院。学部在日本各大学普遍设置。学部阶段的学习即本科阶段学习,学制通常为 4 年。大学院即我国的研究生院,设有硕士和博士课程。至 1995 年 11 月,日本已有大学 565 所(其中包括国立大学 98 所、公立大学 52 所、私立大学 415 所)。这些高校中已有 385 所设立了大学院(其中国立 98 所、公立 31 所、私立256 所)。目前,日本四年制的本科大学有 604 所,设有农学部的大学有 52 所,内含农学类学部 60 个。

日本同样重视农村成人教育工作,将农成教划分为三类,其中第一类是农村地区兴办的各类和各级学校教育,由文部省管辖;第二类是在农村地区的非正规教育,又称社会教育;第三类是由农林省兴办的农业技术推广教育。日本的农村成人教育水平较高,在教育层次上,更加重视中等和高等农成教;在教学内容上,一方面更加注重专业水准,并开设一些专业性很强的课程,另一方面又重视教育内容的多样性,新设了园艺、农机、农产品加工、畜牧以及农家实用科技等。近些年来,又新增设了耕作环境和基础农业两门课程。

(三)教育以政府为主导,以国家立法为保障

日本政府高度重视人力资源开发,先后颁布一系列法律、法规,加强农村教育。如1947年的《基本教育法和学校教育法》、1949年的《社会教育法》、1953年的《青年学级振兴法》等法律都不同程度地对农村教育方面作了相关规定。1978年5月,日本政府颁布《部分修改职业训练法的法律》,明确提出终身职业训练及终身技能评价是职业教育的根本方向。为构建终身学习型社会,后来又制定了《终身职业能力开发促进法》和《生涯学习振兴法》。1983年,日本政府对原《产业教育振兴法》作出了适应性修订。1985年,日本政府在1969、1978年先后两次对《职业训练法》作出较大修改基础上,进一步将其修订命名为《职业能力开发促进法》。继1985年之后,日本又于1986年、1987年、1992年、1997年对《职业能力开发促进法》进行了修订。

进入21世纪,更是把教育改革列入了重要议题。2001年1月,日本文部科学省向国会提交了《21世纪教育新生计划》,它是作为实现"日本新生"远大目标的一项重要国策而制定的,是日本教育改革今后的发展方向与远景蓝图。该计划由四部分组成,分别是:培养富于人情味的日本人;因材施教,培养创新型人才;创造新时代的新型学校;制定教育振兴基本计划并修改《教育基本法》。① 2004年12月,日本中央教育审议会提交了《高等教育未来展望》报告书,构想了2015—2020年间日本高等教育的状态。2006年12月15日,日本参议院正式通过了《教育基本法》的修正案,这是自1947年3月《教育基本法》颁布以来的首次修改,其主题从反省战前教育、提倡"尊重个性"转向重视"公共精神"。2008年7月,日本政府根据修改后的《教育基本

---

① 刘志成:《中部崛起进程中农村人力资源开发理论与实践研究》,湖南农业大学,2007年。

法》,出台了题为《教育振兴基本计划》的中长期教育发展规划。《教育振兴基本计划》提出,今后 10 年的发展目标是,争取在义务教育阶段培养所有学生在社会独立生存的基本能力,提高公共教育质量,树立社会信任感,以全社会的力量共同培养教育下一代。在高等教育阶段要实现培养杰出人才的目标,培养主持社会活动、推动社会发展、领导国际潮流的领袖人才,为此要保证高中和大学的教育质量,培养能够贡献于"智能"创造的人才,重点建立世界高水平研究基地,推进大学国际化进程。

(四)强制农村医疗保险,重视老年人保健

日本的农村医疗保险在 20 世纪 30 年代就开始萌芽,1934 年颁布了《国民健康保险法》,要求所有国民包括农村的农民都要加入国民健康保险。1941 年日本修改了《国民健康法》,把自愿参加保险改为强制性参加,尽管如此,农村医疗保险仍存在很多困境,为了扭转这一局面,日本政府采取了一系列措施,于 1958 年颁布新的《国民健康保险法》,并将于 1959 年开始实施,它的主要宗旨是解决农民及小手工业者无医疗保险的问题,缩小城乡之间、企业之间在保险覆盖率和保险待遇上的差距。1961 年,日本进入了全民医疗保险的时代。日本的医疗保险体制分为"雇员健康保险"和"国民健康保险"两大类。"雇员健康保险"是日本医疗保险的主力,其对象主要是全国拥有 5 人以上的企事业单位的雇员及其家属,要求强制加入。在"雇员健康保险"中,根据所属行业的不同,又分为五种类型,分别是:"健康保险"、"船员健康保险"、"国家公务员互助共济会"、"地方公务员互助共济会"和"私立学校教职员互助共济会"。"国民健康保险"的服务对象比较广泛,包括农民、个体经营者、无业者、不能享受"雇员健康保险"的退休人员以及上述人员三等亲以内的抚养家属。另外,合法滞留在日本、无职业的留学生等外国人也必须加入"国民健康保险"。

日本农业医疗保险经费的主要来源是中央和地方政府的财政补助、被保险个人交纳的保险费以及保险费在资本市场的投资收益,保险费的缴纳数额根据每个家庭收入水平的不同而不同,产生的差额由国家和地方给予补助,具体的补助比例视市町村的财政情况而定。例如,对低收入者减免的保险费,按照国家 1/2、都道府县 1/4、市町村 1/4 比例分担。关于被保险人个人负担保险费的比例,2002 年在医疗保险制度的修订中作了调整,修订后的个人负担比例为:70 岁以上者自负 10％的医疗费用(收入在一定水平以上者要自负 20％);3 至 69 岁者自负 30％;3 岁以下者自负 20％。

日本是一个人口老龄化程度非常严重的国家。全国 65 岁以上老年人口占全部人口的比例是 18.5％,远远超出国际通用的 65 岁以上人口比重达到 7％以上即为老龄化社会的标准。1973 年,根据修订后的《老人福祉法》,对 70 岁以上的参保老人实行医疗免费制度。20 世纪 70 年代后期起,日本经济进入了长期的衰退期,国家财政支付能力下降,也伴随着国民健康保险的财政危机。于是,政府开始修改国民健康保险制度。首先是在 1983 年设立老人保健制度,1984 年设立退休人员医疗制度。为了解决日益增加的老人医疗费用等问题,日本把老人的医疗保健从一般人的健康保险体系中剥离出来,形成了相对独立的体系。老人的医疗费用有个人、政府和保险机构共同负担。其中超过 70 岁的一般老人,负担 10％的医疗费;有一定收入的老人,负担 20％的医疗费用,剩余部分由政府和保险机构按比例分担。一般来说,保险机构负担比例较大,但政府会不时给予补贴以弥补其损失。以上对老人保健的制度措施,使老人们可以在支付很少比例的医疗费用的情况下,不耽误对病情的治疗,这在很大程度上减轻了老人的就医负担。

(五)建立互助保险机构,成立"自治医科大学"

20 世纪 50 年代,日本农民贫困,无力支付国民健康保险的保险费用,而国家财政能够救助农民医疗保障的费用也很有限。针对这种情况,一种引导农民组成团体、互帮互助的"农民互助保险组合"应运而生。"农民互助保险组合"是一个非营利性的自发的互助机构,其设立、运作完全按照国家相关法律和内部规章,接受政府和协会成员的监督。由于政府在其中都承担了相关的责任,保障了"农民互助保险组合"正常有序的运作。"农民互助保险组合"的资金由所有成员交纳的会费及保险费构成。参加保险的人相互之间比较熟悉也比较信任,按照损益共担的原则,他们交的钱会全部用在自己的身上。当会费富余时,会组织成员进行活动,如旅游等;当会费不足时,会降低额度。"农民互助保险组合"通过农民之间的互帮互助,大大减轻了个人的就医负担。直到现在,互助保险还广受日本人欢迎。

日本农民不仅可享受国家规定的医疗保险,还有农民自发组织的互助保险。尽管如此,还有一部分农村地区基本处于"有保险、无医疗"的状态。这些地区农民就医之所以比较困难,是因为没有人愿意到这些地区当"赤脚医生",为农民提供相关医疗服务。当然,政府可以在资金上支持这些地区的医疗保健工作,但如何让医疗人员去这些地区工作变得十分困难。

为了解决以上问题,日本在 32 年前成立了"自治医科大学",该学校毕业的学生的学费由政府财政负担,毕业后可以享受公务员待遇。但是前提是必须去农村工作 9 年,而且有 5 年要在偏僻地区。目前,"自治医科大学"的毕业生遍布全国各地。"自治医科大学"的成立通过自身渠道,专门培养了去偏僻地区工作的医生,有利于医疗保险的顺利开展,但是据调查,工作满 9 年而愿意继续留在农村地区工作的人很少,这说明此项工作还需进一步改进。

四、韩 国

20 世纪 70 年代初,韩国工农业发展严重失调,城乡收入水平差距很大,农村劳动力迁移盲目无序。在这种背景下,1970 年 4 月,韩国政府倡导以"勤奋、自助、合作"为宗旨的乡村建设运动,拉开了新村运动的序幕。新村运动的基本理念是将传统落后的乡村变成现代进步的希望之乡。新村运动的内容包括改善农民精神面貌、改善农村生活环境、缩小城乡收入差距、提高农民生活水平等等。

随后,新村运动经过 30 多年的努力,在政府政策的指引下,通过自主建设、自我发展和完善,取得了瞩目成绩。实现了农业经营方式的多元化,推动了农产品加工业、农村金融业和流通业的发展,农业产业结构得以调整,基本实现了农业的现代化,农民收入大大提高,农村生产、生活和文化环境大大改观。目前,韩国的农民已基本抛弃了传统的思想观念,韩国农业人口比例大幅下降,城乡经济协调发展,韩国的农村面貌以焕然一新的形式展现在世人面前,韩国已从传统落后的农业国跻身世界新兴现代工业国之列。据统计,韩国农业人口占全国的比例从 1970 年的 48.3％下降到 2005 年的 6.2％。[①] 韩国到 2004 年,人均 GDP 高达 1.4 万美元,城乡居民收入为 1∶0.84。[②]

韩国"新村运动"包含着丰富的农村人力资源开发的政策和思想,值得我们借鉴。伴随着"新村运动",韩国在农村人力资源开发方面采取的措施主要有如下几个方面。

(一)注重思想培养和政府援助,激发农民积极性

"新村运动"高度重视对农民的思想培养,思想培养也是韩国"新村运动"成功的重要保障。"新村运动"的次年在各村纷纷建立"村民会馆",对农民进行思想教育,培养农民勤俭、自助、自强、团结、合作的精神。"新村运动"还要求村里选出男女各一名担任新村指导员,许多妇女参加到"新村运动"中,妇女在新村运动中发挥了重要作用。通过建立"村民会馆",增强了农民的团结协作精神,使农民生产的干劲十足,大大提高了农民参与"新村运动"的积极性。当农民看到经过自身努力和合作的成果后,进一步激发了农民参与"新村运动"的积极性、主动性和创造性,他们积极探讨新村运动遇到的各种问题,营造了农民齐心协力搞好农村建设的良好局面。

"新村运动"通过物资援助的方式,激发农民建设乡村的积极性。20 世纪 70 年代初,在新村运动的基础建设阶段,政府向农村提供农村公共设施和农村住房方面的援助。在公共设施方面,政府免费分给每个村一些水泥和钢材,并限制农户不能自行处理,而要用于公共事业,包括修建道路和桥梁、修筑河堤等。在居住方面,政府制定了"政府出大头、地方出中头、农民出小头"的建房政策,即中央政府出建房资金的 55％,地方政府出 30％,每家农户出 15％。政府还将 35000 个村划分成自立、自助和基础三级,成绩最好的是自立村,最差的被划为基础村,政府援助物资只分给自立村和自助村。这些政策的实施大大提高了农民建房修路的积极性,农民建设乡村的热情高涨,农村的公共设施和农村居民环境得以改善,乡村面貌得以改观,农民生活水平有了一定提高,推进了新村运动的顺利发展。

---

① 柏群、姜道奎:《韩国新村运动对重庆农村人力资源开发的启示》,《贵州农业科学》2008 年第 5 期。

② 汤继伦、芦刚:《韩国新村运动对我国农村人力资源开发的启示》,《东疆学刊》2007 年第 1 期。

　　通常把 20 世纪 70 年代初政府对农村的物资援助看作"新村运动"的第一个阶段,紧接着 1974－1976 年,进入"新村建设"的第二个阶段,即扩散扶助发展阶段。在第二个阶段,政府向农民推广先进的生产技术,提供相关贷款支持等,通过一系列惠农措施,促进了农、渔民收入的不断增长。1977 年到 20 世纪 90 年代左右"新村运动"进入第三个阶段,即大发展阶段,在这个阶段,农业生产不断发展,产业结构不断调整,农民生活水平不断提高,农村经济得到空前发展。20 世纪 90 年代后,"新村运动"进入自我完善阶段,农业经营方式多元化,一些农产品加工业纷纷呈现,农民收入水平大力提高,农村面貌焕然一新,城乡经济协调发展。农村经济的整体发展,同时也带动了流通领域的发展,农村金融业也得到大力推广。

　　(二)加强新村教育,培养新村建设人才

　　1972 年,在"新村运动"展开之初,政府成立了中央研修院,1990 年更名为"新村运动中央研修院"。新村教育比较注重对社会各阶层的核心骨干人员和中坚农民的培训。所有的培训人员不分等级、职业、职务和年龄,从国会议员、内阁部长到社会各界领袖与新村指导员、骨干农民一起同住同吃,所有学员均实行集体住宿。他们穿着统一的制服,遵守统一的纪律,实行统一的行动。每天早上六点钟起床,然后唱国歌、做操、跑步。他们参加内容与形式相同的培训。培训内容包括七个部分:地区社会开放教育、意识革新教育、经营革新教育、青少年教育、外国人新村教育、幼师培训教育、市民教养教育。据 20 世纪 90 年代中期统计,培训新村指导员 13627 人,社会各界负责人 29335 人,职能机构团体 3555 人,青少年 33258 人,外国人 1036 人,其他行业 59473 人,民主市民教育 48867 人,共培训 1341742 人。

　　新村教育培养了一大批致力于新村建设的人才,推动了韩国农业经济以至整个国家经济的发展。"新村运动"取得的非凡成就,也得到了发展中国家的重视,先后有 130 多个国家派出 12000 多人参观、学习和取经。

　　(三)培训主体广泛,培训形式灵活多样

　　在韩国农民教育培训中,主要包括通过正规课程对农民的教育、农民协会对农民的教育和农村振兴厅对农民的指导及教育,其中农民协会和农村振兴厅发挥着至关重要的作用。正规课程对农民的主要的教育由农业高中、农业专门大学、农协专门大学和农科大学承担。农业大学属于知识、信息密集型的教育培训,招生对象是高中毕业生或高中以上有生产经营规模效益和水平的青壮年农民,可见,农业大学是对高层次中青年农民进行的培训,有利于培养创新型人才。农民协会是由农民组成的团体,韩国约有90%的农民是农协会员。中央农协下属9个研修院和教育院,农协基层组织有1300多个。农民协会对组织系统内农民开展技术与实践体验教育培训与交流。中央农协下属的研修院主要培训农民,教育院主要培训技术指导员。教学内容丰富多彩,涉及意识革新教育、经营革新教育、外国新村教育和青少年教育等。教学形式灵活多样,有集中培训形式、参观形式、讲座形式以及讨论形式等。除此之外,每年还组织一批农民到国外参加国外研修活动,学习国外的先进技术和经验,体验国外农村生活。农民协会还创办了农业经营技术支援团和新农民技术大学,采取灵活多样的形式,向农民提供相关农村技术、经营和管理知识。农村振兴厅隶属韩国农村部,统一指导和管理全国农业科研、培训和推广,是农科教相结合的典范。除中央部门设置外,在各道、市、郡等地设立了相应级别的组织机构。其中在道(省)设立农村振兴院,全国共有9所;在市、郡(市、县)设立农村指导所,全国共有182所。在农村振兴厅本部内,设有农业技术研究所、农业机械化研究所、农药研究所等各种研究机构。地方农村振兴机构隶属地方政府管理,但是地方机构的人事权却归农村振兴厅管理。农村振兴厅的培训对象广泛,包括本系统工作人员、农科学校教师、农村青少年,还有学生、农村妇女等。培训内容和形式多样,包括农业专业技术、农业经营和家政等方面的培训,培训形式有冬季农民培训、广播电台的开发式讲座、专业技术员巡回教育等。农村振兴厅的培训目标是培养国际水准的农业专门人才。

(四)重视农业教育立法,提供法律保障

韩国重视农业教育立法,注重用法律来保证农村人力资源开发的实施。自1962年韩国颁发《农村振兴法》以来,到2003年12月共修订了四次。根据《农村振兴法》的规定,韩国的农业科学研究、技术推广和科技培训由农村振兴厅全面负责,实现一元化领导。韩国至今所取得的成绩,农村振兴厅发挥了很大作用。1963年颁布《产业教育振兴法》,提出要加强职业教育,确保实验实习设备和实验实习费用,对职业技术教师和职业技术学校、理工科学系学生实行优待等。1967年颁布《职业训练法》，促进了新型职业培训结构的发展。1969年，韩国颁布了《科学教育振兴法》，规定各级政府要对职业教育进行投资，还决定建立"科学教育基金"以支持科学教育的发展。1971年制定《农业产学合作审议会规定》从不同角度支持农业教育，使农业教育体系不断完善。1973年制定了《国家技术资格法》，明确规定产业界各种技术人员和技能人员要具备国家统一的技术技能标准，同时要求凡是接受技术教育和职业培训后参加工作者，必须按该法规定的内容进行考核，考核过程相当严格。对于考核合格者，可给予相应的经济和社会待遇。此法律的颁布与实施大大提高了韩国职业教育的社会地位。1974年制定了《职业训练特别措施法》，1976年又颁布并实施了《职业训练基本法》明确企业参与职业教育的责任，规定凡雇用300名以上职工的企业主，有义务对企业内10％的职工进行企业内训练。1980年11月韩国政府制定了《农渔民后继者育成基金法》，1981年开始组织实施农渔民后继者培养工程。1990年4月，韩国国会通过了《农渔民发展特别措施法》，为培养农业后继者和专业农户，从法律上提供了保证，将农渔民后继者基金更改为农渔村发展基金。

　　20世纪90年代中期，韩国还相继出台了一系列教育改革方案，这些方案将职业教育改革放在重要地位。韩国教育部采纳了这些教育改革方案，并于1996年9月4日制定了"建立新的职业教育培训体制的相关法律法规案"，还安排了相应的实施计划，规定这些教育改革方案将于2000年实施。法律法规明确提出，建立新的职业教育体制"教育改革方案二"中的职业教育改革，体现了以建立终身学习社会为目的的终身职业教育体制，为此，要从以下四个方面促进这项改革。第一，将封闭的教育转变为开放的志愿教育。高中毕业生可以边工作边学习，升入专科大学、开放大学、新型大学、研究生院等。第二，将封闭式的校园教育向相互竞争的教育转变。第三，将不适应社会需求的教育向有实用价值的教育转变。企业要参与职业教育的管理与评审。第四，将非效率的教育向有效率的教育转变。

　　在世纪之交，韩国颁布了《农业、农村基本法》。《农业、农村基本法》是韩国农业与农村经济大法，于1998年11月27日提出，12月16日在国会修改通过，自2000年1月1日起执行。在这个大法中，有很多条文涉及农民教育,对农民培训教育各方面作出了详细而明确的规定。其中有条文规定"农林部长官为持续培养未来农业劳动者,根据农林部令,将有意从事和经营农业的从业人选定为后继农业人,并给予必要的支援"。"农林部长官根据农林部令,对具有农业技术及农业经营能力,在农业发展中能够发挥中枢及先导作用的农业人选定为专业农业人,并给予必要的支援。""政府根据农业经营团体的事业发展计划、技术水平及经营能力等,支援农业项目资金。""国家及地方自治团体为保护农业人的利益,促进经济活动,对生产者团体及农业人团体等农业相关团体的设立及运行给予支援。"

第二节　国外农村人力资源开发对我国东部地区的启示

改革开放后,中国东部地区经济得到了空前发展,但城乡经济差距仍巨大,广大农民的收入偏低,因此,迫切需要对农村人力资源进行开发。目前,中国仍是一个发展中国家,中国东部地区农村人力资源在开发过程中存在很多问题,尚处于探索阶段。美、德、日、韩等发达国家在农村人力资源开发方面的有效做法,对中国东部地区农村人力资源开发有着重要的启示作用。

(一)政府应为农村人力资源开发提供政策支持

从美、德、日、韩等发达国家政府对农村人力资源的开发来看,各国政府都认识到农村人力资源开发对农村经济发展的重大作用,于是都非常重视农村教育和培训工作,在农村教育事业中发挥着主导作用。在政策方面,表现为发达国家对农村人力资源开发的大力支持。

21世纪初,韩国政府出台了《人力资源、知识、新起飞:国家人力资源开发战略》,提出了2005年韩国人力资源竞争力要跻身世界前十名。2001年2月,韩国将教育部改成教育与人力资源开发部,负责全国人力资源开发政策的制定和审议。2005年,韩国农林部改革以往的农民教育方式,首次引入根据农民的实际需要和意愿选择教育培训机构和培训内容的培训券制度,赋予受训者自主与选择权。美国在克林顿政府执政期间,也制定了一系列教育政策。1998年12月,克林顿总统签署高等教育法修改案,其中第二款明确规定为提高教师质量、减轻教师短缺地区的压力,政府将提供招募教师专项资金,这对农村教师短缺、农村教育质量不高问题,起到了很好的缓解作用。2000 年 12 月,克林顿总统签署通过了"农村教育成就项目"(Rural Education Achievement Program,REAP),2002 年 1 月,小布什总统又对 REAP 进行了重新授权。REAP 是美国历史上第一次专门针对农村教育实施的拨款法案,为农村学区和小型学区提供强有力的资金支持和灵活政策。资金项目主要包括:提高不利儿童的学习成绩、培训和招聘合格的教师和校长、利用技术改进教育、建立安全的没有毒品的学校和社区、实施创新计划、加强针对英语熟练度有限和移民儿童的语言教学。REAP 项目包括两个子项目,一是小型和农村学区成就项目(简称 SRSA),SRSA 旨在帮助那些在规模运营和农村特殊背景造成问题的小型学区,SRSA 又进一步划分为两项:农村教育成就项目弹性化(REAP—Flex);小型、农村学校补助项目(Small,Rural School Grant Program)。二是农村和低收入学校项目(简称 RLIS),RLIS 向人口贫困指数在 20% 及以上的贫困农村学区提供附加资金,资金涵盖了教师职业发展、利用新技术等诸多用途。[①]

　　中国是一个农业大国,各地区农村的情况不同,相应的农村人力资源开发方面的政策理应不同。政府应发挥在农村人力资源开发中的主导作用,在制定相关政策和措施时,加强对农村人力资源开发的政策倾斜,要想到目前最需要进行人力资源开发的地方在农村,要意识到人口占绝大多数的农民素质不高是制约农村经济发展的重要因素。与此同时,要因地制宜,考虑东部地区区域差异,慎用"一刀切",要充分发挥宏观调控的作用,促进各地区农村人力资源开发工作的协调、全面发展。

　　(二)为农村人力资源开发提供资金保障

　　舒尔茨早已在 20 世纪 60 年代提出,人力资本投资对经济增长的贡献率要比物质资本投资高得多。人力资本投资的最重要方式是对教育的投资。美国重视人力资源开发的突出表现是对教育和培训的大量投资。1992 年,美国通过立法规定,教育经费主要由州和地方政

---

　　①　傅松涛、杨彬:《美国农村社区基础教育现状与改革方略》,《比较教育研究》2004 年第 9 期。

府负责,联邦政府、州和地方政府在教育经费上的投入分别为 7.5%、24.3% 和 67.9%。美国的教育经费在世界各国中是最多的。美国的公共教育经费占 GDP 的比例长期保持在 5% 以上的高水平,2005 年公共教育经费支出占 GDP 的比重 5.33%。一些发达国家为了提高农民参与培训的积极性,提供生活补贴,有的还提供伙食等。韩国、日本等发达国家都争相加大对农村教育的投资,日本不但加大对职业教育投资的力度,还为农业提供资金支持,向农业提供低息贷款等措施。总之,发达国家通过资金支持,大大提高了农民的文化、科技、身体、道德素质水平,培养出大批农业高级人才,进一步推进了农业经济的发展。

中国东部地区农村人力资源开发需要资金保障。政府部门要深刻认识到人力资源是"第一资源",在物质资源和人力资源投资当中,要更加重视对人力资源的投资。长期以来,中国东部地区教育经费的投入重城市、轻农村,农村教育经费严重不足,造成农村教育设施落后、师资力量不足,制约了农村教育的发展。今后,要发展东部地区农村教育,尤其是农村职业教育和成人教育,都需要强有力的资金保障。

(三)建立健全农村人力资源开发的立法体系

美、德等发达国家都专门制定一系列法律、法规,加强农村人力资源开发,为农村人力资源开发工作提供法律保障。如日本 1947 年的《基本教育法和学校教育法》、1949 年的《社会教育法》、1953 年的《青年学级振兴法》,都从不同程度对农村教育作了规定。2006 年日本修订《教育基本法》,这是自 1947 年 3 月《教育基本法》颁布以来的首次修改,其主题从反省战前教育、提倡"尊重个性"转向重视"公共精神"。韩国 1963 年的《产业教育振兴法》、1967 年的《职业训练法》和 1980 年制定的《农渔民后继者育成基金法》以及 2000 年起执行的《农业、农村基本法》,都涉及农村的教育培训。德国 1969 年《职业教育法》的颁布,使德国形成职业实践教育与所学专业知识相结合的"双元制"的教育体制,后来还颁布了《职业教育促进法》、《青年劳动保护法》等法律。美国通过立法,完善人力资源开发体系。以职业教育为例,从 1862 年联邦政府干预职业教育后通过了多部法律,保障职业教育的贯彻实施。包括 1862 年的《莫里尔法》、1917 年的《史密斯—休斯法》和 1963 年的《职业教育法》等等。美国职业教育的一系列法规、法令,对职业教育作了详细而明确的规定,使得美国职业教育在实施方面有法可依、有章可循。

中国东部地区农村人力资源开发缺乏国家的法律、法规保障。中国应建立健全农村人力资源开发的立法体系,将农村教育体制纳入法制化的轨道,保障农业科研教育经费的投入,促进农科教相结合,推动农业科技成果转化。譬如说,应该将农村职业教育纳入法制轨道。中国1996年颁布了《中华人民共和国职业教育法》,基本上是一个基础性的法律文件,缺乏相关法律的配套。应借鉴德、韩等国家,在职业教育经费、课程设置等方面配以相关的法律保障。另外,我国《教育法》也没有得到严格实施,缺乏相关监督。

(四)大力发展形式、内容灵活多样的职业教育

发达国家农民受教育水平高,一些发达国家农民受教育年限在12—15年,已普及高中教育,部分发达国家实现了农民上大学。在农民教育体系中,发达国家十分重视对农民的职业教育。发达国家的农业之所以有如此迅速的发展,离不开职业教育的大力发展。发达国家一般在实施义务教育后接受职业培训。发达国家基础教育、成人教育和职业教育之间没有明显的界限,实施"三教一体",注重终身教育。发达国家的职业教育形式、内容灵活多样,注重教学与实践相结合,并配合市场需求,培养社会所需的各层级实用人才。例如,一些发达国家在农村人力资源开发方面,特别注重采用"校企联合"的方式,由于这种方式费用基本由企业负担,大大减少了政府开支,并为农民的职业教育培训开辟了一条新途径。其中,德国的职业教育闻名世界,实行"双元制"的职业教育体制。所谓"双元制"职业教育就是学生在企业接受实践技能培训和在学校接受理论知识教育相结合的职业教育形式。"双元制"是德国职业教育的最主要特点,也是德国职业教育获得成功的关键。美国的职业教育实行"农科教"相结合,目前,美国的职业教育在国家政策的积极引导下,朝着更好的方向发展。

中国东部地区农村教育体系中,职业教育发展相当薄弱。职业教育形式不多、内容也不够丰富,缺乏实践教育环节,教育内容与实际需求相脱节。因此,应在普及九年义务教育的基础上,大力发展职业教育,并且注重农民的成人教育,适时为农民提供上大学的机会。只有建立完善的教育体系,才能为农业的大力发展提供智力保障。另外,

东部地区农村人力资源开发的一个重要问题就是教育培训投入不足，如果实行"校企联合"的方式，可大大减轻政府负担，并可为职业院校的学生参与到实践中去，更好地培养实用型人才，并推动农村剩余劳动力的转移。今后，东部地区农村职业教育要实现多渠道办学、内容形式多元化、学制也要灵活，要以市场变化和社会需求为导向，注重实用性，使教学课程和内容与实际挂钩，特别要注重依托当地企业，采取"校企联合"和"订单式"等职业教育方式。在教育的内容上，除注重农业的生产技能培养外，还注重对市场意识、法制观念等经营和管理知识的培养，为现代化农业的产、供、销一体化提供复合型和实用型人才。

（五）实行农业科研、教育、推广"三位一体"的农业科技教育体系

美国、韩国等国家的农业行政管理部门既负责农业生产、农村发展和服务管理，又负责农产品贸易和国内食品和加工，农村人力资源工作也由农业行政部门统一管理和协调，有利于农科教的结合，有利于建立完善的农业科技教育体系。农业科研、教育和推广是相互影响、相互促进的，是相互之间不能割裂的一个有机整体。农业的科研是基础、教育是手段、推广是目的。如何把科研成果最终应用到实践中去，完善的农业科技教育体系至关重要。美国农业推广实施联邦农业技术推广局、州农业推广站和县农业推广站的层级管理制度。各州推广站一般设在农学院，由农学院的院长兼任站长。州一级的推广员都是专家人才，一般具有博士学位，县一级的推广员也一般具有硕士学位。美国农业推广以农学院校为中心，可使农业院校的师生把掌握的先进农业知识应用于实践，实现了农业科研、教育、推广"三位一体"，极大地提高了农业科技成果的转化率。另外，韩国农村振兴厅集农业科研、行政、教育和推广等职能于一体，也是农科教相结合的典范。

目前中国农业科研、教育、推广分属不同的体系。农业部负责农民技术推广工作，农业部下属的推广局和推广站（中心）负责组织、管理和实施全国的农业推广工作。农民技术推广属于非学历教育，学历教育由教育部负责，还有其他一些方面的农村人力资源开发工作属于其他相关职能部门负责。部门之间难以协调，缺乏一个统一的农业行政管理部门来管理和协调农村人力资源开发工作。农业推广忽视

了农业院校的作用,致使我国农业教育、科研和推广各种体系,农业科研成果转化率低,不仅阻碍了农业的发展,还制约了农业高校的发展。在我国东部,一些农业高校人才不适销对路,科技成果转化率低的现象普遍存在。据统计,我国每年获奖的农业科技成果高达 6000 余项,但是其转化率仅为 30%－40%,而发达国家的水平为 70%－80%。今后,我国东部地区应充分挖掘农业高校在"科教兴农"中的作用,构建农业科研、教育、推广"三位一体"的农业科技教育体系,加快农业科技成果的转化和推广工作,促进农村经济的快速发展。

　　(六)教育培训主体要向多元化发展

　　各国对农民的教育培训主体尽管不一样,但都形成了多元化的教育培训主体。主要包括中高等农业院校、企业和民间社会团体、农民协会、农业推广机构等等。例如韩国农民培训教育的主体有农业高中、农业专门大学、农业大学、农民协会和农村振兴厅等。日本农民培训教育主体有农业高中、农业职业大学、农业改良普及中心、农业青年俱乐部、农协等。德国对农民培训教育的主体有职业学校、农业专科学校、高等专科学校、农林大学,一些民间组织参与农民培训也得到政府的鼓励,如"德国农业青年协会"。另外,德国的先进农户经政府批准,可接受青年到其企业培训,这种企业称做"农民培训企业",在全国有 2 万多家。在美国,除公立办学外,还积极鼓励各部门、团体、组织参与农村职业教育,利用农闲季节,对农民进行多层次、多形式的培训教育。美国的"四健会"和"美国未来农民协会"等全国性或地方性农民业余教育机构均得到政府的鼓励和支持,这些机构一般会得到农业部、州政府或私人的拨款资助,其中私人资助一般约占总经费的 2/3,这些资金主要用于颁发智力竞赛奖金、组织旅游野营和其他专门奖励。这些民间组织的培训内容丰富,包括农业生产技术和管理经验、农业政策、思想品德、环境保护等等。其中 4H 俱乐部是闻名世界的教育活动,已成为美国农业部和各级推广服务部门的一个分支机构,其组织形式灵活多样,有长期的,也有定期的,有小组活动,还有集体培训等。另外,美国还有农民俱乐部 5 万多个,帮助农民了解生产和经营、管理知识。美国农村还有一些社会团体也参与到对农民培训的队伍中去,如"美国农民联合会"(1902)、"美国农场联盟"(1919)、"全美农民组织"(1955)等。

中国东部地区农村教育培训的主体除正规院校外，社会其他部门、团体、组织参与的特别少，政府也缺乏这方面的相关激励措施。今后，政府应鼓励一些非正规的社会团体、组织参与农民教育和培训，促使致力于农村教育培训的民间组织的诞生，向它们提供各种资助，并鼓励私人拨款资助。

（七）完善农村社会保障体系

美、韩、德等发达国家非常重视农村医疗保险，不断完善农村社会保障体系。1963 年，韩国颁布了第一部《医疗保险法》。从 20 世纪 70 年代后期起，韩国经济快速发展，开始实行强制性保险。韩国农村居民医疗保险经费有三个来源，分别是政府补贴、个人交纳保险和就医时个人自付一部分。居民按户每月向保险组织交纳保险金，家庭和政府各负担一半，保险金额按照他们所属的不同等级而定。韩国农村医疗保险的管理与城市一样，采用社会团体管理形式，叫做保险社团，全国共有农村医疗保险社团 156 个。保险社团自主经营，在行政管理和资金上都是独立的。1989 年，韩国就实行全民医疗保险制度，医疗保险的覆盖率达全体居民的 90%，其他 10% 的居民为生活在贫困线以下者，由政府提供其他形式的医疗费用救济。德国可以说是世界上最早实施社会保障制度的国家。医疗保险体系覆盖全面，享有医疗保险的国民几乎达到了 100%。德国采取以法定医疗保险为主、私人医疗保险为辅的医疗保险体制，法律规定法定农业医疗保险机构有义务为农民及其家庭成员提供医疗保险，农民医疗保险费用按照"互助共济，风险分担"的原则，根据农民自己的经济能力进行缴纳。1972 年，德国开始实行农村医疗保险政策，把自雇农场主及其配偶、其他家庭成员、退休农场主首次纳入法定医疗保险当中，为农民提供了医疗保障，同时也为企业增加了抗风险能力。德国还通过相关法律来保证农村保障措施的实施，使得农村社会保障真正有法可依，先后颁布了《关于农业企业中被雇佣人员工伤事故保险法》(1886)、《农民老年援助法》(1957)、《劳动促进法》(1969)，《自雇农场主法定医疗保健法》(1972)、《事故保险法》(1986)、《健康改革法》(1988)等。2004 年，实施《法定医疗保险现代化法》，此法对医疗保险体系的主要支柱——法定医疗保险制度进行了大刀阔斧的革新。

自 2003 年 9 月 1 日起，中国开始试点实施"新农合"，在各级政府的全面推动下,截至 2008 年 9 月 30 日,全国农村参合人口达到 8.14 亿人,参合率为 91.5%。其中,东部地区参合人口为 2.38 亿人,参合率为 95.7%。2009 年 4 月 7 日,公布了《医药卫生体制改革近期重点实施方案(2009—2011 年)》,首次提出"建立覆盖全民的基本医疗保障制度",这是我国医疗卫生事业发展史上具有划时代意义的里程碑。但是,"新农合"除了《国务院关于建立新型农村合作医疗制度的指导意见》外,其他具体指导基层实践的法律法规还不完善,这使得"新农合"的具体实施动力不足。

农村医疗保险是社会保障的一部分,属于"公共物品"。因此,政府在其中应当起重要作用。但目前,东部地区农村医疗保险覆盖率仍然未达到理想水平,农村居民享有的医疗卫生资源相对城市居民来说,仍然少得多。东部地区很多乡镇和农村设有卫生院、诊所等,但是存在着医疗设施陈旧、资金投入不足、医疗人员素质不高的情况,远不能满足参合农民的就医需求。农村社会保障的相关法律法规不健全,缺乏监督和管理机制,因此,只有出台相关法律法规,农村社会保障才能更加规范化。另外,广大农民工游离于农村和城市之间,由于没有城市户籍,没有资格参加城市医疗保险,形成了医疗保险的真空现象。因此,要考虑这个特殊群体,进一步探讨农民工医疗保障问题,使医疗保险做到全民共享。

(八)促进农村剩余劳动力的转移

美国在农村劳动力转移方面的成功经验,值得我们借鉴。美国农村劳动力转移大致分为五个不同阶段。第一个阶段是从 1820 年至 1850 年,这段时期是农村劳动力转移的启动阶段。第二个阶段是 1850 至 1880 年,人们大规模地向西部地区迁移,史称"西进运动"。第三个阶段是 1880 至 1910 年,这是第一次农村劳动力转移的高潮,这段时期,美国工业化不断发展,农业机械化水平不断提高,农业劳动生产率也得以提高,于是,大量农村剩余劳动力开始向城市二三产业转移。随着农村剩余劳动力的大量转移,农业人口所占比重大幅减少,农业劳动力在总劳动力中所占比重开始下降。第四个阶段是 1910 至 1950 年,这是农村劳动力转移的第二次高潮,此阶段农业劳动力数量继续下降。第五个阶段是 1950 年至 20 世纪 70 年代中期,被称为是农村劳动力转移的第三次高潮,是农村劳动力快速转移的阶段。随后,农村劳动力减少的速度趋缓,美国农村劳动力转移的任务基本完成。

东部地区农村劳动力严重剩余,很多剩余劳动力到乡镇企业或其他性质的企业打工。而一些企业特别是农业企业在发展过程中,也越来越离不开农民的广泛参与。企业要认识到员工素质的高低是企业生存和发展的关键,要提高员工的素质,就必须对员工进行培训。企业参与对农民的培训,第一,可以使农民学到新知识、新技术;第二,农民将所学知识和技术应用于生产或服务,可提高企业的经济效应;第三,有利于农村剩余劳动力的顺利转移。因此对农民、企业和国家来说,可达到"三赢"的效果。

从农村剩余劳动力的转移地域来看,转移分就地转移和异地转移。目前,东部地区农村剩余劳动力的转移多为就地转移,转移的半径不大,迁移外省的很少。东部地区乡镇经济发展较快,在发展过程中,可鼓励农民"离土不离乡,进厂不进城",就地消化农村劳动力,就地发展小城镇。乡镇经济的进一步发展,有利于缩小城乡之间,特别是沿海发达地区如长三角、珠三角地区等城乡之间的差距,有利于打破传统的城乡二元经济格局。农村剩余劳动力的就地转移,不仅有利于发展当地经济,而且还加快了农村城市化进程。农村劳动力的剩余也有两种,一种是绝对剩余,即农忙季节也不需要的劳动力;一种是相对剩余,即只在农闲季节闲置的劳动力。东部地区通过实施"阳光工程",一方面可以实现绝对剩余劳动力到城市二、三产业的转移的成功性,另一方面可使相对剩余劳动力实现兼业化。兼业化同样可推动农村剩余劳动力的转移。兼业化的农民在农闲季节可从事二三产业,到乡镇企业或城市中小企业工作。东部地区人多地少和就地转移的特点特别适合兼业化的发展。这一点和日本相似,日本农村剩余劳动力的转移有一部分就是通过兼业化实现的。

第三节　小　结

当前,我们应该结合中国国情,并结合东部地区的实际情况,学习和借鉴发达国家的先进经验,加快东部地区农村人力资源开发。首先介绍了美、德、日、韩等发达国家在农村人力资源开发方面的有效做法。美国的有效做法有：(1)建立赠地学院，培养实用人才；(2)农科教相结合，打造统一的教育体系；(3)注重实用技能培训，职业教育广泛；(4)加强农业推广，将科研应用于实践；(5)重视农业人口转移，转移方式多样。德国的有效做法有：(1)重视职业教育，推行"双元制"；(2)建立多层次农业教育体系，培养各种农业人才；(3)医疗保险体系覆盖广泛，体现救济公平；(4)为农民提供社会保障，健全相关立法。日本的有效做法有：(1)注重农民培训，内容形式多样；(2)普及义务教育，重视农业教育；(3)教育以政府为主导，以国家立法为保障；(4)强制农村医疗保险，重视老年人保健；(5)建立互助保险机构，成立"自治医科大学"。韩国的有效做法有：(1)注重思想培养和政府援助，激发农民积极性；(2)加强新村教育，培养新村建设人才；(3)培训主体广泛，培训形式灵活多样；(4)重视农业教育立法，提供法律保障。

美、德、日、韩等发达国家在农村人力资源开发方面的有效做法，对中国东部地区农村人力资源开发有着重要的启示作用：(1)政府应为农村人力资源开发提供政策支持；(2)为农村人力资源开发提供资金保障；(3)建立健全农村人力资源开发的立法体系；(4)大力发展形式、内容灵活多样的职业教育；(5)实行农业科研、教育、推广"三位一体"的农业科技教育体系；(6)教育培训主体要向多元化发展；(7)完善农村社会保障体系；(8)促进农村剩余劳动力的转移。

第六章　东部地区农村人力
资源开发模式研究

第一节　国内农村人力资源开发模式分析

由于农村人力资源开发的最主要渠道是教育培训,因此农村人力资源开发模式多是从教育培训角度讲。农业部副部长张宝文主持的国家"十五"教育规划重大课题《中国农民教育发展研究》中将我国农村人力资源开发主要途径——农民教育模式分为八种:技术推广教育模式、绿色证书模式、青年农民培训模式、企业带动模式、创业培植模式、中等农业职业教育模式、联合办学和高等农业教育模式、农村劳动力转岗培训模式。[①] 下面就这八种模式进行详细分析。

一、技术推广教育模式

技术推广模式是与农业技术推广工作紧密联系在一起的。农业推广学认为,农业科技推广的基本属性是教育,推广的过程就是教育培训过程。农技推广工作有狭义和广义之分。狭义的农技推广仅限于在农业生产领域的技术指导和改良;广义的农技推广还包括农民教育、运输加工服务、信息传输等。我国现行的农技推广工作正处于由狭义的向广义的农业技术推广改革转变的过程中,它是指以政府的有关机构为主导,通过试验、示范、培训、技术承包、信息咨询、经营等形式,把应用于种植业、林业、畜牧业、渔业的科技成果和实用技术普及应用于农业生产的产前、产中、产后的物资、信息、贮运技术指导及产品销售等事项的综合性服务工作。

为加强农业技术推广工作的顺利进行,促进农业科研成果和相关技术在农业生产中的尽快利用,加快实现农业现代化,中国早在1993

---

① 李华:《中国农村人力资源开发理论与实践》,中国农业出版社2005年版,第49—83页。

年就制定了《中华人民共和国农业技术推广法》(以下简称《农业技术推广法》)。《农业技术推广法》明确指出,农业技术是指应用于种植业、林业、畜牧业、渔业的科研成果和实用技术,包括良种繁育、施用肥料、病虫害防治、栽培和养殖技术,农副产品加工、保鲜、贮运技术,农业机械技术和农用航空技术,农田水利、土壤改良与水土保持技术,农村供水、农村能源利用和农业环境保护技术,农业气象技术以及农业经营管理技术等。农业技术推广应当遵循的原则是:有利于农业的发展;尊重农业劳动者的意愿;因地制宜,经过试验、示范;国家、农村集体经济组织扶持;实行科研单位、有关学校、推广机构与群众性科技组织、科技人员、农业劳动者相结合;讲求农业生产的经济效益、社会效益和生态效益。《农业技术推广法》还提出,国务院农业、林业、畜牧、渔业、水利等行政部门作为农业技术推广的行政部门,应按照各自的职责,负责全国范围内有关的农业技术推广工作。县级以上地方各级人民政府农业技术推广行政部门在同级人民政府的领导下,按照各自的职责,负责本行政区域内有关的农业技术推广工作。同级人民政府科学技术行政部门对农业技术推广工作进行指导。《农业技术推广法》指出,乡、民族乡、镇以上各级国家农业技术推广机构的职责是:参与制订农业技术推广计划并组织实施;组织农业技术的专业培训;提供农业技术、信息服务;对确定推广的农业技术进行试验、示范;指导下级农业技术推广机构、群众性科技组织和农民技术人员的农业技术推广活动。地方各级人民政府应当采取措施,保障农业技术推广机构获得必需的试验基地和生产资料,进行农业技术的试验、示范。地方各级人民政府应当保障农业技术推广机构有开展农业技术推广工作必要的条件。地方各级人民政府应当保障农业技术推广机构的试验基地、生产资料和其他财产不受侵占。

自《农业技术推广法》实施以来,不可否认,中国农业技术推广工作得以一定程度的发展。但随着农村改革的进一步深入,此法在运行过程中,已不能完全适应新形势和新条件的变化,因此面临着进一步的修订和完善。2012年,十一届全国人大常委会第二十六次会议初次审议了《中华人民共和国农业技术推广法修正案(草案)》,并将《中华人民共和国农业技术推广法修正案(草案)》及其说明在中国人大网公布,向社会公开征集意见。从《中华人民共和国农业技术推广法修正案(草案)》中可以看出,修正案草案对一些条款进行了修订,并增加了一些新的条款。新的《中华人民共和国农业技术推广法》将根据修正案作相应的修改后,重新公布。

二、绿色证书模式

绿色证书培训是面向农民的、区别于学历教育的农民素质教育,是农业部组织在全国推行绿色证书制度、实施绿色证书工程的过程中,经过 15 年的试点、探索、总结而形成的规范化的教育培训模式。"绿色证书"是农民技术资格证书的统称,因其封面为绿色而得名。所谓农民技术资格证书,就是农民达到从事某项工作岗位规范要求具备的基本知识和技能后,经当地政府认可的从业资格凭证。我国的绿色证书制度与国外有明显区别。国外绿色证书制度实质是农业行业的"劳动准入"制度,绿色证书是农民从业的门槛。而国内绿色证书制度是一项通过农民技术教育提高农业劳动者素质的保障制度。中国的农民绿色证书教育自 1990 年在一些地区试点推广、1995 年在全国实施以来,取得了一定成绩,目前已处于完善和提高阶段。①

为了建立和完善"绿色证书"制度,提高农民的科技文化素质,培养有技术、有文化、懂经营、善管理的新型农民,根据《职业教育法》和国务院有关规定,我国已于 1997 年经农业部常务会议通过并发布施行《"绿色证书"制度管理办法》。自新的管理办法发布之日起,(1992)农(教)字第 6 号《关于印发〈农民技术资格证书制度管理办法〉(试行)的通知》同时废止。

《"绿色证书"制度管理办法》指出,"绿色证书"是指农民达到从事某项农业技术工作应具备的基本知识和技能要求,经当地政府或行业管理部门认可的从业资格凭证,是农民从业的岗位合格证书。"绿色证书"制度是指通过法律、行政、经济等手段,对农民从业的技术资格要求、培训、考核、发证等作出规定,并制定相关的配套政策,作为农民从业和培训的规程,确保提高从业人员的文化科技素质,推动农业和农村经济的发展。农业部主管全国"绿色证书"制度工作,并成立"绿

---

① 1994 年国务院办公厅转发了农业部《关于实施"绿色证书工程"的意见》,《意见》明确提出绿色证书工程分三个阶段实施:1994—1995 年为起步阶段;1996—2000 年为全面实施阶段;2001 年后为进一步完善和提高阶段。

色证书"制度工作领导小组,办公室设在农业部教育司。县级以上(含县级)地方各级人民政府应成立相应的领导小组,办公室设在农业部门,负责本行政区域内的"绿色证书"制度工作。地方各级人民政府要将实施"绿色证书"制度与发展农村经济和社会化服务体系建设结合起来,纳入当地农村经济发展规划和农村人力资源开发计划,因地制宜,有领导、有计划、有组织地开展"绿色证书"制度工作。

《"绿色证书"制度管理办法》的有关规定

在组织管理方面,《"绿色证书"制度管理办法》规定,农业部负责制定有关工作规划和指导性岗位规范;组织编写培训教材;组织制定指导性培训计划、培训大纲;组织开展经验交流、检查评估和表彰等活动;部署并指导全国"绿色证书工程"工作。省、自治区、直辖市及计划单列市农业部门在当地"绿色证书"制度工作领导小组的领导下,制定本地区指导性规划和实施细则;组织开展经验交流、检查验收和表彰活动;制定地方性岗位规范、培训计划、培训大纲和考试考核办法,组织编写地方性培训教材,并负责本地区"绿色证书"制度工作的领导、组织和协调。地(市)"绿色证书"制度工作领导小组和农业部门根据省、自治区、直辖市的统一部署和要求,组织本地区"绿色证书工程"实施工作,指导和检查各县(市、旗)(以下简称县)的"绿色证书"制度工作。县是实施"绿色证书"制度工作的基层单位,要成立由政府领导和有关部门参加的"绿色证书"制度工作领导小组。县"绿色证书"制度工作领导小组及办公室负责制定实施方案和工作计划,全面组织领导本地区的"绿色证书"制度工作;明确各部门及行业的责任,成立行业考评小组;落实"绿色证书"培训计划、培训大纲、教材、教师、经费和培训单位等;制定有关的配套政策,把"绿色证书"的培训、考核、发证、使用和管理结合起来,充分发挥持证人员在科教兴农中的积极作用。凡开展"绿色证书工程"工作的县,均以县政府或县"绿色证书"制度工作领导小组文件形式报省、自治区、直辖市及计划单列市"绿色证书"制度工作领导小组或农业部门,并抄报地(市)"绿色证书"制度工作领导小组或农业部门备查。

在实施范围、对象和技术资格标准方面,《"绿色证书"制度管理办法》规定,"绿色证书"制度的实施范围,包括种植、畜牧兽医、水产、农机、农村合作经济管理、农村环保和能源等行业。农业机械驾驶、操作、维修以及农村会计、审计、合同仲裁、渔业船员等岗位实行的培训、考核、发证的有关规定应继续执行,并使之逐步完善;凡从事这些岗位工作的农民,达到农业部规定要求,获得的资格证书可视同专业类"绿色证书",并具有同等效力;乡镇企业、农垦或其他行业,国家有关部门已有岗位规范或技术等级标准的岗位,仍按有关部门的规定执行。取得"绿色证书"的对象,主要是具有初中以上文化程度的乡(镇)、村农业社会化服务体系的人员、村干部、专业户、科技示范户和一些技术性较强岗位的从业农民。取得"绿色证书"的农民,必须达到岗位规范规定的标准。农民技术资格岗位规范包括政治思想、职业道德、岗位专业知识、生产技能、工作经历、文化程度等方面的要求。岗位专业知识和技能,是技术资格岗位规范的重要内容。要求"绿色证书"获得者比较系统地了解本岗位的生产和经营管理的基础知识,每个岗位的专业知识包括3—5门课程,300学时左右;种植业、养殖业等生产周期较长或技术性较强的岗位,至少要通过一个以上本岗位生产周期的实践,掌握本岗位的生产技能并达到一定的熟练程度。农民技术资格岗位规范分为通用类、专业类和特产类。通用类、专业类由农业部制定指导性岗位规范,各地可据此制定地方性岗位规范;特产类岗位规范由各省、自治区、直辖市及计划单列市农业部门制定。

在培训、考核与发证方面,《"绿色证书"制度管理办法》指出,县"绿色证书"制度工作领导小组统一规划和部署县、乡两级"绿色证书"培训工作。对少数技术性较强、从业人员分散的岗位,地(市)级以上(含地市级)农业部门可委托有关单位开展培训。经同级"绿色证书"制度工作领导小组办公室批准,具备培训条件的乡级以上(含乡级)农业广播电视学校、农业技术推广培训中心、农机化技术学校、农民文化技术学校、农业中专学校、农村职业学校及其他各类农业成人(职业技术)学校可承担培训任务。承担培训任务的单位,应按照省、自治区、直辖市及计划单列市"绿色证书"制度工作领导小组及农业部门的统一部署,在县"绿色证书"制度工作领导小组的领导下,按照统一培训规划、统一教学计划、统一教学大纲、统一培训教材的要求开展培训。县政府应协调各有关部门,建立一支专兼职相结合的师资队伍,并规定聘请教师的标准,努力提高教师的素质,妥善解决教师的待遇,充分发挥教师一专多能的作用。申请取得"绿色证书"的农民,须参加"绿色证书"培训,通过县级以上(含县级)"绿色证书"制度工作领导小组办公室或农业部门统一组织的考试(凡农村职业中学毕业生、其他农民中专及农广校中专毕业生申请同专业类"绿色证书"可免于培训和理论考试),并经过本岗位规定期限的实践考核,在生产中起到示范、带头作用,由本人申请,村民委员会推荐,乡(镇)政府审查,报县"绿色证书"制度工作领导小组办公室审核后,由县政府发给"绿色证书"。各省、自治区、直辖市及计划单列市农业部门应制定"绿色证书"的考试、考核、证书发放与登记制度。要建立试题库,逐步做到考试试题标准化。必须严格考试纪律,杜绝各种弄虚作假行为。"绿色证书"由农业部统一印制,并制定"绿色证书"管理办法,各省、自治区、直辖市及计划单列市农业部门根据管理办法负责"绿色证书"的具体管理工作。每年2月底以前,各省、自治区、直辖市及计划单列市"绿色证书"制度工作领导小组办公室或农业部门应将上年开展"绿色证书"培训与发证人数分行业、按专业汇总上报至农业部教育司及对口专业司(局)。

在持证人员的使用与管理方面,《"绿色证书"制度管理办法》明确提出,取得"绿色证书"的农民,在发证机关所辖区域范围内具有从事本岗位工作的技术资格,跨区域的"绿色证书"认证,须经所跨区域的发证机关审核认可。"绿色证书"应规定有一定的有效期,到期应接受规定的培训与考核,并由县行业考评小组或农业部门对证书复核验印后,才能延续使用。各个岗位"绿色证书"的有效期,由各省、自治区、直辖市及计划单列市"绿色证书"制度工作领导小组或农业部门根据不同专业及各地实际情况作出具体规定。对取得"绿色证书"的农民要优先安排农业项目承包和贷款,并给予必要的支持。农村基层干部和农业社会化服务体系录用农民技术人员,要逐步做到从获证农民中选拔。实施"绿色证书"制度工作的县应组织有关部门,根据不同行业和当地实际,制定相应的配套政策和措施,明确持证人员的权利和义务。对不具备国家承认的中等专业技术学校以上毕业学历的农民,应首先取得"绿色证书",才能申请评定和晋升农民技术职称。

在评估、检查与奖惩方面,《"绿色证书"制度管理办法》是这样规定的,各级"绿色证书"制度工作领导小组,负责对下级实施"绿色证书"制度工作进行业务指导、质量检查和监督评估,对违反本管理办法的,有权责令其检查、限期整顿或取消其发证权;对违反本管理办法规定开展培训业务的,有权责令其限期整顿或取消其培训资格。"绿色证书"制度领导小组应将以上处理情况向上级领导小组报告。农业部对农民学科学、用科学标兵和在农民技术教育中做出显著成绩的先进集体、先进工作者进行表彰或授予荣誉称号。省、地、县应制定相应的表彰奖励办法。

(资料来源:http://www.people.com.cn/item/flfgk/gwyfg/1997/230100199703.html)

三、青年农民培训模式

青年农民培训,是在我国进入 21 世纪,农村经济不断发展,农业产业化初见端倪,对从业者提出新的和更高的要求的新形势下,应运而生的一种有效的农民教育形式。培训对象是年龄在 40 岁以下,具有初中以上文化水平,从事农业生产、经营、服务两年以上,有一定生产经营管理水平的优秀青年农民,要重视农村村组干部、团干部、复员军人、专业大户、科技户的培训。主要培训内容是农牧渔业生产、农产品加工、农业机械、农村能源环保等基本知识和技能;农业和农村经营管理等有关知识;党和国家在农村的方针政策;法律基本知识和有关农业农村法律、法规。农业部门确定 2003—2005 年全国培训青年农民 360 万人,2006—2010 年培训青年农民 500 万人,届时,在农村基本达到每个村民小组有 2 名优秀青年农民参加培训。

青年农民培训全称为"跨世纪青年农民科技培训工程"。21 世纪,农业靠的是科技,要对农民进行科技培训,尤其要针对青年农民进行科技培训,此项工程有利于新科技、新成果的推广和实施,同时也有利于培养农民的科技素养,促进一批具备新文化、新技术、新思路的新型农民队伍的诞生。但"跨世纪青年农民科技培训工程"不同于"绿色证书工程",这表现为:首先,在培训对象方面,"绿色证书工程"没有年龄限制,而"跨世纪青年农民科技培训工程"培训的是有一定文化基础的青年农民;其次,在培训规模方面,"绿色证书工程"是大规模的广泛的培训,"跨世纪青年农民科技培训工程"属于对青年的精英型的培训,因此,"绿色证书工程"的培训规模要比"跨世纪青年农民科技培训工程"的培训规模大得多;再次,在培训目的方面,"绿色证书工程"是培训农民具备一项以上的农业产业化基础知识和技能,而"跨世纪青年农民培训工程"是在"绿色证书工程"培训的基础上,使培训对象成为农村先进生产力的代表者,成为建设社会主要新农村的中坚力量,是农村劳动者的带头人。

中国农业部、财政部以及团中央高度重视此项工作,在"跨世纪青年农民科技培训工程高级研修班"上,有关领导发表重要讲话,号召积极培养高素质青年农民劳动者,适应新世纪的需要,使其成为新世纪建设社会主义新农村的中坚力量。为了全面推进"跨世纪青年农民科技培训工程"的实施,进一步加强管理,根据《关于印发〈关于开展跨世纪青年农民科技培训工程试点工作的意见〉的通知》(农科教发[1999]8号文件)精神,农业部、财政部、团中央还组织制定了《跨世纪青年农民科技培训工程管理办法》,于2001年颁布并实施。

《跨世纪青年农民科技培训工程管理办法》的相关规定

《跨世纪青年农民科技培训工程管理办法》提出,实施青年农民培训工程的目的是为我国农业专业化生产和产业化经营培养高素质的劳动者和带头人,培养造就一大批觉悟高、懂科技、善经营的新型农民,使其成为建设社会主义新农村的中坚力量,为实现我国21世纪初农业和农村发展战略目标提供智力支持。还提出,青年农民培训工程要面向农业和农村生产、经营、服务等领域。实施范围主要包括种植业、养殖业、农产品加工、农业机械、农村经营管理和农村能源生态等行业。同时提出,青年农民培训工程的培训对象是年龄在40岁以下,具有初中以上文化水平,从事农业生产、经营、服务两年以上,有一定生产经营管理水平的优秀青年农民。要重视农村村组干部、团干部、复员军人、专业大户、科技户的培训,特别重视妇女和少数民族青年农民的培训。

在组织机构方面,《跨世纪青年农民科技培训工程管理办法》规定,三部委全面负责青年农民培训工程的组织实施工作,具体日常工作由农业部科技教育司和团中央青农部负责。各省、自治区、直辖市及计划单列市、新疆生产建设兵团(以下简称"省")和市、地、州、盟、师(以下简称"市"),分别成立由农业、财政、共青团组织等部门共同组成的青年农民培训工程领导小组,对辖区内的青年农民培训工程工作进行协调和组织管理。领导小组下设办公室,负责日常工作。县、市、区、旗、垦区团场(以下简称"县")成立由县委和政府领导负责,农业、财政、共青团组织等部门共同组成的青年农民培训工程领导小组,负责本县青年农民培训工程的具体实施。领导小组下设办公室,负责日常工作。各级领导小组和办公室应包括独立设置的畜牧、水产、农机、农垦、农民科技教育培训中心(或农广校)等部门和单位。

在组织管理方面,《跨世纪青年农民科技培训工程管理办法》提出,青年农民培训工程项目实行分级管理。三部委为一级项目管理单位,省为二级项目管理单位,市为三级项目管理单位,县为项目单位。各级农业、财政部门和共青团组织按照统一领导、分工协作的原则共同组织实施青年农民培训工程。农业部门负责提供培训场所和设施、实习基地、聘请培训教师、确定培训内容等。共青团组织负责学前动员、学后跟踪服务和青年农民典型事迹宣传等工作。财政部门负责落实培训经费,监督检查培训经费的使用情况。实施青年农民培训工程是一项政府行为,项目单位要将青年农民培训工程纳入当地农村经济发展的总体规划,实行"有目标、有计划、有措施、有考评、有奖惩"的目标管理责任制。经县领导小组综合评价,择优确定具备培训条件的农业广播电视学校、农业中专学校、团校、农业技术推广中心、农业职业中学、乡镇农技校及农村成人学校等单位,承担具体教学工作。要特别重视发挥农业广播电视学校在培训中的骨干作用。青年农民培训工程的主要培训内容是农牧渔业生产、农产品加工、农业机械、农村能源环保等基本知识和技能;农业和农村经营管理等有关知识;党和国家在农村的方针政策;法律基本知识和有关农业农村法律、法规。技术培训要围绕当地主导产业、农业产业化和农业结构调整的要求进行,要重视农业新知识、新技术的培训,并与生态家园富民计划、农业技术引进计划、跨越计划、丰收计划、生态农业等项目培训相配合。项目单位按照统一规划、统一教学计划、统一师资、统一教材、统一档案管理、统一考试考核的"六统一"原则,按教学班组织和管理教学,每个项目单位在 2 年内按要求完成 3000 人左右的培训任务。青年农民培训工程项目资金的使用必须坚持预算管理、专款专用、权责分明、程序规范的原则。对考试考核合格者,颁发由三部委统一印制的"跨世纪青年农民科技培训工程证书"。各地要制定有关政策,对获得"跨世纪青年农民科技培训工程证书"的青年农民在承包土地、鱼塘、山林,获得科技资料,参加新品种、新技术试验示范,参加农广校、中等职业学校学习、科技培训,评定农民技术职称及贷款等方面给予政策倾斜和支持。

（资料来源:http://www.110.com/fagui/law_109958.html）

"跨世纪青年农民科技培训工程"自实施以来,在三部委的组织和领导下,联合相关部门,充分利用和依托当地的技工学校、广播电视大学、职业技术学校等教育培训资源,积极组织农村青年劳动者踊跃参加科技培训工程,大大提高了青年农民的农业实用技术和科技水平,并产生了巨大的经济效益和社会效益。据统计,自 1999 年以来,截至 2005 年,全国已有 200 多万青年农民接受了"跨世纪青年农民科技培训工程",中央财政累计投入 1.5 亿元,地方财政配套投入 3 亿元,实施县市达到 747 个。

四、企业带动模式

企业带动主要是通过企业组织对农民进行的针对性强、见效快、以技能为主、效益最大化的一种农业科技培训形式。培训对象是年龄在 50 岁以下,具有一定文化基础,有一定生产实践经验,与企业生产、经营、服务等有一定的利益关系的农民。企业通过组织开展培训,提高与之签订合同的农民的科技素质,使其掌握标准化生产操作规程,生产出达到企业要求的农产品或原料。实施主体依据企业带动不同培训形式而不同,企业带动培训形式又依据企业模式而不同。农业产业化龙头企业有多种模式,比较普遍的有公司＋农户型、农场＋农户型和股份制经营型三种,其中公司＋农户型更为普遍。

为支持农业产业化龙头企业的发展,国务院于 2012 年下发了《关于支持农业产业化龙头企业发展意见》,提出了发展的总体思路,即坚持为农民服务的方向,以加快转变经济发展方式为主线,以科技进步为先导,以市场需求为坐标,加强标准化生产基地建设,大力发展农产品加工,创新流通方式,不断拓展产业链条,推动龙头企业集群集聚,完善扶持政策,强化指导服务,增强龙头企业辐射带动能力,全面提高农业产业化经营水平。

《关于支持农业产业化龙头企业发展意见》特别提出了要完善利益联结机制,带动农户增收致富。在开展社会化服务方面,要充分发挥龙头企业在构建新型农业社会化服务体系中的重要作用,支持龙头企业围绕产前、产中、产后各环节,为基地农户积极开展农资供应、农机作业、技术指导、疫病防治、市场信息、产品营销等各类服务。在强化社会责任意识方面,要逐步建立龙头企业社会责任报告制度,龙头企业要依法经营,诚实守信,自觉维护市场秩序,保障农产品供应。强化生产全过程管理,确保产品质量安全。要积极稳定农民工就业,大力开展农民工培训,引导企业建立人性化企业文化和营造良好的工作生活环境,保障农民工合法权益。加强节能减排,保护资源环境。积极参与农村教育、文化、卫生、基础设施等公益事业建设。龙头企业用于公益事业的捐赠支出,对符合法律法规规定的,在计算企业所得税前扣除。

以福建省为例,福建省农业产业化龙头企业在带动农村经济发展,促进农民增收,开展农民工培训方面作出了一定的贡献。无论在茶叶、花卉、果蔬等方面,省政府都大力支持农业产业化的发展,培养了一批现代化的、产业化的农业龙头企业。据统计,2011年,全省各类农业产业化组织达10500个,其中3741家农业产业化龙头企业年销售收入2731亿元,同时带动了683万农户从中收入151亿元。福建省通过采取相关政策措施,把农业产业化经营与农村经济结构的调整、县域经济的发展等紧密结合起来。其中为了推进农业企业创建品牌的积极性,实行了一系列奖励措施。在2007—2009年,省政府就连续3年开展了"福建省品牌农业企业金奖"评选,共评出了65家"品牌农业金奖"企业,并对获奖企业给予每家100万元的奖励。从2010年起,省政府又设立了专项资金对上年度获得国家级品牌的农业企业给予30万元的一次性奖励。通过这些激励措施,福建省农业企业对品牌的创建积极性大增,到2012年,省级重点龙头企业都拥有了自己的品牌,其中获得中国驰名商标称号的有59个、中国名牌产品称号的有20个、中国名牌农产品称号的有18个。同时,农业产业化龙头企业数目也在不断壮大,据统计,到2012年,福建省共聚集了国家级农业产业化重点龙头企业52家、省级以上重点龙头企业299家、市级以上龙头企业1426家,形成了多层次、广覆盖、强带动的龙头企业群。就比较知名的安溪茶叶来说,安溪茶叶企业就达600多家,其中规模较大的有100多家。这些农业产业化龙头企业通过与农户建立产销链接关系,与农户签订产销合同,带动农户发展。不仅在生产环节,还在经营、加工和服务等环节,龙头企业也与农户形成合作的经济利益共同体,使农民也成为利润的分享者。其中福建连城红心地瓜干集团公司,通过公司带基地、基地联农户的形式,与农户签订产销合同,带动农户发展地瓜产业,形成了"四万农户种地瓜,五千农户搞加工,两千农户跑营销,五亿产值富万家"的喜人局面。① 在农业产业化龙头企业与农户合作中,农业产业化龙头企业会不断对农户进行相关技术的指导,适当时候对农民进行培训,以提高与之签订合同的农民工的科技素养,最终使其符合自身企业的标准化要求。

五、创业培植模式

对新型农民的创业培植工程主要是从参加"绿色证书"和"青年农民培训工程"的学员中,选拔能开展规模化生产和具有创业能力的优秀学员,通过政策引导、信息服务、创业资金扶持和后援技术支持,将其培植成规模化和专业化生产经营的农场主和农民企业家。该工程从 2003 年开始启动,计划 2003—2005 年培训农民 3 万人;2006—2010 年再培训 7 万人,8 年共计培训 10 万人,届时,达到每个乡(镇)培训 2—3 人。"创业培植工程"由农业、财政和银信部门组织领导,由各级中高等农业职业院校及符合条件的地、县级农业广播电视学校、农职中学等承担具体培训任务。

自"新型农民创业培植工程"实施以来,党和国家高度重视,制定和颁发了一系列文件,进一步促进了对新型农民的创业培训工作。其中 2012 年中央"一号文件"就明确提出,要加快培养村干部、农民专业合作社负责人、到村任职大学生等农村发展带头人,农民植保员、防疫员、水利员、信息员、沼气工等农村技能服务型人才,种养大户、农机大户、经纪人等农村生产经营型人才。大力培育新型职业农民,对未升学的农村高初中毕业生免费提供农业技能培训,对符合条件的农村青年务农创业和农民工返乡创业项目给予补助和贷款支持。

为贯彻和落实党和国家制定和颁布的文件精神,加快农村带头人和创业人才的培养,各地纷纷采取一系列措施,同时出台相关地方文件,组织和实施对新型农民的培训工作。

---

① 方炜杭:《龙头企业带动农业增效农民增收》,东南网,2012—06—22。

山东省章丘市的"创业培植工程"

拿山东省来说，山东省农业厅和财政厅为贯彻和落实 2012 年中央"一号文件"，就在年初出台了《关于组织实施 2012 年新型农民创业培训工程的通知》，通知对培训对象、培训任务、培训学校及任务分解、补助标准及资金拨付、培训内容和时间安排等都做了详细部署。于是，山东省各地纷纷开展了丰富多彩的"新型农民创业培训班"。山东省章丘市就在 2012 年 6 月 27 日到 7 月 14 日组织了为期半个多月的新型农民创业培训，这支培训队伍有 100 人，队伍里有十八九岁的高中毕业生，还有四五十岁的农民大伯。这些"学生"的培训从严格的军训生活开始，随后展开了对各种技能的培训。培训课采取模拟创建创业团队的形式，100 个人分成十组，按 10 人一组进行集中培训，通过模拟训练成立专业合作社的操作流程。根据讲师提供的思路，班成员共同讨论，集思广益，绘制成立合作社的流程图、为合作社拟定名称、设计标识等。当然，模拟创建创业团队的形式只是对新型农民进行创业培训的众多培训形式之一。新型农民创业培训实行政府"买单"，而最终受益的是广大农民。据章丘市新型农民创业培训的负责人冯霞介绍，从 2009 年到 2012 年，章丘市财政已累计拿出财政专项 100 万元配套资金，为全市 400 名农民免费举办了四期新型农民创业培训班。这些从全市各乡镇、街道招收的 18—45 岁的学员，经过集中培训和考察学习，有 100 余人实现了无业创业，70 余人实现了小业做大、大业做强。

（资料来源：根据 http://paper. dzwww. com/dzrb/content/20120802/Articel16007MT. htm 整理而得）

江苏省淮安市的"创业培植工程"

在江苏省，新型农民创业培训工作也不甘落后。江苏省淮安市推进"大学生村官创业培植工程"，在全省率先出台相关文件明确大学生村干部工作领导小组的职责及其分工，并确定由组织、财政、农工、团委等部门组织成立大学生村干部创业扶持部门。江苏省淮安市各县（区）积极为大学生村干部创业开辟"绿色通道"，为大学生村官创业提供政策和资金支持。在楚州区，启动了大学生创业"1＋X"助推工程，对有志于创业的大学生和大学生村干部可给予资金、政策、项目论证等方面的扶持，如区财政对从事微利和非微利的项目，分别给予全额和50％的贴息。在涟水县,县、乡、村三级党组织利用"县工业园、乡镇工业集中区、村级创业点"为创业大学生村官设立大学生村干部创业孵化基地,为大学生村干部创业提供了免费的场所,全县百名大学生村官中,其中有60％以上都有了自己的创业项目。为保障大学生村官创业的资金需求,淮安市建立大学生村干部创业基金,这个基金项目于2007年进行酝酿,2008年5月正式起步。在淮安市涟水县召开的全市大学生村干部工作推进会议,其中有10名大学生村干部的创业项目荣获淮安市2009年度大学生村干部优秀创业项目奖,每人还获得5000元创业基金奖励。2009年,淮安市洪泽县正式设立了1100万元的大学生村官创业基金。在涟水县,也设立了1000万元大学生村干部创业基金,为通过项目论证的大学生村干部还提供10万元以下贴息贷款。

（资料来源：根据 http://dangjian. people. com. cn/GB/117100/9708980. html 整理而得）

六、中等农业职业教育模式

中等农业职业教育不同于中等职业教育,中等职业教育不同于职业教育。这些概念,都需要好好分清。毫无疑问,中等职业教育是职业教育的重要组成部分,也可以说是我们目前职业教育的主体,它主要包括中等专业学校、技工学校、职业高级中学(简称"职业高中")教育以及成人中等专业学校(简称"成人中专")等四类学校。国家将通过结构调整和资源整合等方式进行相关改革,促使这四类传统中等职业学校培养目标和办学形式逐步趋同,推动它们走向融合,统一规范为"中等职业学校"或"中等职业技术学校"。中等职业教育是我国高中阶段教育的重要组成部分,其教育宗旨是在九年义务教育基础上培养数以亿计高素质劳动者和技能型人才。我国的全日制中等职业学校学历教育主要招收初中毕业生或具有同等学力者,基本学制以3年为主,除此之外,还招收一部分普通高中毕业生或同等学力者,基本学制以1年为主。农业职业教育是按照行业特点和教育内容来划分的,中等农业职业教育就是面向农业这一行业的中等职业教育。中等农业职业教育在我国农业职业教育史上,具有特殊的地位,是培养农村基层技术人才和管理人才的摇篮。新中国成立以来,各类中等农业职业学校共培养了300多万农业中等专业毕业学员。中等农业职业教育培养目标应该根据社会的需求定位为当地农业的持续快速增长,培养具有良好综合素质、能够在农业生产第一线从事农业科学技术推广与应用工作,并胜任农业实用技术培训工作的应用型、技能型、创新型复合人才。也就是说,中等农业专业教育的培养目标是让学生知道"怎么干"。

新时期,党中央、国务院高度重视职业教育工作,多次召开全国职业教育工作会议,颁发一系列关于大力发展职业教育的文件,同时也出台了相关政策。在财政支持方面,从2009年开始,逐步实现对中等职业教育免费,并首先从涉农专业和农村家庭困难学生做起,也就是说,2009年起,国家实施中等职业教育涉农专业免收学费政策。而且约90%接受职业教育的学生都能够享受每年1500元的助学金。2010年又将免学费覆盖范围扩大到城市家庭经济困难学生,已使400多万学生直接受益。2009年,全国中等职业学校总经费达到1199亿元,比2005年增长1.1倍;各级政府预算内中等职业教育拨款增幅更大,达到709亿元,比2005年增长1.6倍;中等职业教育预算内经费占总经费的比例也由2005年的47.1%提高到59.1%,全国有13个省份该比例达65%以上。2012年中央一号文件同时提出,要振兴发展农业教育,加快中等职业教育免费进程,落实职业技能培训补贴政策,鼓励涉农行业兴办职业教育,努力使每一个农村后备劳动力都掌握一门技能。

另外,地方政府在财政投入方面也大力支持中等职业教育事业。拿广西来说,为了弥补职业教育投入不足的"硬伤",2008年以来,广西全面实施职业教育攻坚,开展中等职业学校标准化建设。3年间,广西全区共筹措60.2亿元职业教育攻坚专项经费,新增职业学校校园面积14140亩,新建扩建教学用房698万平方米,新增实训设备价值13.5亿元,新增图书近200万册。全区中职学校的建设经费投入力度超过攻坚实施以前20年的总和。

在扩展招生规模方面,党中央、国务院提出了职业教育要"面向人人、面向社会"的办学宗旨,深化招生制度改革、努力拓宽招生范围,招生生源除了应届初中毕业生和一部分高中生外,还把青年农民、退伍军人、进城务工人员、城镇下岗职工、农村富余劳动力、农村基层后备干部等也纳入了招生范围体系。其中我国进城农民工就有 1 亿多,他们相当一部分具有进行继续教育提高自身技能的迫切愿望,同时他们也有一定的支付能力,将成为我国职业教育的重要生源。2009 年,全国中等职业教育招生中,往届初中毕业生、未升学普通高中毕业生、回乡农村青年、返乡农民工、退役士兵等的比例已超过 10%。在政府采取的一系列鼓励措施下,我国中等职业教育近年来取得重大发展,2008 年、2009 年、2010 年连续实现招生规模 800 万以上,其招生规模已经和普通高中大体相当。2009 年,全国中等职业教育在校生总规模达到近 2200 万人,比 2005 年增长近 4 成。"十一五"期间,全国中等职业学校为社会输送了 2875 万名毕业生,超过 2500 万的预期目标。

在中等职业教育的区域协调发展方面,我国中等职业教育在东部、中部、西部和东北地区的形势迥异,突出表现在东部地区职业教育资源相对丰富、就业岗位相对充裕、职业教育生源不足,而其他地区职业教育资源相对稀缺、就业岗位相对匮乏、职业教育生源相对富裕。这些地区可以本着互补、互惠、互利的原则,共同促进我国中等职业教育的发展。东部地区可以和其他地区合作办学,联合招生、互帮互扶。举例来说,山东省与宁夏、甘肃、青海、陕西、新疆、内蒙古等省区开展合作办学工作,2009 年共招收其他省区的学生 8.3 万人。2010 年,各地纷纷加大合作办学力度,其中云南向东中部中等职业学校输送初中毕业生 2 万多人,上海跨省市招生 0.98 万人,占招生总数 18%,北京面向中西部及周边地区招生约 1 万人,占招生总数 20%。

毫无疑问,我国职业教育尤其是中等职业教育进入了空前发展时期,但是面向农业行业的中等农业职业教育发展如何呢?首先我们看一组数据,据统计,河南省南阳市农业学校开设 25 个专业,农业类专业 12 个,其中有 9 个专业停止招生,2000 年至 2008 年累计毕业生1.95 万人中农业类专业学生 1886 人,占 9.69%;河北省邯郸农业学校农业类专业 9 个,其中 7 个专业停止招生,2000 年至 2008 年累计毕业生 4230 人中农业类专业学生只有 328 人,占 7.75%。一些中等农业职业学校坦言,为了摆脱办学困境,只有在非农专业设置上下功夫,而目前一些中等农业职业学校之所以规模不断扩大、生源不断增多,究其原因主要是通过做大做强非农专业而发展起来的。据统计,接受职业教育的学生多数来自农村和城市低收入家庭,为什么那些来自农村的学生不愿意回农村呢？出现这种现象的原因在于，广大农村职业教育学生接受中等职业教育，其实是为了跳出"农门"，他们不愿再考虑选择涉农专业，不打算考虑再走回头路。跳出"农门"的目的当然不是为了一个户口，在目前户籍制度改革下，城乡户口已无大的差别。他们考虑的更多的是选择涉农专业以后的出路将会如何？正因为选择涉农专业对他们的吸引力不够，因此他们宁可选择非农专业，这也迫使中等农业职业学校在市场竞争中抛弃涉农专业。

为使中国中等农业职业教育走入正常发展轨道，需要政府提供相关保护措施，完善投入机制，不断提高涉农专业对考生的吸引程度。其实从政策层面，新时期，党中央、国务院高度重视"三农"工作，"三农"工作成为全党工作的重中之重，一系列推进农村改革、助力农村发展、促进农民增收的相关政策措施屡屡推出，可见党中央、国务院对发展"三农"的决心。在加强农村教育方面，特别对涉农教育方面，同样也出台了相关文件。其中2012年中央一号文件提出，"要推进部部共建、省部共建高等农业院校，实施卓越农林教育培养计划，办好一批涉农学科专业，加强农科教合作人才培养基地建设。进一步提高涉农学科（专业）生均拨款标准。加大国家励志奖学金和助学金对高等学校涉农专业学生倾斜力度，提高涉农专业生源质量。"2011年7月，《国家教育督导报告：关注中等职业教育（摘要）》依据国家有关法规文件，结合2005—2009年全国中等职业教育统计数据以及2009年面向各省（区、市）的教育部门、企业、中等职业学校师生以及家长的32万份抽样调查问卷和8省份实地调研情况，从战略地位与政策落实、事业发展与社会贡献、资源配置与经费保障、人才培养与改革创新四个方面，对全国中等职业教育发展状况的主要进展和主要问题进行了客观评价，最后提出了督导意见。其中督导意见中明确提出，"依据本次对中等职业教育发展基本情况的分析，当前和今后一个时期，把中等职业教育摆在更加突出的地位，增强中等职业教育吸引力，健全中等职业教育投入体制，增强基础能力建设，建立健全政府主导、行业指导、企业参与、社会支持的办学机制，加快面向农村的中等职业教育发展，是今后中等职业教育发展的重要任务。"相信随着国家政策支持力度的加大，我国中等农业职业教育也会得到更好的发展，但中等职业学校也不要忘记根据市场变化做好自身调整。

七、高等农业教育和联合办学模式

高等农业教育涉及成人教育、高等教育自学考试、农业远程教育等。成人教育的办学主体是学校,具体负责部门是学校成教部,是经教育行政部门批准,由发展规划、招生和高教管理部门共同下达招生计划的成人学历教育。高等教育自学考试是中国80年代初创立的对自学者进行以学历考试为主的国家考试,是个人自学、社会助学和国家考试相结合的新型开发式社会化教育形式,是我国高等教育体系的重要组成部分。

远程教育又称为网络大学,是国家教育部批准的,以大学为主体的办学形式。远程教育贯彻宽进严出的原则,根据在职人员的特点,采用业余学习、以自学为主、集中授课为辅的教学模式。农业远程培训工程,主要是运用现代教育手段,加大传播覆盖面,快捷有效地向广大农民提供技术、信息和咨询服务,使农业科技成果迅速走进千家万户。2003—2010年,农业远程培训计划开发培训课程400门,录制广播电视节目4000小时,编译少数民族语言广播电视节目800小时,向全国播出10万小时,向农民发送农业科技光盘1000万张。同时,继续加大"农业科技电波入户计划"实施力度,到2010年,全国90%以上的县能实现电波入户。

农业远程教育突破时空限制,为广大农民所喜爱。各地纷纷建立农业远程教育网站,顺应广大农民的培训教育需求。在黑龙江,2012年6月,为提高牡丹江市农村老年人综合素质,丰富老年人精神文化生活,按照市委"依托农村党员干部现代远程教育平台,逐步建立覆盖全市的远程老年教育网络体系,将老年大学、老年学校延伸到乡镇村屯"的要求,经过半年多的精心准备,市委组织部制定出台了《全市老年大学远程教育网络课堂工作方案》,建设了首批168个农村老年大学基点校,形成了覆盖全市各886个行政村的老年大学远程教育网络教学体系。通过网络视频学习的方式,服务于全市3万余名农村老年人。

联合办学分为院校联合办学和校企联合办学。院校联合办学是主办学校与各地具有办学条件的学校、科研院所和其他办学机构等,以协议的形式进行的联合办学。协议明确双方的权利、义务和职责、工作内容、工作要求。院校学历教育联合办学的形式主要有：函授教育、夜大学和脱产学习三大类。院校联合办学集合了多所学校的资源优势，联合对学生进行培养。承办学校要具有相关办学条件，按照招生承诺，实现对联合招生的相应质量的培养。目前，存在某些"联合办学质量不保"的情况，多数是由于承办学校在教学资源与设备方面不能满足教学的需要，致使教学质量难以保证，"联合办学"失去其真正的意义所在，被招学员也会感到上当受骗。为使联合办学走向正常轨道，联合办学双方都要深刻认识到联合办学的目的是共同将学校办好，而不是所谓的从中谋取利益。

近些年兴起的校企联合办学广受欢迎。校企联合办学是学校、企业、学生三方实现"三赢"的一种办学方式。对学校而言，学校可以解决学校的教学场所和教学设备问题，缓解资金紧张问题，同时也可解决学生的后续就业问题。于企业来讲，可以获取合格劳动力、培育高技能人才的重要途径。对学生而言，能接触到先进的教育设备和实地的教学场所，能学到真正的技术和本领，还可以实现就业。除此之外，还推动了当地经济的发展，提高了学生的就业率，加快了农村剩余劳动力的转移。

湖南省醴陵市的校企联合办学

湖南省醴陵市蓝星职业技术学校就和深圳长城开发科技有限公司、深圳东宝精密电子制造有限公司等企业签订了校企合作协议，厂方承诺为学校提供教学所需的部分设施设备以及学员实习场所，并每年提供 30 万元资金用于学员的助学金补助，以共同培育企业合格的员工。醴陵市蓝星职业技术学校蔡校长表示，一定会抓住这次难得的机会，充分利用企业的资金优势、人才优势来办好学校、发展好学校，为企业培训输出合格的人才，真正解决学员的后顾之忧，实现校企双赢的目标。

（资料来源：根据 http://www.zzsagri.gov.cn/News_Show.asp? Action=&id=20 整理而得）

陕西省山阳县的校企联合办学

陕西省山阳县农广校也先后与高坝镇金山食用菌专业合作社和板岩镇马滩皂素厂达成共识并签订协议，实行校企联合，分别在高坝金山村和马滩皂素厂开办企业经营管理专业全日制中专学习班。经过宣传动员，高坝金山食用菌专业合作社 16 至 40 周岁的社员报名并注册 91 人，马滩皂素厂 18 至 40 周岁的工人报名并注册 55 人。通过实施联合办学，丰富了教学内容，教学形式灵活化和多样化，教学模式也实用化。学生高兴地说："家门口不跑路不花钱上中专，做梦都没想到啊！多亏了党的好政策！"

（资料来源：根据 http://www. sxny. gov. cn/sites/fengxiang/Detail. aspx？ StructID＝282511 整理而得）

山东省德州市的校企联合办学

在山东德州，德州市第一个职教集团——德州市机械职业教育集团在齐河县职业中专挂牌成立。该集团旨在通过设备、师资、技术、信息、教学、实习、生产基地、技能鉴定、毕业生就业等方面的优势互补，实现校企之间的对接和资源共享，加强校企之间的密切合作，使职业教育与市场需求相衔接，培养适合市场需求的专业技术人才。在职教集团成立的当天，山东美驰车桥股份有限公司与齐河县职业中专签订了"订单式"联合办学协议，与 100 名机电、数控专业学生签订了就业协议。据报道，德州市机械职业教育集团以齐河县职业中专为牵头学校，相关职业院校、对口企业参与组建，其中包括德州华忆职业技术学校、陵县职业中专、德州信息工程职业中专、禹城市职教中心等 11 所职业学校理事成员单位和山东美驰车桥股份有限公司、齐河永锋钢铁集团有限公司、齐河科发数控公司等 15 家企业理事成员单位。

（资料来源：根据 http://www. sd. xinhuanet. com/wq/2010－02/02/content_18939521. htm 整理而得）

一系列实践证明，学校与企业紧密结合，学校跟着市场走，把握市场规律，了解市场需求，借企业之水行教育之舟，是拓宽育人的重要渠道。

八、农村劳动力转岗培训模式

为了深入实践"三个代表"重要思想，进一步贯彻落实科教兴国战略和党的十六大精神，针对中国农业进入新阶段和加入 WTO 后"三农"所面临的机遇与挑战，党中央、国务院围绕农村劳动力转移培训工作进行了详细的部署和要求，中央农村工作会议、中央人才工作会议和《中共中央、国务院关于促进农民增加收入若干政策的意见》（中发

[2004]1号)对做好农村劳动力转移培训工作提出了明确要求,国务院办公厅下发的《2003—2010年全国农民工培训规划》对培训工作作出了具体部署。为贯彻落实党中央、国务院的要求和部署,加强农村劳动力转移培训工作,六部委(农业部、财政部、劳动和社会保障部、教育部、科技部、建设部)从2004年起,共同组织实施农村劳动力转移培训阳光工程,简称为"阳光工程"。各级农民培训机构充分发挥其在人才、技术、信息、智力等方面的整体优势,大力开展对农村劳动力的转岗培训,着力提高农村劳动力的整体素质,促进农村劳动力合理而有序的转移。

为什么要实行"阳光工程"呢?这是因为在我国,而农村劳动力富足,农村剩余劳动力向城市转移、向非农产业转移是一个必然趋势。然而,中国农村劳动力整体素质不高,缺乏转移就业的相关技能和水平,难以实现在城市和非农产业再就业,即使就业也是不稳定的、暂时的。为了提高他们进城从事非农工作的相关技巧和素质,促进农村富余劳动力从农村到城镇、从农业到非农产业合理有序的转移,迫切需要针对农村富余劳动力转移就业提供相关引导性和示范性的培训。同时,"阳光工程"也是促进农民增收的重要途径,是统筹城乡经济社会协调发展的重要举措。

"阳光工程"按照"政府推动、学校主办、部门监管、农民受益"的原则组织实施,它是由政府公共财政支持,主要在粮食主产区、劳动力主要输出地区、贫困地区和革命老区开展的农村劳动力转移到非农领域就业前的职业技能培训示范项目。在国务院领导下,由农业部、财政部、劳动和社会保障部、教育部、科技部和建设部共同组织实施。成立全国阳光工程办公室,负责制定政策、综合协调和项目监管。各地在党委和政府统筹领导下,成立阳光工程办公室,负责组织开展本辖区的阳光工程各项工作。培训经费实行政府和农民个人共同分担的机制。政府补助资金由中央财政扶持资金和地方财政扶持资金组成。政府补助资金通过培训券方式或培训机构降低收费标准方式直接让农民受益,不用于培训单位基本建设、培训条件建设和技能鉴定。2004—2005年,重点支持粮食主产区、劳动力主要输出地区、贫困地区和革命老区开展短期职业技能培训,探索培训工作机制,为大规模开展培训奠定基础。培训农村劳动力500万人,年培训250万人;

2006—2010 年,在全国大规模开展职业技能培训,建立健全农村劳动力转移培训机制,加大农村人力资源开发力度。培训农村劳动力 3000 万人,年培训 600 万人;2010 年以后,按照城乡经济社会协调发展的要求,把农村劳动力培训纳入国民教育体系,扩大培训规模,提高培训层次,使农村劳动力的科技文化素质总体上与我国现代化发展水平相适应。

农村妇女是农村富余劳动力转移中的重要对象,在农村富余劳动力整体转移中起着不可或缺的重要作用。为了提高农村妇女的素质、技能和就业能力,促进农村妇女富余劳动力转移就业,特别需要加强对农村妇女富余劳动力的转移培训工作。全国妇联、农业部于 2005 年出台了《关于加强农村妇女富余劳动力转移培训工作的意见》,提出要提高认识,把农村妇女富余劳动力转移培训工作摆在重要位置,农村妇女占农业劳动力的 65％ 以上,加强对农村妇女的培训,帮助她们转移就业,不仅关系到“三农”工作的大局,关系到农民收入水平的提高,也直接影响全面建设小康社会的进程。各级农业部门要把农村妇女富余劳动力转移培训工作纳入“阳光工程”实施范围,在培训项目的立项、资金安排等方面给予倾斜,做到同部署、同实施、同评估。各级妇联组织要增强责任感,因地制宜,做到有目标、有基地、有考核,推动农村妇女富余劳动力转移培训工作扎实开展。特别要利用中国妇女劳动力转移就业网、中国农村劳动力转移培训网和中国劳动力市场网等载体,积极为农村妇女搭建信息平台,帮助基层妇联组织和农村妇女运用现代化手段,获取用工信息,提高有序转移程度。要做好对妇女劳动力转移过程中的服务,重视维护务工妇女的劳动权益,关注她们在劳动合同签订、子女就学、医疗保健等方面存在的实际困难和问题,加强调查研究,提出对策建议,并推动问题的解决。

自“阳光工程”实施以来,国家各相关部门相继制定和出台了相关举措,促使了农村富余劳动力转移就业培训工作的有利进行。按照《国务院办公厅关于进一步做好农民工培训工作的指导意见》(国办发[2010]11 号)要求,2012 年,中央财政继续安排资金,在全国范围内开展农村劳动力培训阳光工程,出台了《2012 年农村劳动力培训阳光工程项目实施指导意见》。意见指出,要紧紧围绕农业农村经济发展和广大农民群众的培训需求,结合农业产业发展重大工程项目、农民专业合作社发展和基层农技推广体系改革与建设,大力开展农业职业技能培训、农业创业培训和农业专项技术培训。2012 年安排全国阳光工程示范性培训任务 330 万人,其中,农业职业技能培训 140 万人,农业创业培训 2 万人,农业专项技术培训 188 万人。中央财政补助资金针对不同培训对象实行不同的补助标准。农业职业技能培训按人均 600元的标准进行测算,农业创业培训按人均 3000 元的标准进行测算,农业专项技术培训按人均 100 元的标准进行测算。各地应根据不同地区和专业培训的实际成本,对参训农民实行差别补助。各地要充分利用互联网、广播、电视、报刊等媒体,加强阳光工程政策和先进典型宣传,让广大农民了解党的惠农政策,积极主动参加阳光工程培训,提高自身科学文化素质和劳动技能,增加收入。

为了贯彻和落实"阳光工程",各地纷纷出台地方举措,积极主动地组织和实施阳光工程培训工作。

山东省蓬莱的"阳光工程"

在山东蓬莱,2012 年,有 1000 多名农民享受"阳光工程"免费培训。当年"阳光工程"培训工种有:农产品贮藏加工技术工人、果树园艺工、水产养殖技术员、农机操作员和专项技术培训。共争取上级政策资金 56.6 万元。根据山东省"阳光工程"培训任务实施方案的要求,培训重点以农业生产及管理技术、农产品贮藏加工技术、农机操作及维修技术、农村社会管理知识等为重点,提高农民职业技能,促进农业标准化、规模化发展,推动新农村建设。在开展技能培训的同时,辅助开展以国家农业农村政策法规、农业安全生产、农产品质量安全、经营管理常识、道德素质、艾滋病防治、农村消防安全、科普知识等农业农村公共知识为主要内容的引导性培训,提高农民科技文化水平和综合素质。

(资料来源:根据 http://www.nmpx.gov.cn/gedidongtai/zong-he/t20120719_78933.htm 整理而得)

江西省的"阳光工程"

江西省"阳光工程"按照政府推动、学校主办、部门监管、农民受益的原则,通过加大投入、整合资源、创新机制,基本形成了政府统筹、行业组织、多方参与、重点依托培训单位、培训就业一条龙服务的工作格局。江西省阳光工程,7 年来共培训农村劳动力 143 万人,其中

67.04%的学员实现了就近就地转移就业,月人均收入达 968.56 元,比未参加培训农民的务工收入普遍多 200 元以上。江西省依托各地职教中心,充分整合利用分散在教育、农业、劳动、建设、科技等部门的各类职业技术培训中心、农广校、技术学校、职业学校等资源,有效利用政策引导机制,广开社会力量办学,突出对民办培训资源的整合利用,调动民营学校参与农民培训的积极性。各地通过公开招标、自愿报名、专家评审、媒体公示的方式,确定了 334 个阳光工程培训基地。各地根据当地经济发展和工业园区用工特点,开展农产品加工、机械制造、电子电器、计算机应用、农机维修、服装缝纫、建筑装饰、餐饮旅游等岗位技能培训。近年来,为适应现代农业发展需要,"阳光工程"由单纯外出务工培训向就地就近转移就业培训转变,由偏重服务城市发展向注重支撑农村经济社会发展转变,由开展就业培训向开展就业创业相结合的培训转变,为现代农业重大项目、农村服务业和农民创业提供支撑。为创新培训模式,各地以农民转移就业为培训方向,采取订单培训、校企联办、校校联盟、校乡联合,把培训班办到学员家门口,使农民学员吃住在家,既照顾到了家庭,又学到了技术,还节约了费用。这种上门传技、流动办班、方便农民、节约成本的培训,深受农民欢迎。各地根据当地农村劳动力资源状况和产业优势,开设特色培训班,培训出了"资溪面包"、"萍乡花炮"、"高安汽运"、"临川建筑"、"武宁装饰"等一批具有市场竞争力的劳动力品牌,实现了农民工就业由从数量型向质量型的根本转变。

（资料来源：根据 http://www. people. com. cn/h/2011/0622/c25408-2-3870974892. html? prolongation=1 整理而得)

第二节　东部地区农村人力资源
开发模式选择的依据

农村人力资源开发模式有很多,东部地区农村人力资源开发的模式,应在国内农村人力资源开发模式分析的基础上,借鉴国外发达国家农村人力资源开发的经验,并考虑东部地区内部的区域差异情况,因地制宜地进行选择。

一、理论依据:循环累积因果理论

循环累积因果理论是由著名经济学家冈纳·缪尔达尔(G. Myrdal,1898—1987)于 1957 年提出来的。该理论认为,经济发展过程在空间上并不是同时产生和均匀扩散的,而是从一些条件较好的地区开始,一旦这些区域由于初始优势而比其他区域超前发展,则由于既得优势,这些区域就通过累积因果过程,不断积累有利因素继续超前发展,从而进一步强化和加剧区域间的不平衡,导致增长区域和滞后区域之间发生空间相互作用,由此产生两种相反的效应:一是回流效应(backwash effects),表现为各生产要素从不发达区域向发达区域流动,使区域经济差异不断扩大;二是扩散效应(spread effects),表现为各生产要素从发达区域向不发达区域流动,使区域发展差异得到缩小。在市场机制的作用下,回流效应远大于扩散效应,它们相互作用的结果必然导致区域差异扩大,即发达区域更发达,落后区域更落后。由此,缪尔达尔提出了区域经济发展的政策主张。在经济发展的初期,政府应当优先发展那些优势较强的地区,以求得较好的投资效率和较快的经济增长速度。但当经济发展到一定水平时,要防止累积因果循环造成贫富差距的无限扩大,这就需要政府制定一系列特殊的区域经济发展政策,刺激落后地区的发展,缩小区域经济差异。缪尔达尔还分析了经济发达地区优先发展对其他落后地区的促进作用和不利影响,提出了既要充分发挥发达地区的带头作用,又要采取适当的对策来刺激落后地区的发展,以缩小区域间发展水平的差异。

二、现实依据:东部地区内部区域差异状况

前已所述,本书的东部地区具体包括北京、天津、河北、山东、上海、江苏、浙江、福建、广东、海南 10 个省市。其中北京、天津、上海、珠三角、长三角以及一些沿海城市经济相对发达,城市化步伐相对较快,人均收入水平也较高,因此把这一类地区看作是东部相对发达地区;而苏北、鲁西南、闽西以及河北和海南的大部地区等经济相对落后,城市化步伐相对较慢,人均收入水平也较低,因此把这类地区看作是东部相对欠发达地区。相对发达地区受经济较为发达、企业发展较为迅速以及周边教育设施较为齐备等因素的影响,农民受教育、培训和医

疗保健的机会较多。而相反,相对欠发达地区农民受教育、培训和医疗保健的机会则较少。相对发达地区和相对欠发达地区农村人力资源开发机会的多寡,会影响两类地区农民个人及家庭的收入,进一步拉大区域之间的贫富差距。

下面就东部相对发达地区和相对欠发达地区农村人力资源开发与农民增收的关系作一说明。农村人力资源开发的主渠道是教育,而衡量教育水平高低的重要指标是农村劳动力文化程度。表6—1显示了东部地区各省市农村劳动力文化程度,为了从总体上把握东部地区农村劳动力的文化程度指标,需要计算平均受教育年限。平均受教育年限的计算公式为:

$$EY = \sum_{i=1}^{6} p \cdot y_i \qquad\qquad (6-1)$$

式(6—1)中,EY 为农村劳动力平均受教育年限;y_i 为第 i 文化程度的受教育年限,$i=1,2,3,4,5,6$,分别代表不识字或识字很少、小学程度、初中程度、高中程度、中专程度、大专及以上6种文化程度;p 代表某一文化程度的比重。其中不识字或识字很少、小学程度、初中程度、高中程度、中专程度、大专及以上6种文化程度的受教育年限分别假设为1、6、9、12、13、15年。通过计算得出东部地区各省市平均受教育年限如表所示。表6—2显示了东部地区各省市农村劳动力人均纯收入和工资性收入状况。

表6—1　东部地区农村劳动力文化程度

地区	不识字或识字很少(%)	小学程度(%)	初中程度(%)	高中程度(%)	中专程度(%)	大专及以上(%)	平均受教育年限(年)
福建	6.5	28.5	46.9	12.5	3.3	2.3	8.27
浙江	4.3	30.9	45.4	13.4	2.8	3.2	8.43
江苏	6.1	20.1	54.2	13.7	2.7	3.1	8.61
山东	4.6	16.4	56.2	16.4	4.4	2.0	8.93
广东	3.6	23.1	53.5	12.9	4.2	2.6	8.72
海南	4.6	20.9	54.4	16.9	2.4	0.8	8.66

续表

地区	不识字或识字很少(%)	小学程度(%)	初中程度(%)	高中程度(%)	中专程度(%)	大专及以上(%)	平均受教育年限(年)
河北	1.8	17.8	59.8	16.6	2.4	1.6	9.00
天津	2.2	18.2	59.4	12.6	5.3	2.3	9.01
上海	1.9	14.5	48.7	16.2	8.4	10.3	9.85
北京	1.0	6.0	54.8	18.3	8.9	10.9	10.29

资料来源:根据《中国农村住户调查年鉴 2009》整理和计算而得。

表6—2 东部地区农村劳动力人均纯收入和工资性收入

地区	纯收入(元/人)	工资性收入(元/人)
福建	6196.1	2421.5
浙江	9257.9	4587.4
江苏	7356.5	3895.5
山东	5641.4	2263.5
广东	6399.8	3684.5
海南	4390.0	808.6
河北	4795.5	1979.5
天津	7910.8	4065.0
上海	11440.3	8108.3
北京	10661.9	6389.3

资料来源:根据《中国农村住户调查年鉴 2009》整理而得。

由于北京、上海、天津均属于相对发达地区,海南、河北大部属于相对欠发达地区,因此这些地区的数据较具有代表性。而山东、江苏、福建和广东等由于沿海或沿江因素,兼有相对发达地区和相对欠发达地区,因此这些地区的数据不具有代表性。从表中可以看出,北京、天津、上海农村劳动力的平均受教育年限最高,中专、大专及以上的较高学历的比例在各省市中也列前几名。受经济发展、企业带动以及教育程度的影响,这三个直辖市农村劳动力人均纯收入和工资性收入也是名列前茅的。而海南和河北尽管其平均受教育年限不是最低,但中专、大专及以上的较高学历的比例在各省市中却是最低的,这说明此地区缺乏较高层次的农村人才。受较高层次人才短缺的影响,再加上这两个省经济总体并不发达、企业发展并不迅速等因素,其农村劳动力人均纯收入和工资性收入都是最低的。由此可见,农村人力资源开发与农民增收是息息相关的。相对欠发达地区由于农民增收困难,会进一步导致人力资本投资能力不足。这样欠发达地区农村人力资源开发会形成一个恶性循环,农村居民收入也会落入"增长陷阱"。

改革开放以来,东部沿海地区、直辖市、珠三角、长三角等相对发达地区受政策的支持,经济得到了空前发展。当前,为防止累积因果循环造成的区域之间贫富差距的无限扩大,政府要制定一系列特殊的区域协调发展政策,刺激东部地区相对欠发达地区的发展,以缩小区域经济差异。在农村人力资源开发的过程中,既要加强相对发达地区农村人力资源的开发,又要采取适当的政策措施加大对欠发达地区农村人力资源的开发力度,实现两类地区的协调开发。

第三节　东部地区农村人力资源开发
模式选择抽样调查分析

一、抽样调查问卷设计

笔者于 2010 年 5 月至 7 月选取山东青岛和山东菏泽的农村劳动人力资源为调查对象,对两地农村人力资源的开发模式选择、收入水平和受教育程度等进行了抽样调查(调查问卷见附录)。山东青岛地处沿海,经济相对较发达,可看作是相对发达地区的代表;山东菏泽地处鲁西南,经济发展相对落后,可看作相对欠发达地区的代表。

农村人力资源开发的主体是政府、企业等组织以及个人等等。其中政府在农村人力资源开发中起关键作用;随着市场经济的发展和企业规模的扩展,企业也日益参与到农村人力资源开发中来;个人对农村人力资源开发的态度受周围市场劳动力需求的影响。鉴于本章农村人力资源开发模式是从人力资源开发的主渠道——教育培训讲的,在调查问卷中,将农村人力资源开发模式分为以下四种供选择:

模式一:政府提供资金和政策支持,以政府为主导的教育培训模式；

模式二：根据市场需求或依托企业，以市场为主导的教育培训模式；

模式三：政府主导和市场主导相结合的教育培训模式；

模式四：其他。

二、抽样调查结果一：开发模式选择

本次调查计划在山东青岛、菏泽两地分别调查 350 人，实际上山东青岛收回有效问卷 322 份，有效率为 92 ％；山东菏泽收回有效问卷 306 份，有效率为 87％。

调查显示的山东青岛和山东菏泽农村人力资源开发模式选择如图 6－1，从图中可看出山东青岛比较倾向于选择模式三即政府主导和市场主导相结合的教育培训模式，在山东青岛 322 份问卷中，有 60％选择模式三，而选择模式一和模式二的分别占 23％和 14％。山东菏泽则比较倾向于选择模式一即以政府为主导的教育培训模式，在 306 份问卷中，选择模式一的就有 211 人，占 69％的比例。之所以出现以上结果，主要是因为青岛市企业规模经济显著，能吸引一定的农村劳动力就业，这些农村劳动力希望企业能给提供人力资源开发的机会；而菏泽属于相对欠发达地区，企业数量和规模都不如相对发达地区，企业很少有为农村人力资源提供教育培训的机会，因此特别需要由政府提供农村人力资源开发的政策和资金支持，实行以政府为主导的开发模式。

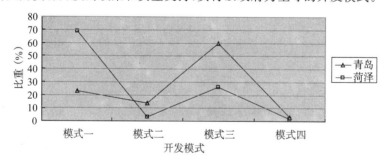

图 6－1　农村人力资源开发模式选择

农村人力资源开发模式选择与受教育水平之间存在着联系。图 6－2 综合了山东青岛和菏泽两地的调查数据，从图中可看出，总体来说，文化程度较低的农村劳动力，更多的选择模式一即以政府为主导的教育培训模式；文化程度较高的农村劳动力，更愿意选择模式二或模式三，即以市场为主导的教育培训模式或政府主导和市场主导相结合的教育培训模式。这是因为文化程度越低，越不容易实现劳动力的顺利转移，其多数表现为收入水平低，进而导致人力资本投资能力差，因此选择以政府为主导的教育培训模式；而文化程度越高，越容易实现劳动力的转移，为了在城市、县城或乡镇的一些企业中实现就业，这部分人力资源选择的开发模式多以市场需求为主，并希望企业能够提供教育培训的机会。

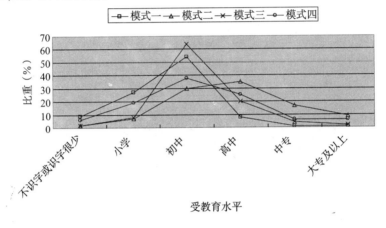

图6－2　开发模式选择与受教育水平

三、抽样调查结果二：受教育水平与农民增收的计量检验

本次问卷调查还对山东青岛和菏泽两地农村劳动力2009年的纯收入按收入区间进行了调查，将纯收入分为18个区间，分别是：0－1000元、1000－2000元、2000－3000元、3000－4000元、4000－5000元、5000－6000元、6000－7000元、7000－8000元、8000－9000元、9000－10000元、10000－11000元、11000－12000元、12000－13000元、13000－14000元、14000－16000元、16000－18000元、18000－20000元、20000元以上。根据调查，可以看出山东青岛和山东菏泽两地农村劳动力2009年人均纯收入和受教育程度有着密切的关系。我们把受教育程度分为不识字或识字很少、小学、初中、高中、中专、大专及以上，并假设这6种文化程度的受教育年限分别为1、6、9、12、13、15年。通过Excel软件作散点图（见图6－3和图6－4），从图中可看出，

山东青岛和菏泽地区农村劳动力受教育年限和年均纯收入之间存在着明显线性关系。

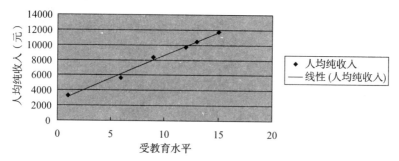

图6-3 青岛农村劳动力教育年限与纯收入散点图

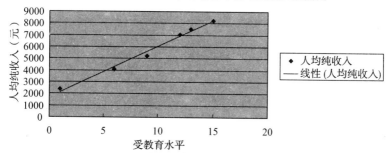

图6-4 菏泽农村劳动力教育年限与纯收入散点图

为了定量分析山东青岛和菏泽农村劳动力受教育年限对人均纯收入的影响程度,分别选取"人均纯收入"为因变量,"受教育年限"为自变量,建立一元线性回归模型:

$$y_1 = a + bx_1 + \varepsilon \qquad\qquad (6-2)$$

$$y_2 = a + bx_2 + \varepsilon \qquad\qquad (6-3)$$

其中 y_1 代表青岛农村劳动力人均纯收入,x_1 代表青岛农村劳动力受教育年限;y_2 代表菏泽农村劳动力人均纯收入,x_2 代表菏泽农村劳动力受教育年限。a、b 为待估计的参数,ε 为随机干扰项。

根据最小二乘法(OLS)原理,运用 Eviews6 软件对模型进行估计,得出的线性回归方程为:

$$y_1 = 609.24x_1 + 2515.8 \qquad\qquad (6-4)$$

$$s.e. = (300.467)\ (28.73562)$$

$$t = (8.3728)\ (21.2016) \qquad F = 449.5063$$

$$R^2 = 0.9912$$

$$y_2 = 433.3x_2 + 1701 \tag{6-5}$$

$s.e. = (261.9827)\,(25.0551)$

$t = (6.4928)\,(17.2940) \qquad F = 299.0816$

$R^2 = 0.9868$

该模型方程式(6-4)的 $R^2 = 0.9912$,方程式(6-5)的 $R^2 = 0.9868$,都接近 1,说明模型的拟合程度很好,从 t 和 F 统计量来看,在显著性水平为 0.05 的情况下,统计显著性检验通过,说明回归模型有统计学意义。回归结果表明,青岛地区农村劳动力受教育年限每增加1年,年纯收入能增加 609.24 元;菏泽地区农村劳动力受教育年限每增加 1 年,年纯收入能增加 433.3 元。可见,农村劳动力受教育年限与年纯收入之间存在着明显正相关关系,即随着受教育年限的增加,农民年纯收入也呈增长趋势。

综合以上模型,可以得出以下结论:

(1)受教育水平对农民增收具有重大贡献。无论是相对欠发达地区的菏泽,还是相对发达地区的青岛,受教育水平都对促进农民增收起着显著的作用。

(2)教育投资效应受所在地区经济发展水平等外在环境的影响。以上模型显示,农村劳动力受教育年限每增加 1 年,青岛地区年纯收入能增加 609.24 元,而菏泽地区能增加 433.3 元,青岛较菏泽地区多175.94 元。这是因为山东青岛由于经济发展水平较高,投资于教育的资金相对较多,农村劳动力受教育水平总体较高,教育投资的回报率也较高;而菏泽地区由于经济发展水平低,对教育投资不足,受教育水平较低,教育投资的回报率则低。这进一步说明农村人力资源开发存在着"马太效应",即"贫者愈贫,富者愈富"的现象。

第四节　东部地区农村人力资源开发模式具体选择

基于循环累积因果理论和东部地区内部区域差异状况,并通过对相对发达地区——青岛和相对欠发达地区——菏泽农村人力资源开发模式选择的抽样调查分析,认为东部地区相对发达地区和相对欠发达地区农村人力资源开发模式应采取不同的方式。相对发达地区应发挥政府和市场的作用,注重"政府主导和市场主导"相结合;相对欠发达地区更需要政府资金和政策的支持,因此开发应以"政府主导型"为主。具体来说,相对发达地区和相对欠发达地区要着重选择的开发模式各有四种(见表6-3)。

表6-3　东部地区农村人力资源具体开发模式

地区	区域划分	开发重点	具体开发模式
相对发达地区	北京、天津、上海、珠三角、长三角以及一些沿海城市等	政府主导和市场主导相结合	(1)农业产业化龙头企业＋培训主体＋农民 (2)非农企业＋培训主体＋农民 (3)职业院校＋企业＋学生 (4)院校联合办学＋青年农民
相对欠发达地区	苏北、鲁西南、闽西以及河北和海南的大部地区等	政府主导	(1)普通中、小学校＋老师＋学生 (2)中等农业职业学校＋初中毕业生＋农民 (3)农业技术推广机构＋推广人员＋农民 (4)民间组织＋专业人才＋农民

一、相对发达地区农村人力资源具体开发模式

北京、天津、上海、珠三角、长三角以及一些沿海城市等地区经济相对发达,这些相对发达地区,乡镇企业较发达,一些涉农企业走产业化道路,发展成为农业产业化龙头企业。另外,由于这些地区人地矛盾的突出,一部分农村剩余劳动力转移到城镇非农企业务工,带动了这些地区城镇经济的发展。相对发达地区农村人力资源开发,应采取政府主导和市场主导相结合的形式,即在发挥政府主导作用的同时,不能忽视市场的作用。根据相对发达地区的发展特征,在选择农村人力资源开发模式时,要特别注重依托当地企业,采取企业参与开发的模式。政府要采取各种政策措施支持、鼓励企业参与农村人力资源的开发,并适当给予资金支持。除此之外,相对发达地区拥有教育资源优势,职业教育以及一些中高等教育形式多样,为农村优秀青年的进一步深造提供了良好的条件。总体来说,相对发达地区农村人力资源开发应着重采取以下几种模式:

（一）农业产业化龙头企业＋培训主体＋农民

近年来，相对发达地区农业企业大量涌现，一些农业企业走产业化、规模化道路，发展成为农业产业化龙头企业，显示出强大生命力，在吸纳农村剩余劳动力、促进农民增收等方面发挥着重要作用。与此同时，这些农业产业化龙头企业也越来越离不开广大农民的参与，并意识到农民科技文化素质的高低直接影响着企业的生存与发展，于是对农民职工进行相关农业科技知识培训。对农民培训的培训主体可以是农业产业化龙头企业自身，也可以是农业产业化龙头企业委托的其他培训机构，如农业广播电视学校、农业技术培训中心及农业职业初、高中。另外，农业产业化龙头企业在对农民培训时，也可采取"师傅带徒弟"的形式，并借鉴发达国家"干中学"的学习方式，通过灵活多样的培训形式，达到良好的培训效果，最终生产出达到企业要求的农产品和原材料。培训还要考虑农时季节、生产周期，重点培训与自身产业相关的基础知识、生产技能、法律法规、国家政策等知识。

（二）非农企业＋培训主体＋农民

大量的农村剩余劳动力，一部分转移到农业企业，还有相当一部分转移到城镇非农企业，对城镇经济的发展作出了重大贡献。相对发达地区有不少非农企业的职工是来自全国各地的农民工。这些农民工一般与企业签订一定的合同，企业组织为自身获得效益最大化，对与之签合同的农民进行针对性的培训。培训目标是培养适应企业生产、经营、服务所需的有技能、有知识的劳动者，使生产产品或服务达到企业要求。培训的方式一般有三种，一种是企业自己组织开展的培训；一种是企业委托相关培训机构进行的培训，相关培训机构必须具有与企业生产、经营、服务等内容相适应的教学设施和师资力量等；还有一种是企业和培训机构共同组织对雇佣农民的培训。这种培训一般以短期实用技术为主，同时对农民职工进行基础知识、法律法规等相关知识的培训，并根据企业自身生产经营情况采取集中上课、现场讨论、实地参观等形式。

非农企业通过对农民工的培训，一方面可以使农民学到新知识、新技术；另一方面农民将所学知识和技术应用于生产或服务，可提高企业的经济效应。因此对农民和企业来说，可达到"双赢"的效果。

（三）职业院校＋企业＋学生

中等和高等职业教育是我国农业教育体系的重要组成部分，在实现我国农业产业化、现代化过程中，发挥着重要作用。目前，我国东部相对发达地区职业教育发展仍然落后，不仅使农业从业人员素质不高，而且还导致高级、中级技工严重短缺，严重制约了东部相对发达地区经济发展。特别是近年来，东部相对发达地区的市场对高等技术人才需求的增加，这就迫切需要高等职业教育的进一步发展。

相对发达地区农村学生的职业教育，在发展过程中也要利用当地企业的优势，特别注重与当地企业的联合。目前，相对发达地区职业教育在发展过程中同样遇到两个问题：一是职业教育发展缺乏资金支持，导致职业教育设施落后，师资力量不足。二是职业教育缺乏实用性，导致学生毕业找工作难，学生参与职业教育的积极性不高。实行"校企联合"的职业教育模式，可有效解决以上这两个问题。

这种"校企联合"的职业教育模式就是企业与院校联合，实现"产学研一体"的职业教育方式。国外一些发达国家非常重视学校与企业的合作，企业承担一定的培养费用，当然政府对企业也积极给予相关鼓励措施。近年来，我国鼓励企业与学校联合，开展校企合作，产学合作。但总体来说，对企业的鼓励措施还不够。今后，相对发达地区在职业教育中，要重点发展"校企联合"的职业教育模式，对一些对教育设备和场地等要求较高的培训工种，尤其要采取与企业联合办学的方式。这样既可减轻政府负担，又可解决学校培训设施的不足，还可以为学生提供现场实习，增加培训的实用性和针对性。

"校企联合"的教育模式中有一种"订单式"教育的方式。所谓"订单式"职业教育方式，就是由企业订单为依据，由学校进行培养的一种方式，简言之就是实现"以需订培"（见图6-5）。"订单式"培养方式实施以来，一直走俏市场。这种方式以劳动力市场为导向，以用工单位需求为宗旨，实现教育与单位和市场挂钩。它的最大优点就是可以提高就业率。在订单中，对学生的各种要求、毕业后应该达到什么水准等都有明确规定。学校根据订单设立培养目标，确定培训规模，并设计实施相关教学计划。目前相对发达地区就业形势依然严峻，加之学生在学校所学知识与市场需求严重脱节，学生毕业后找不到工作的现象普遍存在。因此，在职业教育中，要大力发展"订单式"培养方式，鼓励企业通过职业院校等教育机构"订制"实际所需人才,一方面满足企业自身发展的要求,另一方面提高职业院校学生的就业率,实现学校培养人才和企业使用人才的"无缝"链接。

图6—5　"订单式"职业教育方式流程图

(四)院校联合＋半工半读＋青年农民

在相对发达地区,由于市场对较高技术和管理人才需求的增加,应该鼓励完成九年义务教育和高中阶段教育的农村青年农民通过院校联合办学的方式,继续深造,并最终使自身文化、科技以及经营管理等素质水平大幅度提高。

所谓院校联合办学是主办学校与各地具有办学条件的学校、科研院所和其他办学机构等,以协议的形式进行的联合办学。协议明确双方的权利、义务和职责、工作内容和工作要求,各办学点、分院在主办学校的统一领导下,按主办学校的要求开展工作,同时接收主办学校的监督。院校学历教育联合办学的形式主要有:函授教育、夜大学和脱产学习三大类。学历层次有专科和本科,也称为:"高起专"和"专升本"。其中"高起专"的招生对象是:具有高中学历或相当于高中学历的社会青年,其中对于在各条战线上取得突出成绩或作出特殊贡献的人员,有各种不同的照顾政策。函授教育和夜大学的学制一般为3—4年;专、本科的脱产学制为2年。函授教育是一种以学员自学为主、集中面授为辅的教学形式。夜大学是利用夜间和双休日进行授课的学习形式。脱产则是全日制学习形式。授课教师由主办学校派遣,如果当地有师资,也可报主办学校认可。学员学习完规定的全部课程,成绩合格者,由主办学校统一发给毕业证书。[①]

由于农民平时都有自己的工作,做到脱产学习非常困难。但如果利用农闲季节、晚上或其他业余时间,加强对农民的培训,不失为一种两者兼顾的好方法。目前的函数教育、夜校和远程教育恰恰满足了这

---

① 李华:《中国农村人力资源开发理论与实践》,中国农业出版社2005年版,第49—83页。

种要求。远程教育又称为网络大学,采取宽进严出的原则,同样是一种以业余自学为主,以集中授课为辅的教育模式。农业远程教育的学员可在任何时间、任何地点,通过互联网访问所报学校的网站,获取有关资料知识,还可通过互联网进行答疑、辅导等。另外,为满足一些农民对较高一些学历的追求,国家还发展了成人高等教育和高等教育自学考试教育,这些教育方式的时间地点安排都相对较灵活。

东部相对发达地区很多农民在农闲季节或晚上基本没什么事,一些乡镇企业的农民也有不少业余时间,虚度这些时间实在是一种浪费,因此应鼓励他们参与各种时间、地点相对灵活的培训教育,提高他们的科技、文化、思想素质水平。东部相对发达地区的青年农民是东部地区农村经济发展的生力军,因此要特别注重对农村青年农民的培养教育,提高农民文化、科技素质,为我国农业专业化生产和产业化经营培养高素质的劳动者和带头人,以推动农村经济持续健康发展。各级农业、财政部门和共青团组织要按照统一领导、分工协作的原则共同组织实施"青年农民培训工程",经县领导小组综合评价,择优确定具备培训条件的农业广播电视学校、农业中专学校、农业技术推广中心、农业职业中学、农村成人学校等单位,承担具体教学工作,并要特别重视发挥农业广播电视学校在培训中的骨干作用。各地要制定有关政策,对获得"跨世纪青年农民科技培训工程证书"的青年农民在承包土地、鱼塘、山林,获得科技资料,参加新品种、新技术试验示范,参加农广校、中等职业学校学习、科技培训,评定农民技术职称及贷款等方面给予政策倾斜和支持。

二、相对欠发达地区农村人力资源具体开发模式

东部地区的苏北、鲁西南、闽西以及河北和海南的大部地区等经济相对落后,人均收入水平也较低。这些相对欠发达地区企业数量和规模总体都不如相对发达地区,不能采取依托企业为主的开发模式。长期以来,相对欠发达地区教育经费的投入重城市、轻农村,农村教育经费严重不足,造成农村教育设施落后、师资力量不足,严重制约了农村教育的发展。因此,相对欠发达地区农村人力资源开发更需要资金保障,相关政府部门要深刻认识到人力资源是"第一资源",在物质资源和人力资源投资当中,要更加重视对人力资源的投资。这些地区的

农村人力资源开发应实行政府主导型,要在进一步完善义务教育的基础上,通过政府大力扶持,加大中等农业职业学校、农业技术推广中心以及民间组织对广大农民和农村学生的开发力度。

(一)普通中、小学校＋老师＋学生

普通中、小学教育即九年义务教育属于基础教育,在培养农村人才、促进农村经济发展方面发挥着基础性、先导性的作用。目前,相对欠发达地区仍然存在未履行九年义务教育的现象。对此,必须转变教育观念,采取强有力的措施,一方面坚决杜绝农村新文盲的产生,另一方面使广大农村学生拿到初中毕业证书。

有些相对落后地区,即使履行九年义务教育,由于一些政府并未重视到农村教育培训对农村经济发展的重要性,在资金投入上实行城乡有别的方式,致使农村教育设施落后,师资力量不足。因此政府要加大农村教育投资,实行城乡教育机会均等,在农村提高财政性教育经费占国内生产总值的比重。通过普及九年义务教育,可提高相对欠发达地区农村劳动力的整体文化素质,同时也可提高农村学生进一步升入高中的机会。

(二)中等农业职业学校＋初中毕业生＋农民

有些发达国家把农民职业教育规定为义务教育。在我国,在进行9年义务教育后,可进行高中教育,高中教育不仅包括普通高中,还包括中等职业教育。中等农业职业教育是我国农业教育体系的重要组成部分,在实现我国农业产业化、现代化过程中,发挥着重要作用。中等农业职业教育的目标就是根据社会的需求定位为当地农业的持续快速增长,培养具有良好综合素质、能够在农业生产第一线从事农业科学技术推广与应用工作,并胜任农业实用技术培训工作的应用型、技能型、创新型复合人才。[①] 相对欠发达地区的农民多缺乏农业生产技术知识,在经营管理方面的知识更是匮乏,迫切需要培养具有先进农业实用技术的人才。因此应鼓励完成9年义务教育并有农业从业意向的学生继续到中等农业职业学校进行学习。另外,国家应该建立健全农村人力资源开发的立法体系,将农村职业教育纳入法制轨道。

---

① 李华:《中国农村人力资源开发理论与实践》,中国农业出版社 2005 年版,第 49—83页。

我国 1996 年颁布了《中华人民共和国职业教育法》,基本上是一个基础性的法律文件,缺乏相关法律的配套。因此应借鉴德、韩等国家,在农业职业教育经费、课程设置等方面配以相关的法律保障。

另外,中等农业职业学校要面向农村、面向农民,不仅注重对学生的培养,还要向广大农民提供灵活多样的培训教育形式,如业余培训班、网络教育班、基层干部班等,为社会主义新农村建设培养有用之才。各级相关政府要依托中等农业职业学校的教育设施和教学条件,大力开展青年农民培训、创业培植、绿色证书、阳光工程的教育和培训等。通过相关教育和培训,可使农民获得"青年农民科技培训合格证书"、"绿色证书"等,进一步提高农民的科技、经营管理等素质水平,有利于农村经济的发展,并促进农村剩余劳动力的顺利转移。其中,东部相对欠发达地区在发展"绿色证书"模式中,要充分发挥农业广播电视学校、农机化学校、农技推广中心、农村职业学校等在农民培训中的培训主体作用,对农村具有初中以上文化程度的农业社会化服务体系人员、专业生产户、农村干部等技术性较强的岗位从业人员进行广泛的培训,实行"先培训,再上岗"的方式。通过开展"绿色证书"模式,可为相对欠发达地区农民解决生产和经营中遇到的技术问题,培养一批懂技术、会经营和管理的农民技术骨干队伍。今后,在"绿色证书"制度的不断完善中,将面临着一系列关于培训方式方法、培训内容、培训投入机制等方面的改革,以便更好地满足东部欠发达地区农民的技术需求。

(三)农业技术推广机构+推广人员+农民

农业技术推广的对象是广大农民,这是一个庞大的群体,是农业生产和经营的主力军。技术推广教育的目标是,根据农业和农村经济发展的需要和农时季节的特点,发挥自身网络优势和"短、平、快"的特点,运用灵活多样的方式,面向广大农民开展实用技术培训和普及,为农村培养一支掌握一技之长的劳动者大军,努力提高农民的科技文化素质。[①] 相对欠发达地区在农村人力资源开发时,要特别重视农业技术推广机构对广大农民的开发作用。农业技术推广机构通过技术推广,要实现对广大农民在农业生产领域的技术水平指导,并提供相关

---

① 胡君辰、郑绍濂:《人力资源开发与管理》,复旦大学出版社 1999 年版,第 5—45 页。

产前、产中、产后的运输、信息、加工、销售等一系列技术指导和服务工作。加强对欠发达地区的农业推广，还要结合当地农村实际需求，并考虑区域产业结构布局，有重点地选择培训任务，其中可包括农作物病虫害防治方面的培训、园艺和茶艺技术方面的培训、畜牧业养殖方面的培训以及农产品加工方面的培训等等。技术推广教育的形式要灵活多样，例如可通过经验交流会、定期巡回指导、科技下乡活动、农业科技展览等形式实行教育。相对欠发达地区通过农技推广，可提高当地农民科技素质，促进农科教相结合，推动农业科技成果转化。目前相对欠发达地区农技推广方式方法还不很规范，在以后农技推广中，要逐步健全农技推广制度，并进一步深化改革，推动农业科研、教育、推广"三位一体"的实现。

（四）民间组织＋专业人才＋农民

在我国，民间组织是社会团体、民办非企业单位和基金会的统称。社会团体是指中国公民自愿组成，为实现会员共同意愿，按照其章程开展活动的非营利性社会组织。民办非企业单位是指企业事业单位、社会团体和其他社会组织以及公民个人利用非国有资产举办的，从事非营利性社会服务活动的社会组织。基金会是指利用自然人、法人或者其他组织捐赠的财产，以从事公益事业为目的成立的非营利性法人。民间组织具有民间性、非营利性等鲜明特点。美国、日本等发达国家重视民间组织的发展，还鼓励各民间组织和社会团体参与对农村劳动力的培训。与发达国家相比，我国民间组织并不多。政府应鼓励东部相对欠发达地区农村民间组织的发展，使民间组织的数量和规模上一个新台阶，发挥民间组织在农村人力资源开发中的作用。政府要对民间组织（例如农民专业技术协会、产业化经营中介组织、企业以及基层的合作经济组织等）给予鼓励和支持，尤其要给予资金扶持，并鼓励私人进行拨款资助。民间组织在加强对农村服务的工作时，要通过专业人才，加强对农村劳动力的培训和教育，教育、培训内容和形式应丰富多样，不仅包括相关农业生产技术知识的培训，还要包括农业经营管理知识、道德素质、经济法律、环境保护、国家政策等方面的培训。

第五节　小　结

农村人力资源开发的模式有很多,首先对国内农村人力资源开发的八种模式进行分析,这八种模式为:技术推广教育模式、绿色证书模式、青年农民培训模式、企业带动模式、创业培植模式、中等农业职业教育模式、联合办学和高等农业教育模式、农村劳动力转岗培训模式。在国内农村人力资源开发模式分析的基础上,借鉴发达国家农村人力资源开发的经验,根据中国东部地区内部区域差异情况,依据循环累积因果理论,因地制宜地对东部地区农村人力资源开发模式进行选择。按经济发展状况、城市化进程、人均收入状况等指标,将东部地区划分为相对发达地区和相对欠发达地区。选取相对发达地区青岛和相对欠发达地区菏泽进行抽样问卷调查。在农村人力资源开发过程中,相对发达地区要注重"政府主导和市场主导"相结合;相对欠发达地区要以"政府主导型"为主。两类地区着重选择的具体开发模式分别有四种。相对发达地区四种具体开发模式分别为:(1)农业产业化龙头企业+培训主体+农民;(2)非农企业+培训主体+农民;(3)职业院校+企业+学生;(4)院校联合+半工半读+青年农民。相对欠发达地区具体四种开发模式分别为:(1)普通中、小学校+老师+学生;(2)中等农业职业学校+初中毕业生+农民;(3)农业技术推广机构+推广人员+农民;(4)民间组织+专业人才+农民。

第七章　东部地区农村人力
资源开发体系构建

第一节　东部地区农村人力资源开发的
总体目标和指导原则

东部地区是中国重要组成部分,东部地区农村的发展关系到全国农村的发展,东部地区农村人力资源开发是实现东部地区农村经济发展的重要途径。针对目前东部地区农村人力资源现状和开发中存在的问题,提出农村人力资源开发的总体目标和指导原则。

一、东部地区农村人力资源开发的总体目标

中国教育与人力资源问题报告课题组在《从人口大国到人力资源强国》一书中指出,21 世纪前 50 年我国教育和人力资源开发的总体目标是:建成总量充足、配置均衡、能力优先、体系现代的国民教育体系,建设世界最大的学习型社会,使拥有十几亿人口的人力资源得到全面开发和提升,实现从教育大国变为教育强国,从人口大国迈向人力资源强国的战略转变,到本世纪中叶,建成教育和人力资本强国。[①] 按照中国教育与人力资源问题报告课题组提出的战略目标,结合东部地区农村人力资源开发现状,把东部地区农村人力资源开发的总体目标总结为数量目标、质量目标和结构目标。

（一）数量目标

由于人口政策的失误,中国人口数量一度失控。计划生育政策以来,城市严格实行"一对夫妇只生一个孩子"的政策,而在农村,如果第一胎是女孩,政策通常允许可生育第二胎。因此,与城市相比,农村具有较高的人口出生率和较高的人口自然增长率。80 年代以前,农村人

---

① 林钦松:《新时期我国农村人力资源开发战略研究》,福建师范大学,2006 年。

口自然增长率比城市约高 40％－50％,而 90 年代后期仍然高出 20％
左右。[①] 目前,虽然东部地区农村人口得以控制,但由于基数较大,农
村人口数量压力仍巨大。在东部地区农村,尤其在相对落后地区的农
村,重男轻女的传统意识依然存在,导致男多女少,男女比例失衡。另
外,考虑到东部地区耕地面积的不断减少,人地矛盾将更加突出,农村
剩余劳动力的转移任务非常艰巨。在数量目标上,东部地区农村要严
格贯彻计划生育政策,保证农村人口的低增长率;改变农村重男轻女
的传统意识,使男女比例协调;通过提高农村人力资源的素质,促进农
村剩余劳动力的转移,使农村人口数量和比重逐渐降低,加快东部地
区城市化步伐。

(二)质量目标

东部地区农村人力资源的质量包括文化素质、科技素质、身体素
质、经营管理素质、思想道德素质等。在文化质量方面,要扫除农村文
盲人口,增加农村劳动者所受教育年限。在东部地区的相对落后地
区,要全面普及九年义务教育;在相对发达地区,要提高高中的毛入学
率,进一步普及 12 年义务教育。在科技素质方面,要增加农民受科技
培训的机会,使更多的农民获得专业技术职称,加强农业技术推广工
作,提高中级特别是高级技术人才在技术人员中的比重。在身体素质
方面,提高农民的生活水平和医疗卫生条件,以保证农民获得充足的
营养,具有健康的体魄。在经营管理素质方面,要提高农民的经验管
理水平,以适应农业产业化和现代化的需要。在思想道德素质方面,
要使农民具有良好的道德品质,提高农民的思想觉悟,改变农民传统
的观念意识。

(三)结构目标

东部地区农村人力资源开发的结构目标是改变人力资源在产业
分布结构、年龄、性别结构等方面的不合理状态,实现农村劳动力的合
理配置。其中在产业分布结构方面,要减少农村劳动力在第一产业中
的就业比重,提高在第二、三产业中的就业比重。

---

① 蔡昉、林毅夫:《中国经济》,中国财政经济出版社 2003 年版,第 134－135 页。

二、东部地区农村人力资源开发的指导原则

东部地区在农村人力资源开发中,应把握整体性原则、长远性原则、系统性原则、前瞻性原则、实用性原则以及兼顾性原则。

（一）整体性原则

东部地区农村人力资源开发必须适应整个东部地区的经济发展,必须从整个东部地区的战略发展规划和战略目标的大局来考虑。因此东部地区农村人力资源开发不是孤立进行的,要坚持整体性原则。

（二）长远性原则

东部地区农村人力资源开发,某种程度上可看作是人力资本投资。这种投资从短期看效益不高,但却具有很大的远期效益。因此,在农村人力资源开发中,要坚持长远性原则,不能为了短期利益,而放弃农村人力资源开发。

（三）系统性原则

东部地区农村人力资源开发是一项系统性工程,因此在农村人力资源开发时,要坚持系统性原则。农村人力资源开发系统包括一些子系统。各子系统之间是相互联系、相互促进的。

（四）前瞻性原则

东部地区在进行农村人力资源开发时要坚持前瞻性原则。不能只顾眼前,要了解市场对人才数量和质量等的实际需求,准确预测未来社会对农村人力资源不同层次技能水平的需要,并根据产业结构调整的方向,有针对性地开发农村人力资源。

（五）实用性原则

目前,中国东部地区的农村教育培训中,尤其是职业教育、成人教育及一些农民培训中,注重理论知识的培养,缺乏实践环节,很多时候并没有遵循实用性的原则,导致农民经过培训教育后,不能解决生产和工作中的实际问题。因此,东部地区农村人力资源开发要坚持实用性原则,根据实际情况采取灵活多样的开发模式,为农民提供各种实践机会。

（六）兼顾性原则

东部地区在农村人力资源开发中要坚持兼顾性原则。这里的兼

顾具体指城乡统筹兼顾和区域统筹兼顾。现在中国已经进入工业反哺农业、城市支持农村的关键阶段,东部地区在人力资源开发中,要兼顾城市和农村,缩小城乡人力资源开发差距。另外,东部地区在农村人力资源开发中,一方面要统筹东部地区内部相对欠发达地区和相对发达地区的协调发展;另一方面还要统筹东部与西部、中部和东北地区的协调发展。

第二节　东部地区农村人力资源开发体系构建

人力资源开发是一项系统性工程。人力资源在数量平衡、质量提高、结构合理配置中的各种开发活动是一个有机整体,贯穿于人力资源开发过程的始终。东部地区农村人力资源开发体系由四个子系统组成,分别是:科学合理的农村教育培训体系;完善有效的医疗保健体系;平稳有序的劳动力迁移体系;统筹兼顾的区域协调发展体系(见图7-1)。其中构建科学合理的农村教育培训体系是基础;构建完善有效的医疗保健体系是保障;构建稳健有序的劳动力迁移体系是重点;构建统筹兼顾的区域协调发展体系是难点。这四个子系统不是独立分割的,而是相互联系、相互促进的。其中构建统筹兼顾的区域协调发展体系是从统筹区域协调发展角度讲的,而其他三个方面从某种程度上讲是从统筹城乡协调发展角度讲的。

一、科学合理的农村教育培训体系

21世纪是知识竞争、人才竞争的时代。中国东部地区农村人力资源数量巨大,要想把丰富的人力资源转变为雄厚的人才资源,必须大力开发农村人力资源。教育培训是农村人力资源开发的最主要途径。目前,东部地区农村教育培训资金不足,农村现行的教育培训体系不完善。因此要加大教育培训投资,构建科学合理的农村教育培训体系,实行"三教统筹",使农村基础教育、职业教育、成人教育协调发展。这种多层次的教育体系,有利于整合各种教育资源,实施"科教兴农",为"三农"问题的解决培养各种层次的人才,为农村经济发展提供智力保障。

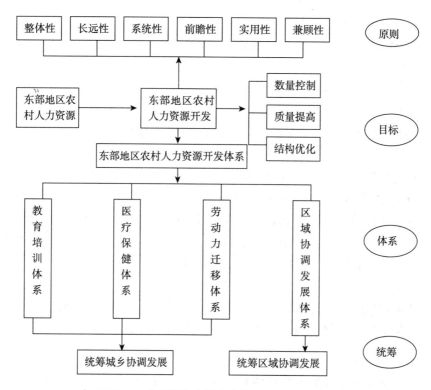

图 7-1 东部地区农村人力资源开发体系架构

（一）重视农村教育培训，加大资金投入

农村人力资源开发，需要强有力的资金支持。东部地区农村教育培训投入不足，有政府方面的原因，也有农民自身方面的原因。从政府方面来讲，一些政府并未重视到农村教育培训对农村经济发展的重要性，在资金投入上实行城乡有别的政策。从农民角度讲，有些农民把教育培训看作是一种消费，教育培训观念落后。另外农民收入较低，也直接影响着农民参与教育培训的积极性。由于对农民教育投入不足，农民受教育水平普遍较低，仍以初中和小学水平为主。而在国外发达国家，由于农村义务教育和职业教育的普及，农民的文化素质都较高，甚至有些发达国家农民受教育年限在 12－15 年，已普及高中教育，部分发达国家农民上大学很普遍。

现在应该是工业反哺农业、城市支持农村的阶段。政府作为农村教育培训的统筹规划者，首先要认识到农村教育培训的重要性并做好宣传工作，政府除了自身加大投资外，还应充分调动社会各界及农民自身对农村教育培训投资的积极性,并且要千方百计促进农民增收。(1)各级政府要把人力资源看作是"第一资源",把教育培训看作是能够带来远期收益的一种投资。不仅如此,还要向东部地区广大农民宣传教育培训的重要性,改变农民传统的教育培训观念。(2)政府要加大农村教育投资,实行城乡教育机会均等,提高财政性教育经费占国内生产总值的比重。按照《教育法》的规定,实现"三个增长"和"两个提高",使"再穷不能穷教育"真正落到实处。所谓"三个增长",一是财政经常性收入增长,财政教育拨款有所增长,且高于财政经常性收入的增长;二是生均教育经费有所增长;三是教师工资和生均公用经费有所增长。所谓"两个提高",一是财政教育经费支出占国民生产总值的比例有所提高;二是教育经费的支出占财政总支出的比例有所提高。除政府自身投资外,政府还要鼓励社会各界尤其是企业参与到农民教育培训当中去。(3)促进农民增收。政府要采取各种支农和惠农政策,贯彻"多予、少取、放活"的方针,实现农民增收。只有农民收入增加了,农民才会有更多的资金考虑教育培训投资。

(二)加强基础教育,普及九年义务教育

基础教育在整个教育体系中处于优先地位,没有良好的基础教育,就不可能有优秀的高等教育。农村基础教育在培养农村各级人才,促进农村经济发展方面具有基础性、先导性的作用。目前,中国基础教育包括幼儿教育(一般为 3—5 岁)、义务教育(一般为 6—15 岁)、高中教育(一般为 16—19 岁),以及扫盲教育。其中义务教育涵盖小学和初中阶段,具有普及性、公共性和强迫性的特点,是国家统一实施的所有适龄儿童少年必须接受的教育,是国家必须予以保障的公益性事业。

1986 年,中国就通过《义务教育法》。2006 年,农村义务教育实现全免费;2008 年秋,城市义务教育实现全免费。从 2006 年至 2008 年,政府加大教育投入,逐步完成了从农村到城市,从试点到推广,全面免除城乡义务教育学杂费的过程,在中国教育史上迈出了重要一步。但目前,我国东部地区尤其是一些相对落后地区农村义务教育仍不乐观。农村义务教育普及率仍达不到 100%;农村中小学基础建设及教育设施等的教育经费投入不足;农村教师素质水平偏低,学历不达标现象依然存在;农村义务教育重应试教育而轻素质教育。国内外有专家计算得出,小学和初中的义务教育投资在各投资中的收益率是最高的。因此,在东部地区义务教育中,应该首先保障农村义务教育经费,推进城乡义务教育均衡发展。在此基础上,加强农村中小学教师队伍建设,提高农村义务教育师资水平,保障进城务工人员子女平等接受义务教育。同时,还要改革中小学的教育方式方法,转变教育观念,变应试教育为素质教育。因为某些原因未能履行九年义务教育的孩子、父母及其法定监护人,必须对其采取强有力的措施,要坚决杜绝农村新文盲的产生。

（三）大力发展职业教育,培养实用人才

1996 年 5 月 15 日颁发的《中华人民共和国职业教育法》规定,职业教育的任务是:根据经济发展和社会发展的要求,对受教育者传授职业知识,培养职业技能,形成良好的职业道德和职业习惯,使他们成为有文化、懂技术、业务熟练,具有高尚的情操和健康的体魄的劳动者,促进经济发展和社会进步。我国现行的职业教育体系从类型上看,包括职业学校教育和职业培训两大类。职业培训是指对接受培训的人员进行职业知识与职业技能的培养和训练的教育活动。《职业教育法》规定:"职业学校教育分为初等、中等、高等职学校业教育。"初等职业学校教育是在小学基础上实施初中阶段的职业教育,由初等职业学校实施。中等职业学校教育是在初级中等普通教育的基础上实施的高中阶段的职业教育。实施这种教育的主要有三类学校:中等专业学校、技工学校和职业高中。高等职业学校教育是在高级中等教育基础上实施高等教育阶段的职业教育。实施这类教育的学校主要有:职业大学、技术专科学校、独立设置的成人高校和中等专业学校。

职业教育是实现农业现代化、振兴农业经济的重要措施之一。但由于职业教育的办学成本比较高,而财政拨款严重不足,使接受职业教育的学生教育成本较高,严重制约了农村学生接受职业教育的积极性和主动性。政府财政拨款之所以不足,是因为政府对传统教育以外的教育形式不是很认可,对职业教育在农业现代化中的作用认识不足。目前,东部地区职业院校条件较差、数量较少,师资力量也很薄弱。由于教育设备缺乏或陈旧,教育手段落后,很难为学生提供实践教育环节,对农民教育缺乏针对性和实效性,教育内容与实际农业需求产生脱节现象。在专业设置上,职业教育专业结构严重脱离农村实际,涉农专业很少,追求短期利益,选择投资少见效快的专业,课程设置也不合理,一些参加过职业教育的农民无用武之地,难以适应农村社会经济发展的需要。

农民在九年义务教育后,一部分学习比较好的学生升入正规高中继续学习,剩余部分的人多数会选择不再上学,务农或外出打工。如何做到义务教育后的适时分流,使大部分学生选择继续上学包括正规高中和中等职业学校,是一项重要的任务。东部地区要大力发展职业教育,改变对职业教育的歧视态度,加大中等职业教育在农村高中阶段教育中的比重,政府除加大财政拨款外,应通过多种渠道广泛筹集职业教育的费用。还应根据东部地区的区域特征、农户需求,做到职业教育因地制宜,因人施教。要注重理论与实践相结合,根据市场需求培养实用型人才,使"农科教"相结合。教育形式、内容要灵活多样,要在北京、天津、长三角、珠三角以及一些沿海地区尝试并适当推广"校企联合"和"订单式"职业教育模式。还要对专业课程进行改革,要根据市场需求的不断变化,农业产业结构调整的要求,调整专业课程内容,开展农业种植技术或养殖技术类、农副产品加工类、营销类、企业经营和管理类等课程。在教育形式上,还可采用学分制的形式,只要学生修足学分,就可获得毕业证书。

(四)注重成人教育,构建学习型社会

成人教育是根据社会发展和人的全面发展的需要,有目的、有计划、有组织地对所属社会的成人进行的,目的在于提高社会劳动者和工作人员的素质的教育活动。中国现行的成人教育体系包括成人学历教育和成人非学历教育。成人学历教育是指纳入国家学历教育系统的,以达到一定学历层次为目标的成人教育。包括成人初等教育、成人中等教育(初、高中)以及成人高等教育。成人非学历教育包括成人扫盲教育、短期文化补习教育、各种职业培训、单项技术普及培训、岗位培训、大学后继续教育、社会文化生活教育。新中国成立后,成人教育纳入国家教育体系,与基础教育、职业技术教育、高等教育占有同等重要地位。

东部地区丰富的农村人力资源要转化为人才资源,关键在于提高人力资源素质,其重要途径在于形成全民学习、终身学习的学习型社会,构建学历教育和非学历教育,正规教育和非正规教育相互交叉、相互补充的终身教育体系。农村成人教育是终身教育的有机组成部分，是构建学习型社会的重要途径。东部地区成人教育在发展过程中缺少法律法规的保障，农村成人教育的师资队伍落后，多数对农村实际情况不了解。因此，今后应颁布相关法律，为成人教育的实施提供法律保障。东部地区在成人教育发展中，应适应产业结构调整的需要，根据东部地区经济发展的需要，针对不同层次人的需要采取多层次的教育方式。针对文盲人群，从事扫盲教育；针对农村普通人员，普及法律法规知识、环保知识及普通生产技术知识；对农村优秀青年，提供现代化技能和知识，培养其成为知识技术型人才；针对有志提升学历的农民，还可通过函授、自学考试、成人高考等形式，提高其学历层次；针对农村贫困人员，要进行扶贫培训。

（五）加强农村劳动力培训，培养多方面人才

依据国际农村人力资源开发与人力资本转化的经验，随着工业化的进程，农村劳动力的走向主要有三个方面：一是走出农村，到城市第二三产业及其他管理部门就业；二是到现有农村空间内发展起来的新兴小城镇从事非农产业；三是留在已被改造了的具有现代化性质的农业生产领域就业，即现代农民。① 东部地区农村劳动力的走向也不外乎以上三个方面。

东部地区农村劳动力的第一个走向，即实现劳动力转移，要求根据城市二、三产业的市场需求，对农村劳动力进行汽车、摩托车维修、家电维修、餐饮、家政、服装裁剪、美发美容、手工业编织、建筑工程等方面的岗前培训以及法律法规、道德修养、环保意识、安全知识等的普及培训，使其具有一技之能，获得岗位证书，提高其转岗能力。具备一技之能的农村劳动力可从事电工、维修工、营业员、厨师、木工、电工、焊工、搬运工、装卸工、货物速递人员等工作。农村劳动力的第二个走向，即从事农村非农产业，需要对农村劳动力进行经营管理、农林牧渔业加工、环保、食品安全、国家相关政策等方面的知识培训，为农业的产业化和农村的城镇化提供人才保障。同时，还有必要增加农村劳动力的市场经济知识，以转变传统经营观念，增加市场竞争意识，增强抵

---

① 徐子勇：《成人教育与农村人力资源开发的思考》，《经济与社会发展》2008年第6期。

御风险的能力。农村劳动力的第三个走向,即实现现代农民,要求对农村劳动力普及农林牧渔业生产、农业环境保护、病虫害防治等知识,采取现场技术指导,专家咨询等多种形式的培训,对其传授先进的农业科技知识,进行农业技术推广。

在东部地区,由于对农民培训重要性的认识仍不到位,培训经费不足、培训设施陈旧、培训手段落后的现象仍然存在,尚不能满足农民对培训的需求。加强对农民的培训,一要扩展农民培训主体,使政府部门、企业、民间组织、农业技术推广机构等广泛参与到农民的培训中去;二要推广新型农民培训形式,使农民培训形式做到灵活多样;三要多方位、广渠道筹集培训经费,中央和地方政府除加大投入外,还应鼓励企业参与农民培训,鼓励以赞助或捐款形式用于农民培训;四要本着讲究"实效、实用"的原则,让农民利用培训所得知识,真正解决在生产和生活中遇到的困难。当前,由政府实施的"绿色证书"、"青年农民培训工程"、"阳光工程"、"创业培植工程"等农村劳动力培训模式,对农村劳动力文化、科技素质的提高,农村剩余劳动力的转移起着关键的作用。当然这些培训模式在发展中,也有其不足,包括普及率不高,在某些方面还需要进一步的改革等,这都是今后需加大努力去做的。

二、完善有效的农村医疗保健体系

构建完善有效的医疗保健体系,旨在提高东部地区农村人力资源的身体素质,进一步提高农村劳动力生产率,促进农村经济发展和农民增收。

(一)加大农村医疗保健投资

除教育培训投资外,医疗保健投资也是人力资本投资的重要组成部分,但农村医疗保健投资却往往容易被忽视。首先是在东部地区,有些农民特别是相对落后地区的农民,其自身对医疗保健投资不重视,不懂得医疗保健也是一种投资,能够带来长远效益,相反认为医疗保健投资是一种浪费。其次是政府对农村医疗保健投资不足,导致农村医疗卫生设施匮乏,医疗卫生条件落后,农村医疗保障体系不健全。拿农村医疗卫生条件来说,衡量一个地区农村医疗卫生条件的指标有村卫生室个数、设置卫生室的村占行政村的比例、乡村医生和卫生员人数、每千农业人口乡村医生和卫生员人数等。而这些指标数据相对城市来说,显得相当不足,直接影响了农民身体素质的提高。因此要千方百计改变东部地区农民对医疗保健投资的传统观念,促进农民加大对医疗保健的支出。同时政府要加大医疗保健投资力度,为农民的健康提供保障,提高广大农民的身体素质。

（二）深化医疗改革

2005年,国务院发展研究中心和世界卫生组织"中国医疗卫生体制改革"合作课题组公布的课题报告,对中国医疗卫生体制改革的基本评价是:"从总体上讲,改革是不成功的。"

中国农村医疗卫生形势仍然严峻,城乡医疗卫生资源和服务缺乏公平性,农村医疗卫生服务设施落后,农村居民对医疗费用的支出比例较高,传染病防治机制和公共卫生体系不健全,难以满足广大农村居民医疗卫生需求。因此要深化医疗卫生体制改革,协调好政府与市场的关系,坚持政府主导和市场机制相结合的原则,使农村人力资源可以享受到基本的医疗卫生服务和健康保障。加大政府财政资金在医疗卫生事业中的投入,减轻农民群众重大疾病负担,提高农民补偿水平,降低农民个人医药费用负担,防止"因病致贫"和"因病返贫"。推进公共卫生体系建设,加强农村妇幼保健、疾病防治等基本公共卫生服务,促进城乡公共卫生服务逐步均等化。健全传染病防治机制,加大国家免疫规划力度,认真落实疫苗接种任务。大力加强食品药品监管,积极做好卫生监督工作。最后特别强调要做好农民工卫生服务工作,为农民工提供健康保障。

（三）积极推进新农合发展

新型农村合作医疗制度是相对20世纪80年代以前传统农村合作医疗模式而说的,是由政府组织、引导、支持,农民自愿参加,个人、集体和政府多方筹资,以大病统筹为主的农民医疗互助共济制度。为实现到2010年在全国建立基本覆盖农村居民的新型农村合作医疗制度的目标,2003年在全国选择了304个县(市)先行进行试点。东部地区新型农村合作医疗制度实施以来,在一定程度上缓解了农民"看病贵、看病难"问题,深受广大群众的拥护和支持。然而在实施过程中,仍存在诸多问题。东部地区新农合的参保率仍未达到100%,一些农民认为没病就是健康,不需要参保。等到生病了之后,则"小病扛,大病拖",延误了最佳治疗时机。因此要提高农民对医疗保健的认识,使其认识到新农合是一种基本医疗保障制度,可以报销一定比例的医药费,可享受定点医疗机构提供的基本医疗服务等诸多权益。另外,针对少数经济能力有限、无能力参保的农民,要对其给予照顾,例如对他们提供福利救助等方式,以提高参保率。

东部地区各相关部门在推行新农合过程中,也存在一些问题。例如对新农合办事机构管理能力不强;一些违法现象如无病乱开药、药价虚高的现象广泛存在;监管部门监管力度不够;缺乏强有力的法律保障等。因此要积极推进东部地区的新型农村合作医疗制度的发展,提高新农合经办机构的管理能力,改变新农合基金的运行模式,加强对新农合的监管力度。国家要尽快出台和完善新农合的相关法律法规,为新农合的各项监管工作提供强有力的法律依据。东部地区要积极采取措施扩大农村合作医疗的覆盖范围,提高农民参保率,解决农民"看病贵,看病难"的问题,减少或杜绝"因病致贫,因病返贫"现象的发生。

三、平稳有序的劳动力迁移体系

劳动力从无限供给转折到短缺,是一个国家经济发展的重要现象。著名经济学家刘易斯最早从理论上概括了这一重要现象,因此把这个转折点叫做"刘易斯转折点"。[①] 日本和韩国都在经济高速增长阶段,出现了刘易斯转折性变化。日本经济学家 Ohkawa(1965)认为,日本的刘易斯转折点发生在"二战"后经济高速增长阶段。[②] Minami(1968)通过详细考察日本的农业工资、农业劳动力数量等指标,指出日本刘易斯转折点发生在 20 世纪 60 年代初期。[③] Bai(1982)通过研究表明,韩国约在 20 世纪 60 年代末进入刘易斯转折点。[④]

2002 年以来,"民工荒"从局部到全国的全面蔓延,农民工工资上

① Lewis, W. A: "Economic Development with Unlimited Supplied of Labor", *The Manchester School of Economic and Social Studies*, 1954(22):139—191.

② Ohkawa, Kazushi: "Agriculture and Turning—Points in Economic Growth", *Developing Economies*, 1965(3):471—486.

③ Minami, Ryoshin: "The Turning Point in the Japanese Economy", *Quarterly Journal of Economics*, 1968, 82(3):380—402.

④ Bai, Moo—ki: "The Turning Point in the Korean Economy", *Developing Economies*, 1982(2):117—140.

涨,以及农业边际劳动力生产率变化等,都预示着中国进入了刘易斯转折点。[1] 刘易斯转折点有两个,这里的转折点是刘易斯第一转折点,出现在劳动力供给从无限剩余转向有限剩余的阶段。第二转折点出现在劳动力供给从有限剩余到完全吸收殆尽的阶段。从第一转折点到第二转折点的过渡时间长短,很大程度取决于城乡之间是否保持了均衡发展。其中,劳动力市场在促进城乡经济联动中尤为重要。在这个阶段,农村劳动力平稳有序流动对于工农业部门之间平衡发展非常关键。[2]

劳动力的迁移分迁入和迁出两个方面(见图7-2)。迁入是指吸引城市人才到农村来,也支持一些学有成就的农民工返乡创业;迁出是指农村第一产业劳动力向城市第二、三产业的转移。

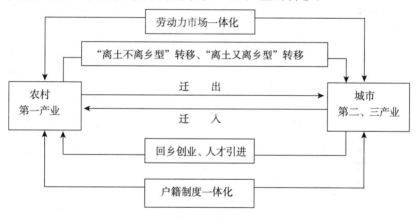

图7-2　劳动力迁移图

(一)支持回乡创业,实行人才引进

绝大多数经济学家把1989年农民工大规模地迁徙看作是中国历史上第一波民工潮。之后,随着农村劳动生产率的提高,农村剩余劳动力逐渐向城市转移。目前留守在农村的多是妇女、儿童和老年,人们形象地称他们为"386199部队"。东部地区农业从业人员的文化素质普遍比农村转移出去劳动力的文化素质低,由于农村人才大量流

① 蔡昉、都阳:《中国经济发展的刘易斯转折点》,见蔡昉:《中国人口与劳动问题报告No.8》,社会科学文献出版社2007年版,第147-169页。
② 王德文:《刘易斯转折点与中国经验》,见蔡昉、王美艳:《中国人口与劳动问题报告No.9》,社会科学文献出版社2008年版,第88-102页。

失,农村经济发展缺乏人才保障,因此迫切需要一些学有成就的农民工能够回乡创业。外出劳动者回乡创业,一方面可解决一部分农村剩余劳动力的就业问题,另一方面还可振兴农村经济。国家及东部地区各相关部门要制定优惠政策,鼓励具有一定经营管理知识或一技之长的外出劳动者回乡创业,并设立农村创业基金,提供贷款优惠政策,加大金融服务力度,并对其进行税收减免等。鼓励创业者充分发挥自己的主观能动性和自主创新性,通过利用自己的技能和知识,结合农村的自然资源优势和劳动力资源优势,培育农村龙头企业,促进农业产、供、销一条龙的发展。创业者在创业成功后,可培养其成为农村经济的带头人,为农村经济的发展献计献策。

除支持回乡创业外,国家及东部地区各相关部门还要实行人才引进的策略。在实施以工补农、以城带乡的现阶段,要为农村提供人才保障,实行支农支教。要吸引城市一些人才为农业作出贡献,为农村提供资金技术和先进的思想。要鼓励大专院校教师和科研单位的人员深入到农村一线,开展多形式的技能培训,向农民普及实用技术,实现"科技兴村"、"科技兴农"。在吸引人才的过程中,还必须制定和实施人才的激励机制,以更好地发挥其才能。美国哈佛大学心理学家威廉·詹姆斯研究发现,一个没有受到激励的人,仅能发挥其能力的 $20\%-30\%$,而当他受到激励时,能力可发挥至 $80\%-90\%$。可见,适当的激励对人的能力发挥多么重要。

在东部地区农村人才的引进过程中,还要推行农村大学生人才工程,鼓励大中专毕业生为农村作出贡献。《中共中央办公厅、国务院办公厅关于加强农村实用人才队伍建设和农村人力资源开发的意见》明确提出要引导和鼓励高校毕业生到农村工作或提供服务。引导和鼓励高校毕业生到农村工作是推进农村现代化、统筹城乡发展的客观要求。各地要结合实际,加大力度,完善政策,广开渠道,每年选拔一定数量的应届高校毕业生到乡村基层就业。积极实施"三支一扶"计划、大学生志愿服务西部计划等,加强对高校毕业生服务期间的管理和培养,做好服务期满后的就业服务工作,努力创造条件,鼓励他们扎根农村。认真执行省级以上党政机关招录的没有基层工作经历的高校毕业生应安排到县以下基层单位工作一至两年的政策。①

（二）促进乡镇企业发展，吸纳农村剩余劳动力就业

农村剩余劳动力转移一般可分为"离土不离乡"型和"离土又离乡"型。"离土"指不再从事耕种，"不离乡"指留在农村从事其他非农业经济活动。改革开放以来，东部地区乡镇企业的发展，使更多的农村剩余劳动力实现了"离土不离乡，进厂不进城"式的转移。乡镇企业已成为东部地区劳动力转移的重要途径，与此同时，乡镇企业在发展过程中也遇到了一定困难。由于对外开放的深入、竞争对手的强大，乡镇企业的市场环境非常严峻。乡镇企业资金不足，乡镇企业人员的素质不高，管理和经营手段落后，也制约了乡镇企业的进一步发展。因此，应采取强有力的措施加快东部地区乡镇企业的发展，以加强乡镇企业对农村剩余劳动力的吸纳。这些措施包括：为乡镇企业提供资金保障，商业银行在贷款上要给予支持；实行税收减免；努力提高乡镇企业员工的经营管理水平，培养其市场竞争意识，加强其抵御风险的能力等等。只有这样，才能促进东部地区乡镇企业的进一步发展，提高其吸纳就业的能力，同时带动整个农村经济的发展。

（三）深化户籍制度改革，改善农村劳动力外出就业环境

城乡分割的户籍制度，是导致城乡福利待遇差别的重要原因，因此对户籍制度进行改革，有利于构建城乡一体的社会保障系统。进入21世纪以来，国家采取了一系列措施对户籍制度进行改革，东部地区一些省市例如江苏和广东省开始取消农业户口和非农户口，统一为"居民户口"，还有一些省市进一步放宽落户条件。但总体来说，改革并不顺利，这些省市尽管取消了"农业户口"和"非农业户口"划分，建立了城乡统一的户口登记制度，但配套措施并没有跟进，社会保障等相关待遇差别并没有落实。

目前，城镇企业职工和居民的社会保障制度已经在全国各大城市建立起来了，但对农民工的社会保障一直被忽视，农民工进城缺乏安全感和稳定感。加强农民工的社会保障，可解决农民工外出就业的后患之忧。近些年，国家在农民工的工伤保险和医疗保险方面也做过一

---

① 《中共中央办公厅、国务院办公厅关于加强农村实用人才队伍建设和农村人力资源开发的意见》，陕西省人民政府门户网，2008-05-08。

些工作,并在一些地方对农民工加入城镇社保体系进行改革试点。2006 年 3 月,国务院颁布《关于解决农民工问题的若干意见》,这一文件提出全面解决农民工就业服务和社会保障等一系列政策措施,具有里程碑意义。2008 年《劳动合同法》正式实施,规定个体和私营企业在内的所有企业都必须与员工签订合同,并为他们提供社会保险服务。根据 2006 年 5 号文件,为农民工建立社保制度,应在鼓励和引导基础上,优先解决农民工工伤保险和大病医疗保障问题,逐步解决养老保险问题。东部地区各用人单位应根据国家相关规定,积极解决农民工社保问题。要认识到农民工在就业过程中,尤其在建筑业和矿业等部门就业过程中的风险很高,工伤和重病对个人健康和家庭生活保障具有严重性的冲击,因此要优先扩大工伤保险和大病统筹等的医疗保险。另外,还要逐步建立农民工养老保险制度,并考虑将农民工在城市的保险账户和农村的保险账户相互衔接起来。在此基础上考虑生育保险、失业保险等。

在小城镇、中等城市、大城市和特大城市等的户口背后,附带着不同的东西。通常来说,越是大城市,城市户口附带的公共福利越多,户口的含金量越大;同等级别的城市,城市的财政能力越强,户口的含金量也更大一些。①东部地区经济相对比较发达,大城市相对较多,户籍制度改革的困难会更大。户籍制度改革不是一蹴而就的,是一个渐进的过程,也不是能单独进行改革的,需要相关领域的配套改革。如果将户口所附带的相关福利待遇取消,户口的"含金量"也就没有了,劳动力的流动和迁移会变得理性起来。将东部地区户籍制度变成仅仅是一种登记制度,还原户籍的基本职能,是户籍制度改革的终极目标。

(四)健全劳动力市场机制,促进农村劳动力转移

随着农村剩余劳动力向城市的逐步转移,东部地区城市劳动力市场的服务逐步向农村劳动力开放,职业介绍机构和招聘人数也多了起来。但总体来说,东部地区农村劳动力市场发育程度仍不高,劳动力市场服务体系仍不健全。农村剩余劳动力转移的工作多是自找门路,自谋出路,或通过社会关系及血缘关系,由亲朋好友介绍,以口相传,

---

① 王美艳、蔡昉:《户籍制度改革的历程与展望》,见蔡昉:《中国人口与劳动问题报告 No.9》,社会科学文献出版社 2008 年版,第 186—189 页。

缺少信息交流,有些通过非法中介受骗,农村劳动力转移盲目、无序。劳动力市场改革的主要目标是实现城乡一体的劳动力市场,消除劳动力市场的二元结构。今后,东部地区城市公共职业介绍机构应向农民工全面开放,并向农民工提供就业信息、就业指导、政策咨询、社会保险关系接续、技能培训等。另外,还应健全县乡公共就业服务网络,为农民工转移就业提供服务,减少农村劳动力流动的盲目性,降低劳动力转移的成本。东部地区还要拓宽就业信息的发布渠道,通过各种媒体,采取多种形式,保持畅通的就业信息发布渠道。

近些年,东部地区沿海及一些大中城市农民工权益受到侵犯的事件屡见不鲜,这就迫切需要完善劳动力市场监控体系。农民工工资是农民工在城市生活和生存的经济支柱,保障农民工的工资发放对农民工来说至关重要。因此,首先应该建立行之有效的劳动工资协调、监督机制,保证农民工工资的及时发放。另外,劳动合同的签订是保障劳动关系稳定运行的重要手段,因此要监督用工单位对农民工用工合同的签订,保障农民工的权益不受侵犯。

四、统筹兼顾的区域协调发展体系

东部地区在农村人力资源开发过程中,要构建统筹兼顾的区域协调发展体系,并注重区域之间的合作。这里的区域协调发展包括两个方面:一方面是东部地区内部相对发达地区和相对欠发达地区之间的协调发展;另一方面是东部地区与中部、西部地区之间的协调发展。

《中共中央办公厅、国务院办公厅关于加强农村实用人才队伍建设和农村人力资源开发的意见》明确提出要做好对欠发达地区人才帮扶工作。加大对中西部地区、少数民族地区、贫困地区等欠发达地区农村实用人才队伍建设的投入和政策倾斜力度,开展部门、地区、项目对口帮扶活动,在资金、技术、人才等方面加大支持力度。采取积极措施,引导和鼓励发达地区有条件的企业为欠发达地区培训农村实用人才。结合对口帮扶工作,在开展扶贫开发整村推进工作时,有针对性地选择贫困村干部和致富带头人到东部地区接受培训。组织城市和东部地区学校帮助农村和西部地区学校改善办学条件,开展合作办学,不断提高教师素质和教学水平。建设一批人才培训基地,重点为欠发达地区培训各类实用人才。各地要结合本地区实际,制定具体办法,推进区域内城市对农村在科教卫文等方面的对口支持。[①]

(一)东部地区内部相对发达地区和相对欠发达地区之间的协调发展

东部地区具体包括北京、天津、河北、山东、上海、江苏、浙江、福建、广东、海南 10 个省市。由于区域差异的存在,东部地区内部各省、市、地区之间经济发展状况、人均收入状况等均不同,在前一章研究东部地区农村人力资源开发模式时,将东部地区分为相对发达地区和相对欠发达地区。其中相对发达地区包括北京、天津、上海、珠三角、长三角以及一些沿海城市等,相对欠发达地区包括苏北、鲁西南、闽西以及河北和海南的大部地区等。鉴于东部地区内部区域特征的差异,在农村人力资源开发中,要采取不同的途径措施,实现"两手抓",既要重视相对发达地区农村人力资源开发,又要兼顾欠发达地区农村人力资源开发,以共同促进两类地区农村人力资源开发的协调发展。相对发达地区由于城市化步伐相对较快,企业经济相对发达,特别要依托企业,鼓励企业参与农村人力资源开发,走"市场主导和政府主导相结合"的道路。而相对欠发达地区经济相对落后,城市化步伐相对较慢,农村人力资源开发更需要资金的保障,更需要政府的支持,因此要走"政府主导型"道路。

与此同时,相对发达地区要开展对相对欠发达地区农村人力资源开发的帮扶工作。这方面的措施有:相对发达地区企业依据市场人才需求状况,与相对欠发达地区职业学校实现联合培养,并最终解决欠发达地区职业学校的学生,尤其是农民出身的学生的就业问题;引导和鼓励相对发达地区的企业对所聘用的欠发达地区的农民工采取非歧视的行为态度,并定期对他们进行培训;定期召集相对欠发达地区的农村干部、农村教师、农民企业家等到相对发达地区,学习该地区在农村人力资源开发方面的成功经验;等等。

(二)东部地区与中部、西部地区之间的协调发展

没有中、西部地区的经济发达,就没有全国的经济发达。没有中、西部地区的农村小康,就没有全国的小康。东部地区相对中部、西部

---

① 《中共中央办公厅、国务院办公厅关于加强农村实用人才队伍建设和农村人力资源开发的意见》,陕西省人民政府门户网,2008-05-08。

而言,经济较发达。从统筹区域协调发展的角度,东部地区理所应当承担起"以东带西"这个责任。区域间的横向联合,其根本动因在于区域间生产要素的差异以及比较优势的存在,区域经济的横向联合,有利于突破生产力要素流动的行政性障碍。[①] 我国地域辽阔,东部地区和中部、西部地区经济基础、文化背景、资源禀赋等差距很大。东部地区在资金、技术、人才上具有优势,中部和西部地区具有劳动力资源优势。东部地区经济相对比较发达,人均收入较高,吸引了中部、西部地区农村剩余劳动力前来就业。东部和中部、西部可实现优势互补(见图7—3)。

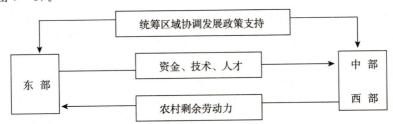

图7－3　统筹兼顾的区域协调发展图

农村劳动力的输出地和输入地之间要加强协作,输入地要为输出地提供培训机会。中部、西部农村劳动力转移多为异地转移,出省转移的比例较高,而且多数转移到了东部地区。中、西部农村劳动力无论是转移到东部地区城市,还是转移到县域和乡镇,无论是个体企业、私营企业,还是乡镇企业,企业都应当承担起培训的责任。国家应该对企业作出相关明确规定,约束企业履行培训的义务。目前,东部地区"民工荒"现象和中、西部地区农村剩余劳动力转移不出去现象并存。究其原因,主要是中、西部农村剩余劳动力的素质低下,不适应东部地区经济发展的要求。如果东部地区和中、西部地区进行人力资源开发合作,由东部地区企业对中、西部农村剩余劳动力进行开发,对双方均有利。一方面可解决东部地区对劳动力的需求;另一方面中、西部农村剩余劳动力由于受到开发,增长知识和技能,收入也会增长。这些中、西部农村剩余劳动力将其收入寄回家去或者带着资金、技术回乡创业,会形成资金回流、人才回流和技术回流,这都有利于其家乡

---

① 胡少维:《2007—2008年区域经济发展趋势分析》,见王长胜:《中国与世界经济发展报告(2008)》,社会科学文献出版社2008年版,第324—337页。

农村经济的发展。

第三节 小 结

针对目前东部地区农村人力资源现状和开发中存在的问题,提出农村人力资源开发的总体目标和指导原则。东部地区农村人力资源开发的总体目标分为数量目标、质量目标和结构目标。东部地区在农村人力资源开发中,应把握整体性原则、长远性原则、系统性原则、前瞻性原则、实用性原则以及兼顾性原则。

人力资源开发是一项系统性工程。东部地区农村人力资源开发体系由四个子系统组成,分别是:(1)构建科学合理的农村教育培训体系。重视农村教育培训,加大资金投入;加强基础教育,普及九年义务教育;大力发展职业教育,培养实用人才;注重成人教育,构建学习型社会;加强农村劳动力培训,培养多方面人才。(2)构建完善有效的医疗保健体系。加大农村医疗保健投资;深化医疗改革;积极推进新农合发展。(3)构建平稳有序的劳动力迁移体系。支持回乡创业,实行人才引进;促进乡镇企业发展,吸纳农村剩余劳动力就业;深化户籍制度改革,改善农村劳动力外出就业环境;健全劳动力市场机制,促进农村劳动力转移。(4)构建统筹兼顾的区域协调发展体系。东部地区内部相对发达地区和相对欠发达地区之间的协调发展;东部地区与中部、西部地区之间的协调发展。

第八章 结 论

中国是一个农业大国,农村人口占绝大多数。农业、农村、农民问题,是全党工作的重中之重,关系党和国家事业发展全局。研究农村人力资源开发问题,对"三农"问题的解决至关重要。东部地区是中国重要组成部分,东部地区农村人力资源开发是中国农村人力资源开发的重要组成部分。根据中国国情,并结合东部地区的实际情况,本书从统筹城乡协调发展、统筹区域协调发展的角度,以马克思主义政治经济学理论和科学发展观为指导,通过理论分析和实证分析相结合的方式,对东部地区农村人力资源开发进行了较为系统深入的研究,得出的重要结论如下:

(一)通过大量图表,对东部地区农村人力资源的现状进行了全面分析,把东部地区农村人力资源现状总结为:数量巨大、质量不高、结构失衡。其中质量不高具体表现为文化素质、科技素质、身体素质、经营管理素质和思想素质偏低。其中结构失衡具体表现为产业分布结构、年龄、性别结构不均衡。东部地区农村人力资源开发中存在的问题仍然十分突出,包括农村教育培训投入不足、教育目标不合理、医疗保健投资不足、劳动力迁移受阻等,这些都严重阻碍了东部地区农村经济的发展和农民的增收。

(二)东部地区农村人力资源开发的影响因素有政策、制度、观念、资金等方面的因素。政策的制定、调整和贯彻执行对农村人力资源开发产生着重要影响;制度因素影响着劳动力的迁移;一些农民对人力资源开发观念落后,影响了开发的积极性;政府缺乏对农村人力资源开发的资金支持,企业等组织缺乏为农民提供教育培训的机会;城乡居民收入差距较大,通过构建计量模型,分析得出城乡居民人力资本投资差异也呈继续扩大趋势,这将导致农村人力资源开发的恶性循环。

(三)对美、德、日、韩等发达国家农村人力资源开发的先进经验进行认真总结,学习和借鉴发达国家的有效做法。发达国家对中国东部地区农村人力资源开发的启示作用有：政府应为农村人力资源开发提供政策支持；大力发展形式、内容灵活多样的职业教育；实行农业科研、教育、推广"三位一体"的农业科技教育体系；教育培训主体要向多元化发展；等等。

（四）在分析国内农村人力资源开发模式的基础上，借鉴发达国家农村人力资源开发的经验，根据中国东部地区内部区域差异情况，依据循环累积因果理论，因地制宜地深入探讨东部地区农村人力资源开发的模式。把东部地区分为相对发达地区和相对欠发达地区，选取相对发达地区青岛和相对欠发达地区菏泽进行抽样问卷调查，相对发达地区要注重"政府主导和市场主导"相结合，相对欠发达地区要以"政府主导型"为主。最终总结出两类地区农村人力资源开发应着重发展的具体模式各有四种。

（五）全面提出东部地区农村人力资源开发的总体目标和指导原则，系统分析了东部地区农村人力资源的开发体系。在总体目标上，从数量、质量和结构三方面进行了描述。在指导原则上，应把握六方面的原则，即整体性原则、长远性原则、系统性原则、前瞻性原则、实用性原则以及兼顾性原则。在开发体系上，把东部地区农村人力资源开发体系分成四个子系统，分别是科学合理的农村教育培训体系、完善有效的医疗保健体系、平稳有序的劳动力迁移体系、统筹兼顾的区域协调发展体系。

受资料、时间和个人研究能力方面的限制，本研究还有待进一步加强的方面有：

（一）通过相关数据的搜集和整理，针对东部地区农村人力资源开发做进一步的计量经济学分析，会使得出的结论更加可靠。由于有关数据的缺乏，再加上本人能力所限，给这方面的研究带来一定难度，需要今后在研究中不断充实和提高。

（二）本书是对东部地区农村人力资源开发的系统整体研究，由于东部地区内部的区域差异状况，本书在整体研究的基础上，尽量兼顾各地区差异的研究。但在实际研究过程中，发现仍有一定难度，需要在今后的研究中做进一步的探讨。

主要参考文献

英文部分

[1] Bai,Moo－ki:"The Turning Point in the Korean Economy",Developing Economies,1982(2).

[2] Becker,Gary:"An Economic Analysis of Fertility,in Demographic and Economic Change in Developed Countries", Princeton：National Bureau of Economic Research,1960.

[3] Cai,Fang and Dewen Wang ："Migration As Marketization：What Can We Learn from China's 2000 Census Data?"The China Review,2003,3(2).

[4] Gill,Indermit and Homi Kharas:"An East Asian Renaissance：Ideas for Economic Growth",Washington D. C. :The World Bank,2007.

[5] Jati K."Sengupta. New Growth Theory",An Applied Perspective,1998.

[6] Lewis, W. A:"Economic Development with Unlimited Supplied of Labor",The Manchester School of Economic and Social Studies,1954(22).

[7] Lin,Justin Yifu. :"Technological Change and Agricultural Household Income Distribution：Evidence from Hybrid Rice Innovation in China",UCLA Economics Working Papers,No. 651,UCLA Department of Economics,1992.

[8] Lucas,R. E. :"on the Meachanics of Economic Development",Journal of Monetary Economy,1988.

[9] Minami,Ryoshin :"The Turning Point in the Japanese Economy",Quarterly Journal of Economics,1968,82(3).

[10] Multigan,C. B. and Xavier S. M. :"Transitional Dynamics in two－sector Models of Endogenous Growth",Quarterly Journal of Economics,2001.

[11] Ohkawa, Kazushi: "Agriculture and Turning － Points in Economic Growth", Developing Economies,1965(3).

[12] Ranis,Gustav and John C. H. Fei :"A Theory of Economic Development",American Economic Review,1961,51(4).

[13] Ravallion, Martin and Shaohua Chen:"China's (Uneven) Progress Against Poverty",Policy Research Paper 3408,Development Research Group,World Bank,Washington,D. C. 2004.

[14] Ronald G. Ehrenberg and Robert S. Smith："Modern Labor Economics—Theory and Public Policy"，Addison—Wesley Educational Publishers，1997.

[15] Sarah Cook ："Surplus Labor and Productivity in Chinese Agriculture：Evidence from Household Survey Data "，The Journal of Development Studies，1999(3).

[16] Snower，D. J. ："The low—skill，Bad—Jop Trap"，CEPR Discussion Paper，1994.

[17] Todaro，M. ："A Model of Labor Migration and Urban Unemployment in Less Development Countries"，American Economic Review，1969，59(1).

[18] Yang，Dennis Tao and Fang Cai："The Political Economy of China's Rural—Urban Diride，In Nick Hope"，Dennis Tao Yang and Mu Yang (eds) How Far Across the River：Chinese Polioy Reform at the Millennium ，Stanford，California：Stanford University Press，2003.

中文部分

[1][德]卡尔·马克思：《资本论》第一卷，人民出版社 1975 年版。

[2][美]保罗·萨缪尔森、威廉·诺德豪斯：《微观经济学》，萧琛等译，华夏出版社 1999 年版。

[3][美]彼得·德鲁克：《管理的实践》，齐若兰译，机械工业出版社 2006 年版。

[4][美]加里·贝克尔：《人力资本理论：关于教育的理论和实证分析》，郭虹等译，中信出版社 2007 年版。

[5][美]西奥多·舒尔茨：《对人进行投资——人口质量经济学》，吴珠华译，首都经济贸易大学出版社 2002 年版。

[6][美]西奥多·舒尔茨：《改造传统农业》，梁小民译，商务印书馆 1999 年版。

[7][美]西奥多·舒尔茨：《经济增长与农业》，郭熙保、周开年译，北京经济学院出版社 1991 年版。

[8][美]詹姆士·J. 海克曼：《提升人力资本投资的政策》，曾湘泉等译，复旦大学出版社 2003 年版。

[9][英]阿弗里德·马歇尔：《经济学原理》，廉运杰译，华夏出版社 2005 年版。

[10][英]大卫·李嘉图：《政治经济学及赋税原理》，周洁译，华夏出版社 2005 年版。

[11][英]刘易斯：《经济增长理论》，梁小民译，上海人民出版社 1994 年版。

[12][英]亚当·斯密:《国富论》(上),杨敬年译,陕西人民出版社 2001 年版。

[13]《中共中央办公厅、国务院办公厅关于加强农村实用人才队伍建设和农村人力资源开发的意见》,陕西省人民政府门户网,2008—05—08。

[14]《2001 年河北省农村职业教育调查报告》,河北职成教育网,2005—11—03。

[15]柏群、姜道奎:《韩国新村运动对重庆农村人力资源开发的启示》,《贵州农业科学》2008 年第 5 期。

[16]蔡昉、都阳:《中国经济发展的刘易斯转折点》,见蔡昉:《中国人口与劳动问题报告 No.8》,社会科学文献出版社 2007 年版。

[17]蔡昉、林毅夫:《中国经济》,中国财政经济出版社 2003 年版。

[18]曹明贵:《农村人力资源开发与人力资本流动研究》,经济科学出版社 2005 年版。

[19]陈远敦、陈全明:《人力资源开发与管理》,中国统计出版社 1995 年版。

[20]邓涛:《对当前我国农村人力资源开发的思考》,《农村经济》2004 年第 1 期。

[21]《邓小平文选》(第 3 卷),人民出版社 1993 年版。

[22]丁志同:《提升农村人力资源开发绩效的路径选择》,《农业经济》2009 年第 4 期。

[23]窦鹏辉:《中国农村青年人力资源开发研究》,中国农业出版社 2005 年版。

[24]杜金杰、索志林:《农村教育在农村人力资源开发中的问题及对策》,《黑龙江对外经贸》2009 年第 4 期。

[25]方炜杭:《龙头企业带动农业增效农民增收》,东南网,2012—06—22。

[26]冯晓燕、张兔元:《加强农村人力资源开发 促进和谐社会构建》,《山西高等学校社会科学学报》2007 年第 5 期。

[27]冯子标:《人力资本运营论》,经济科学出版社 2000 年版。

[28]傅松涛、杨彬:《美国农村社区基础教育现状与改革方略》,《比较教育研究》2004 年第 9 期。

[29]国家统计局农村社会经济调查司:《中国农村住户调查年鉴》,中国统计出版社 2009 年版。

[30]国家统计局农村司:《2006 年全国农村外出务工劳动力继续增加》,中国三农信息网,2007—03—05。

[31]国家统计局综合司:《第二次全国农业普查主要数据公报》,国家统计局网,2008—02—29。

[32]侯风云:《中国人力资本投资与城乡就业相关性研究》,上海人民出版社

2007 年版。

[33] 胡鞍钢、李春波:《新世纪的新贫困:知识贫困》,《中国社会科学》2001 年第 3 期。

[34] 胡鞍钢、孙文正等:《大国兴衰与人力资源开发》,《教育发展研究》2003 年第 Z1 期。

[35]《胡锦涛在中国共产党第十七次全国代表大会上的报告》,中国共产党新闻网,2007−10−25。

[36] 胡君辰、郑绍濂:《人力资源开发与管理》,复旦大学出版社 1999 年版。

[37] 胡少维:《2007−2008 年区域经济发展趋势分析》,见王长胜:《中国与世界经济发展报告(2008)》,社会科学文献出版社 2008 年版。

[38] 黄秋香、朱倩:《农村人力资源开发研究综述》,《湖南科技学院学报》2007 年第 11 期。

[39] 黄永香、康让卿:《论农村人力资源的开发和利用》,《湖南行政学院学报》2009 年第 5 期。

[40] 蒋选:《中国宏观经济运行与调控》,中国财政经济出版社 2006 年版。

[41] 教育部国家统计局财政部:《2008 年全国教育经费执行情况统计公告》,中国教育和科研计算机网,2009−11−22。

[42] 金玲玲:《新农村建设中的农村人力资源开发研究》,吉林大学,2007 年。

[43]《科技对我国农业增长的贡献率增至 51%》,新华网,2009−10−20。

[44] 李华:《中国农村人力资源开发理论与实践》,中国农业出版社 2005 年版。

[45] 李建民:《人力资本通论》,上海三联书店 1999 年版。

[46] 李澜:《潜藏的力量:西部地区农村女性人力资源开发》,中国经济出版社 2006 年版。

[47] 李文政:《论我国农村人力资源开发》,《重庆大学学报(社会科学版)》2003 年第 4 期。

[48] 李文政:《农村人力资源开发目标构建的现实难题审视》,《安徽农业科学》2009 年第 12 期。

[49] 李忠民:《人力资本——一个理论框架及其对中国一些问题的解释》,经济科学出版社 1999 年版。

[50] 林钦松:《新时期我国农村人力资源开发战略研究》,福建师范大学,2006 年。

[51] 刘文、郑尚植:《农村人力资源开发的经济学浅析》,《山东省农业管理干部学院学报》2008 年第 5 期。

[52] 刘霞、向利:《试析我国农村人力资源的现状及开发》,《大众科学(科学

研究与实践)》2007 年第 19 期。

[53] 刘英杰:《中国教育大事典(1949—1990)》,浙江教育出版社 1993 年版。

[54] 刘迎秋:《论人力资本投资及其对中国经济成长的意义》,《管理世界》1997 年第 3 期。

[55] 刘志成:《中部崛起进程中农村人力资源开发理论与实践研究》,湖南农业大学,2007 年。

[56] 马新建:《人力资源管理与开发》,石油工业出版社 2003 年版。

[57] 毛丽玉:《从农业可持续发展的视角看农村人力资源开发》,《科技和产业》2007 年第 11 期。

[58]《农民素质偏低成解决"三农"问题瓶颈》,新华网,2006-04-18。

[59] 欧一智、贺喜灿、黄国勤:《新农村建设中农村人力资源开发与农民增收的实证研究》,《中国农学通报》2007 年第 10 期。

[60] 彭宇文:《基于人力资源开发视角的农村成人教育刍论》,《中国成人教育》2008 年第 20 期。

[61] 秦秋红:《农村劳动力转移的成本及其影响分析——兼论农村人力资本的形成》,《宁夏大学学报(人文社会科学版)》2006 年第 6 期。

[62] 任佳慧、王绪朗:《以教育为基础开发农村人力资源——农村小康社会建设的突破口》,《中国农业教育》2005 年第 3 期。

[63] 宋玲妹、崔潮:《农村人力资源开发利用变化趋势研究》,西南财经大学出版社 2007 年版。

[64] 宋晓梧:《中国人力资源开发与就业》,中国劳动出版社 1997 年版。

[65] 孙健、纪建悦:《人力资源开发与管理》,企业管理出版社 2005 年版。

[66] 孙星、陈万明:《长三角农村人力资源现状及开发对策探讨》,《中国农业教育》2008 年第 3 期。

[67] 汤继伦、芦刚:《韩国新村运动对我国农村人力资源开发的启示》,《东疆学刊》2007 年第 1 期。

[68] 汤继伦:《政府主导视野下的中国农村人力资源开发研究》,吉林大学,2007 年。

[69] 童举希、施杨、顾群玉:《地方高校支援农村人力资源开发的思路与对策》,《南通大学学报(教育科学版)》2007 年第 4 期。

[70] 王德海、张克云:《我国农村人力资源开发的现状及战略选择》,《农业经济问题》2001 年第 9 期。

[71] 王德文:《刘易斯转折点与中国经验》,见蔡昉、王美艳:《中国人口与劳动问题报告 No.9》,社会科学文献出版社 2008 年版。

[72] 王德文:《农民工的社会保障》,见蔡昉、王美艳:《中国人口与劳动问题

报告 No.9》,社会科学文献出版社 2008 年版。

[73] 王海:《农民工"40 岁现象"调查》,《市场报》2005 年 8 月 19 日。

[74] 王美艳、蔡昉:《户籍制度改革的历程与展望》,见:蔡昉:《中国人口与劳动问题报告 No.9》,社会科学文献出版社 2008 年版。

[75] 王少杰、李寿廷:《法学视野中的农村人力资源开发问题》,《理论探索》2006 年第 1 期。

[76] 王先锋:《农村人力资源开发利用与新农村建设——以包头农村牧区为例》,内蒙古师范大学,2007 年。

[77] 巍下海:《新农村建设中人力资源开发研究》,福建师范大学 2007 年。

[78] 闻哲:《中国急需"蓝领"技工 缺口上千万人》,《人民日报·海外版》2006 年 11 月 3 日。

[79] 我国农村教育课程改革与教材建设的探索与实践,陕西省农村经济信息网,2004-04-12。

[80] 吴雨才:《中国农村人力资源开发政府行为研究》,南京农业大学,2007 年。

[81] 萧鸣政:《对人力资源开发问题的系统思考》,《中国人力资源开发》1994 年第 6 期。

[82] 萧鸣政:《人力资源开发的理论与方法》,高等教育出版社 2004 年版。

[83] 谢慧:《陕南贫困山区农村妇女生存状况与人力资源开发问题研究》,陕西师范大学,2007 年。

[84] 徐键:《山东省新农村建设中女性人力资源的开发和利用》,山东大学,2008 年。

[85] 徐子勇:《成人教育与农村人力资源开发的思考》,《经济与社会发展》2008 年第 6 期。

[86] 许文兴:《农村人力资源开发与管理》,中国农业出版社 2005 年版。

[87] 《研究与开发经费支出和公共教育经费支出占国内生产总值比重》,国家统计局网,2009-06-15。

[88] 杨万甫:《农村人力资源开发的路径》,《经营与管理》2008 年第 6 期。

[89] 于建慧:《完善农村人力资源开发机制 农村跨越式发展的必然选择》,《人才资源开发》2008 年第 11 期。

[90] 余慧星:《论农村人力资源的开发和利用》,《湖南农业大学学报(社会科学版)》2003 年第 1 期。

[91] 翟树芳:《农村人力资源开发与农村经济发展关系的探讨》,《安徽农业科学》2006 年第 2 期。

[92] 张德:《人力资源开发与管理》,清华大学出版社 2001 年版。

[93] 张弘:《农村人力资源开发的现状与对策思考》,《湖南商学院学报》2000年第 5 期。

[94] 张文:《中部地区农村劳动力转移与人力资源开发问题研究》,南昌大学,2007 年。

[95] 张晓梅:《中国农村人力资源开发与利用研究》,东北林业大学,2005 年。

[96] 张晓明:《美国职业教育与普通教育的沟通》,《外国教育研究》1995 年第 6 期。

[97] 张晓山、李周:《新中国农村 60 年的发展与变迁》,人民出版社 2009 年版。

[98] 张晓松:《政协委员详说阻碍农村劳动力转移三大问题》,新华网,2004—03—12。

[99] 赵炳起、李永宁:《农村人力资源开发绩效评价与提升对策研究》,《农业经济》2008 年第 3 期。

[100] 赵炳起:《高等教育大众化对农村人力资源开发的回应——欠发达地区高校发展对策研究》,《辽宁教育研究》2006 年第 9 期。

[101] 郑蓉:《新农村建设中的农村人力资源开发初探》,《继续教育研究》2008 年第 6 期。

[102] 中国人事科学研究院:《中国人才报告——构建和谐社会历史进程中的人才开发》,人民出版社 2005 年版。

[103] 周敏:《农村人力资源开发与农业现代化》,《攀枝花学院学报》2005 年第 4 期。

[104] 周嫱:《大力发展职业技术教育是农村人力资源开发的有效途径》,《广西大学学报(哲学社会科学版)》2006 年第 28 期增。

[105] 周逸先、崔玉平:《农村劳动力受教育与就业及家庭收入的相关分析》,《中国农村经济》2001 年第 4 期。

后 记

作为舶来品,"人力资源"从 20 世纪 80 年代由国际劳工组织传入中国后,迄今已有近 30 年的时间,从初识、了解到目前无论在理论上,还是在实践上都得到了空前发展。21 世纪知识经济时代,随着人力资源在经济活动中地位的提高,人力资源是"第一资源"越来越成为人们的共识,人力资源管理作为一门重要学科也日益得到人们的重视。我不仅充分认识到人力资源的重要性,还对人力资源管理研究产生了浓厚的兴趣。近年来,我曾主持或参与有关人力资源管理的国家级、省部级课题多项,在核心期刊上发表与人力资源管理相关的论文多篇。

我深刻认识到人力资源开发的目标旨在提高人力资源质量,进而促进个人、组织乃至国家的发展,而我国是一个人口大国,尤其是一个农村人口大国,提高我国人力资源质量首当其冲要提高农村人力资源质量。本书的研究视角定位为农村人力资源开发方面,并且从东部地区的区域角度进行研究。本书是我多年来潜心研究人力资源管理理论和实践的阶段性成果,虽然付出了较多心血,但仍感觉有些待完善和待加强的地方,需要我在今后的研究中做进一步的探讨。

本书在写作过程中,得到了许多领导、老师和同学的支持和帮助,在此向他们表示我真诚的谢意!

本书在出版过程中,人民出版社贺畅女士付出了艰辛的劳动。为了使本书能够尽快出版,她在百忙之中,精心审校了全书,给我提出了很好的修改意见。在此,向她表示衷心的感谢!

本书能够顺利出版,还得益于中央财政支持地方高校发展专项资金以及山东省高校重点人文社科研究基地的资助。

最后,书中错误在所难免,欢迎广大读者批评和指正,本人将不胜感激。

宋美丽

2013 年 7 月

责任编辑:贺　畅

图书在版编目(CIP)数据

中国东部地区农村人力资源开发研究/宋美丽 著.
　-北京:人民出版社,2013.8
ISBN 978－7－01－012005－8

Ⅰ.①中…　Ⅱ.①宋…　Ⅲ.①农村-人力资源开发-研究-中国
　Ⅳ.①F323.6

中国版本图书馆 CIP 数据核字(2013)第 085320 号

中国东部地区农村人力资源开发研究
ZHONGGUO DONGBU DIQU NONGCUN RENLI ZIYUAN KAIFA YANJIU

宋美丽　著

人民出版社 出版发行
(100706　北京市东城区隆福寺街 99 号)

北京龙之冉印务有限公司印刷　新华书店经销

2013 年 8 月第 1 版　2013 年 8 月北京第 1 次印刷
开本:710 毫米×1000 毫米 1/16　印张:13.75
字数:220 千字

ISBN 978－7－01－012005－8　定价:36.00 元

邮购地址 100706　北京市东城区隆福寺街 99 号
人民东方图书销售中心　电话 (010)65250042　65289539